Plagio y honestidad académica en la Educación Superior

Jesús Miguel Muñoz Cantero /
Ana M.ª Porto Castro (eds.)

Plagio y honestidad académica en la Educación Superior

PETER LANG

Bibliographic Information published by the Deutsche Nationalbibliothek
The Deutsche Nationalbibliothek lists this publication in the Deutsche
Nationalbibliografie; detailed bibliographic data is available online at
http://dnb.d-nb.de.

Cover illustration:
© Ethyammos/shutterstock.com

ISBN 978-3-631-86367-1 (Print)
E-ISBN 978-3-631-87033-4 (E-PDF)
E-ISBN 978-3-631-87034-1 (EPUB)
DOI 10.3726/b19245

© Peter Lang GmbH
Internationaler Verlag der Wissenschaften
Berlin 2022
All rights reserved.

Peter Lang – Berlin · Bern · Bruxelles · New York ·
Oxford · Warszawa · Wien

This publication has been peer reviewed.

www.peterlang.com

"La honestidad es en su mayor parte menos rentable que la deshonestidad"
Platón

AGRADECIMIENTOS

El contenido de este libro es fruto de las horas de investigación y reflexión que las personas que en él participan han dedicado, en los últimos años, al tema de las conductas deshonestas en la vida académica.

Permítasenos pues dedicar estas primeras líneas para expresar nuestro agradecimiento a los autores y las autoras que han accedido a realizar su contribución en forma de capítulo y exponer, en esta obra colectiva, sus conocimientos, experiencia y visión de un tema tan complejo y apasionante desde el punto de vista docente e investigador como el que ocupa las páginas de esta obra. Sin su generosa ayuda, este libro no hubiera sido posible.

Gracias también a la Secretaría Xeral de Universidades de la Consellería de Cultura, Educación e Universidade de la Xunta de Galicia y, muy especialmente, a la figura de su secretario xeral, el Dr. José Alberto Díez de Castro por su interés en impulsar la investigación en las tres universidades del Sistema Universitario de Galicia (SUG) relativa al plagio académico y las conductas deshonestas, durante tres años consecutivos.

El apoyo brindado desde esta Secretaría abrió el camino para conformar e impulsar la creación de un equipo interuniversitario de investigación integrado por miembros del Grupo de Investigación GIACE de la Universidad de A Coruña, del Grupo de Investigación IDEA de la Universidad de Santiago de Compostela y del Grupo de Investigación GIA de la Universidad de Vigo, quienes durante cuatro años consecutivos se han ocupado de indagar entre el alumnado y el profesorado de las tres universidades de Galicia la concepción del plagio, las causas que llevan a su comisión, y las medidas para evitarlo o, al menos, mitigarlo.

Por último, queremos señalar que la escritura de este libro fue una tarea de mutua colaboración en la que se ha procurado armonizar los estilos propios, cada uno de ellos sustentado en enfoques, disciplinas y visiones diferentes de una misma realidad. Esperamos haber alcanzado con éxito esta tarea.

PREFACIO

"Cualquier hombre que lee mucho y usa poco su propio cerebro,
cae en hábitos perezosos de pensamiento" (Albert Einstein)

La educación representa progreso, libertad y justicia social. No existe inversión más beneficiosa que la que se hace en educación y ninguna política más proactiva que la que promueve el crecimiento personal de los seres humanos. Ya lo decía Nelson Mandela, la educación es el arma más poderosa para cambiar el mundo.

Nadie duda sobre el poder transformador de la educación, no hay ningún tipo de cuestionamiento respecto al valor intrínseco de la misma por lo que tenemos el compromiso y el deber social de apostar por una educación de calidad, que nos permita actuar con-ciencia y reconstruir un mundo más justo, equilibrado y sostenible.

La Educación encierra un tesoro, es la denominación de un conocido informe que la Unesco encargó en 1993 a la Comisión Internacional sobre la educación para el siglo XXI, presidida por el político francés Jacques Delors, y en la que no se puede estar más de acuerdo con este título en el que define en muy pocas palabras la educación. El informe comienza así:

"Frente a los numerosos desafíos del porvenir, la educación constituye un instrumento indispensable para que la humanidad pueda progresar hacia los ideales de paz, libertad y justicia social". (1996, p.13)

La educación nos permite comprender mejor el mundo en el que vivimos y qué ocurre a nuestro alrededor, desde distintas ópticas y perspectivas y no solo desde la que nos cuentan. La educación nos interconecta y nos iguala como especie.

La educación brinda un puente a la ciencia y a la tecnología, importante en un mundo VUCA (volátil, incierto, complejo y ambiguo) y en plena Revolución 4.0, que nos ayuda a entender cuáles han sido los grandes avances de la humanidad (de dónde venimos) y dónde estamos y por qué hoy somos quienes somos.

Sin ir más lejos, la actual situación que estamos viviendo en el planeta, la pandemia de COVID- 19, nos demuestra hasta qué punto es importante mantener unos pilares fuertes de ciencia y de tecnología, acompañado todo ello de rigor, integridad y honestidad.

Hacer del mundo una sociedad más formada, educada, comprensiva y justa es tarea de cada uno de nosotros y un sentir colectivo. De ahí la importancia y necesidad de una educación igualitaria e inclusiva que nos invite a pensar, a comprender, a ser críticos y más empáticos y comprensivos, sin olvidar la calidad, entendida como excelencia.

Si, efectivamente la educación superior tiene como uno de sus principales propósitos la calidad y no hay calidad sin integridad académica y honestidad. Sin embargo, asistimos a un tiempo de fraude y deshonestidad, en el caso que nos ocupa, –el ámbito académico– promovida en gran parte, por el acceso a las tecnologías de la información y la comunicación en un mundo globalizado. Este fenómeno o mala praxis, como se verá a lo largo de la presente obra, tiene un origen multicausal o multifactorial en el que convergen variados y diversos factores relativos al entorno y a la cultura ética y moral, así como factores personales, metodológicos, políticas institucionales y modelos de enseñanza basados en la reproducción exclusiva del conocimiento más que en la creación del mismo a través de un aprendizaje cooperativo y colaborativo.

Son diversas las malas prácticas deshonestas, como el plagio, la falsificación, el engaño y la suplantación… que generan no solo derivaciones para los estudiantes sino también para los docentes, las instituciones y el propio sistema educativo de educación superior y la sociedad, pues no podemos olvidar que una de las misiones de las instituciones universitarias no es solo formar profesionales competentes, sino también formar ciudadanos íntegros y responsables. Por este motivo, la falta de integridad y honestidad académica constituye un fracaso pedagógico, máxime cuando el Espacio de Educación Superior se vertebra en el aprendizaje autónomo de los estudiantes, el trabajo en equipo y la evaluación formativa, en pro de un aprendizaje comprensivo y holístico.

Desde la educación en general, y desde la educación superior en particular, se debe tender hacia una cultura de integridad académica construida entre todos los miembros de la comunidad universitaria y conocida y visible por todos los componentes, contando con mecanismos efectivos de prevención, detección y sanción. Les corresponde a los docentes y gestores situarla como una de las primeras prioridades de garantía de calidad junto a la creación de un ambiente formativo donde prime la integridad y honestidad.

En este sentido, se debe invertir en una formación inicial y continua dirigida a toda la comunidad de aprendizaje (profesorado, alumnado, investigadores, becarios…) que se centre en la responsabilidad social de cada uno de ellos y se detenga en el rol del docente como eje de las relaciones con la comunidad educativa y la sociedad, promoviendo la integridad de sus actuaciones con su buena praxis y favoreciendo la responsabilidad social y la integridad académica de su comunidad de aprendizaje de referencia.

La integridad y honestidad son valores transversales e intrínsecos en la vida y un cimiento sólido y robusto para construir una vida académica de calidad y generar notorios beneficios como la credibilidad y el prestigio de nuestras universidades y de nuestros estudiantes, profesorado, investigadores y gestores y administradores de nuestra educación superior.

Es competencia de todos fundamentar nuestra práctica docente e investigadora en los seis valores fundamentales de la integridad académica: honestidad, confianza, justicia, respeto, responsabilidad y valentía, manifestados en 1999 por la International Center for Academic Integrity (ICAI) y en plena vigencia.

En esta obra que tengo el placer de prologar se apuesta por fomentar la Responsabilidad Social frente a la integridad académica, a través de las aportaciones de cada uno de los autores y las autoras de los diferentes capítulos que la componen y que surgen de una emergente línea de investigación liderada por el Grupo de Investigación en Evaluación y Calidad Educativa (GIACE) de la Universidad de A Coruña a los que augurio y deseo mucho éxito.

Pilar Martínez Clares
4 de marzo de 2022

Índice

INTRODUCCIÓN

Esta obra, que lleva por título *Plagio y honestidad en la Educación Superior*, versa sobre el plagio académico y otras conductas consideradas deshonestas en el ámbito académico. Su propósito no es otro que pasar revista a las cuestiones clave relacionadas con esta problemática, con el fin de examinar sus coordenadas y ofrecer una amplia panorámica sobre los aspectos que la conforman y afectan. Tenemos la convicción de que el momento para abordarla no podía ser más oportuno. Los medios de comunicación de distintas partes del mundo se han hecho eco, recientemente, de algunos casos llamativos de plagio que han de llevar a la comunidad universitaria en su conjunto, a las administraciones educativas y a la sociedad en general, a reflexionar sobre la importancia de crear conciencia y mantener una conducta honesta en la generación del conocimiento.

Precisamente por esta inquietud de conocer el estado de la cuestión de esta problemática, los editores de este libro teníamos claro que esta publicación debía rebasar el simple empeño de radiografiar datos y el avance experimentado en la investigación sobre el plagio en la segunda década del siglo XXI, para abarcar también el análisis del concepto, las causas o las diferentes aproximaciones al estudio del tema, todo ello con el afán pedagógico de mostrar los distintos vértices de un tema tan complejo en sus múltiples dimensiones.

En cuanto a las aportaciones concretas y particulares, el primer capítulo "Implicaciones del plagio académico en el Espacio Europeo de Educación Superior", elaborado por Jesús Miguel Muñoz Cantero y Eva María Espiñeira Bellón, tiene como propósito centrar el debate teórico en el campo de los estudios referidos al plagio académico en las instituciones universitarias. Este texto profundiza en la aclaración conceptual del término plagio y los motivos que llevan a cometerlo. Se presentan también las principales herramientas que facilitan su detección y se da cuenta de algunas medidas necesarias para minimizar esta conducta que vulnera la integridad académica.

En el siguiente capítulo se recoge el trabajo de Marcelino Agís Villaverde, denominado "Ética y deontología en la investigación científica: a propósito del plagio". En este texto el autor defiende que además de la dimensión propiamente jurídica, el plagio afecta a la ética y a la deontología profesional. Se efectúa un análisis de los principios éticos que afectan a la investigación científica y se subraya que el único modo de dignificar la actividad investigadora implica el respeto de los derechos de las personas reconocidos en el plano legal y moral.

El capítulo de Manuel Peralbo Uzquiano y Eva M.ª Peralbo Rubio, titulado "Aspectos psicológicos implicados en el plagio y la conducta deshonesta", aborda el plagio desde la perspectiva psicológica e introduce un aspecto concreto particularmente importante, la intencionalidad de este tipo de conductas. En este marco, los autores revisan la literatura existente en torno al proceso de socialización y a la motivación, para mostrarnos cómo ambos aspectos contribuyen a formar patrones de acción y tendencias que derivan en conductas deshonestas en el comportamiento del alumnado. Por último, llaman la atención sobre la necesidad de definir con mayor claridad, desde el punto de vista académico, los límites que como autores se deben respetar.

El desarrollo del cuarto capítulo está a cargo de Beatriz Antonieta Moya y Sarah Elaine Eaton y lleva por título "Investigación en Integridad Académica: Una Oportunidad para la Diversidad Metodológica y Paradigmática y la Colaboración". Ambas autoras analizan la integridad académica desde la perspectiva de la enseñanza-aprendizaje, subrayando la necesidad de desarrollar investigación en este sentido. El recorrido que plantean en el texto comienza con un repaso histórico de la integridad académica como un campo de la investigación para pasar, a continuación, a realizar un análisis de la integridad académica basándose en el Scholarship of Teaching and Learning (SoTL), forma de pensamiento y práctica de carácter profesional que se orienta hacia procesos de indagación y revisión entre pares, y cuyo propósito no es otro que el de mejorar la calidad de la enseñanza y el aprendizaje. Como colofón, subrayan que los avances tecnológicos actuales propician que la investigación en integridad académica siga desarrollándose y se consolide como un campo de investigación significativo.

En el quinto capítulo participan Mercè Morey López y Carmen Touza Garma en el trabajo titulado "El plagio académico entre el alumnado: los diferentes vértices de un problema poliédrico", en el cual las autoras introducen el análisis del fenómeno del plagio entre el alumnado de educación secundaria y universidad y hacen especial hincapié en el estudio de las causas que llevan a incurrir en él, a partir de las conclusiones y resultados obtenidos en los estudios sobre plagio académico llevados a cabo por el grupo de investigación Educació i Ciutadania de la Universitat de les Illes Balears. Las principales conclusiones que nos presentan permiten definir los niveles de responsabilidad de los agentes implicados en la comisión de este tipo de prácticas y, a su vez, las líneas estratégicas que se deben seguir para la disminución y evitación de las acciones relativas al plagio académico.

La siguiente aportación, de Rubén Comas-Forgas y Jaume Sureda-Negre, lleva por título "El efecto cobra de la lucha contra el plagio: nuevas formas de deshonestidad académica entre el alumnado", e introduce un aspecto particularmente innovador en relación con el plagio; se centra en los nuevos "servicios de escritura académica" que se dedican a la elaboración de trabajos académicos por encargo, sus principales características y particularidades. En el tramo final del texto, los autores aportan algunas de las principales líneas de actuación que en la actualidad se siguen en el contexto internacional, para hacer frente a la compraventa de trabajos académicos.

El capítulo de Ana María Porto Castro y María Josefa Mosteiro García lleva por título "Conductas Deshonestas y Género en el Contexto Universitario", contempla el análisis del género como una de las variables que interviene en la comisión del plagio académico. Las autoras presentan los resultados de una investigación en la que analizan las causas que llevan a una muestra de alumnado universitario a cometer plagio y exploran posibles diferencias en función del género. La evidencia empírica alcanzada arroja como principal conclusión del estudio la existencia de diferencias en las causas señaladas por las alumnas y los alumnos para cometer plagio y que la socialización de género afecta a este tipo de prácticas.

El desarrollo del octavo capítulo, cuyos autores son Camilo Isaac Ocampo Gómez y José Antonio Sarmiento Campos, y que lleva por título "Las causas del plagio académico en el Sistema Universitario de Galicia", recoge un estudio sobre los patrones de conducta en el plagio del alumnado universitario. Mediante un análisis de regresión categórica se identifican tres patrones de comportamiento del alumnado: un patrón de probidad académica, un patrón de conducta procrastinadora y un patrón de desvinculación moral. Los autores destacan el hecho de que el plagio es una práctica cada vez más habitual en el ámbito educativo, que atenta contra la propiedad intelectual y vulnera los derechos de autoría, atacando a la vez los principios en los que se asienta el Espacio Europeo de Educación Superior. Por esta razón, los autores abogan por investigar sus principales causas, y adoptar medidas para su evitación y reducción.

Para finalizar, el noveno y último capítulo, "Las causas del plagio académico en el Sistema Universitario de Galicia" elaborado por Eva María Espiñeira Bellón, María Cristina Pérez Crego y Jesús Miguel Muñoz Cantero, presenta los resultados de una investigación desarrollada con el objetivo de conocer las principales causas a las que responsables académicos, alumnado y profesorado universitario aluden para explicar la comisión de plagio en los trabajos académicos. Se exponen las percepciones que sobre el plagio tienen los participantes de los diferentes grupos focales organizados, y se concluye destacando la necesidad de adoptar medidas por parte de las instituciones universitarias que refuercen aspectos referidos al plagio académico recogidos en su política y en su normativa universitaria.

El breve recorrido por el contenido de los nueve capítulos del texto que presentamos reitera la idea expuesta inicialmente de que, en conjunto, se trata de una obra que ofrece una visión de las cuestiones clave relacionadas con el plagio, pues se recogen, por una parte, reflexiones y análisis de carácter conceptual y, por otra, los resultados y hallazgos de la investigación empírica. Como editores de la obra, anhelamos que los contenidos que en ella se incluyen puedan contribuir a la progresiva extinción de conductas académicas deshonestas como el plagio no tan residual en el medio educativo en general y, en el universitario en particular, como sería deseable.

Ana María Porto Castro. Santiago de Compostela
Jesús Miguel Muñoz Cantero. A Coruña
Marzo 2022

Jesús Miguel Muñoz Cantero / Eva María Espiñeira Bellón

Implicaciones del plagio académico en el Espacio Europeo de Educación Superior

Resumen: En este capítulo se aborda, desde una perspectiva teórica, el plagio en las instituciones universitarias, entendiéndolo como una conducta que vulnera la integridad académica. Se describe, por tanto, el propio concepto, el desarrollo del concepto en el ámbito universitario, las repercusiones que dicha actuación conlleva de acuerdo con investigaciones relacionadas, los tipos de prácticas deshonestas más usuales, los principales motivos empleados para recurrir a él, las herramientas para detectarlo y las principales medidas que sería necesario poner en marcha para minimizar estas conductas y/o erradicarlas. El objetivo de este capítulo se centra en establecer una estructura básica sobre el tema, dotándola de contenido e incorporando informaciones de diferentes investigaciones a las que poder acudir en el caso de querer profundizar más en la información. Además, todos estos aspectos serán abordados, en mayor o menor medida, en el resto de los capítulos que conforman esta obra.

Palabras clave: plagio académico, honestidad académica, integridad académica, propiedad intelectual, ética en la educación superior.

1 Introducción

Aunque existen bastantes acercamientos al plagio, no es hasta el año 1990 cuando se reconoce propiamente dicho término en la Asamblea del Convenio de Berna y cuando empieza a ser objeto de investigación (Hexman, 1999; McCabe et al., 2020). Desde ese momento, se empieza a estudiar como un fenómeno que causa problemas en diferentes ámbitos, de tal manera que en España se asume dentro del Código Penal (artículo 270) como uno de los delitos relativos a la propiedad intelectual. Más allá del delito penal, también es necesario tener en cuenta que divulgar una obra, sin tener el consentimiento de su autoría, impide que el beneficio del trabajo realizado recaiga en ella, lo que repercute significativamente en la difusión de la cultura. Dicho problema, parece acrecentarse a través del auge de las nuevas tecnologías que permiten un acceso a la información mucho más sencillo y recurrente.

El plagio, entonces, se comete cuando se infringen los derechos de autor, realizando una copia sin permiso, sin dejar constancia de donde proviene y redactando y/o entregando el documento como propio. No obstante, existen circunstancias en las que esta manera de actuar no es tan obvia, ya que se trata de otras formas más sutiles de plagio que pueden llegar a ser las más comunes. La comunidad universitaria, por tanto, ha de conocer las diferentes formas en las que se produce el plagio y esforzarse por desarrollar acciones que lo eviten, de tal manera que las actividades académicas gocen de criterios relacionados con una escritura cuidada y se redacten con responsabilidad, tal y como se recoge en las competencias transversales de los títulos universitarios.

2 Desarrollo conceptual y tipo de prácticas en relación con el plagio

El plagio se entiende como la acción y el efecto de plagiar (Real Academia Española, 2021) y como copiar en lo sustancial una obra ajena, presentándola como propia; pero existen otras muchas conductas que se desarrollan de manera más indirecta y que también forman parte del plagio, de tal forma que, por ejemplo, también se reconoce como plagio el autoplagio; es decir, la copia de trabajos propios presentándolos como novedosos (Alfaro y de Juan, 2014).

Dar una definición exacta sobre el término resulta complicado (Adam et al., 2017; Amiri y Razmjoo, 2016; Chankova, 2017; Kokkinaki et al., 2015), existiendo varias visiones en función del punto de vista coloquial, jurídico y académico (Ruipérez y García-Cabrero, 2016).

Así, por un lado, el plagio se entiende como una práctica deshonesta en la que se reproduce total o parcialmente cualquier texto de carácter impreso o digital (Ruiz, 2016) pero también como una infracción del derecho de autoría. Además, es necesario tener en cuenta los aspectos característicos de este como la multitud de dimensiones que influyen sobre él y las causas de las que depende, así como su magnitud, lo cual llega a entenderse, por tanto, como un concepto multidimensional, multicausal y multicultural (Muñoz-Cantero et al., 2019a).

Atendiendo a sus características, de acuerdo con lo establecido por Comas-Forgas y Sureda-Negre (2016) se puede establecer voluntariamente (se sabe que se está cometiendo) o involuntariamente (cuando no se conoce que se está cometiendo; probablemente debido a que no se sabe citar correctamente) o, en los dos casos, porque no se aprecia la utilidad de la citación correcta.

Atendiendo a su tipología, González-Díaz (2016) diferencia el plagio por desconocimiento (citando de manera incorrecta), el plagio por desatención (cuando se realiza una citación correcta, pero se producen ciertos errores u omisiones) o el plagio intencionado (cuando no se cita correctamente y existen además inconsistencias en el proceso de citación y/o en los listados de referencias bibliográficas).

Atendiendo a los ámbitos en los que se produce, Comas et al. (2011) identifican, en primer lugar, los exámenes o pruebas oficiales; en segundo lugar, los propios trabajos/tareas/actividades y, en tercer lugar, las acciones que se producen por parte del grupo de iguales, pero también se tienen en cuenta sus connotaciones en los diferentes ámbitos disciplinarios (Hall et al., 2018; Stitzel et al., 2018).

De manera concreta, atendiendo a las definiciones establecidas, así como a los aspectos que es necesario tener en cuenta, puede hablarse de plagio cuando se producen las siguientes circunstancias (Akbulut et al., 2008; Alfaro y de Juan, 2014; Bretag & Mahmud, 2009; Bennett, 2015; Comas y Sureda, 2008; Duche et al., 2020; Guerrero et al., 2017; Hawley, 1984; Martínez-Sala y Alemany-Martínez, 2017; Vaamonde y Omar, 2008):

- Copiar pequeñas oraciones sin citar la autoría de referencia.
- Copiar un documento completo sin citar la/s obra/s que se ha/n tomado como base.
- Parafrasear un texto sin citarlo.
- Copiar intencionalmente el trabajo de otra persona sin dar crédito a dicha autoría.
- Descargar/comprar trabajos en Internet para atribuirle la autoría.
- El autoplagio.
- Falsificar, fabricar y/o duplicar datos o información.
- Copiar y dejarse copiar en exámenes.

Como se puede apreciar, generalmente, podemos caracterizar el plagio como el empleo de paráfrasis de lo redactado en los trabajos o como copias parciales y totales, incluso de uno mismo (autoplagio). Estas actuaciones, como señalan Chun-Hua & Ling-Yu, (2007, p. 89) "violan los principios éticos con el propósito de obtener el logro de una calificación mayor o algún reconocimiento académico específico".

En el caso del alumnado universitario, el plagio se concreta generalmente en la copia de textos de autores desconocidos o, en el caso de ser conocidos, se oculta su cita y referencia o no se hace siguiendo unas normas al respecto.

Como opción contraria, para no incurrir en plagio, es necesario que se realice una constancia expresa y exacta de los textos ajenos que se han tomado como base en el proceso de elaboración de un trabajo, no apropiándose de su propiedad intelectual, con el objetivo de poder distinguir qué aspectos forman parte del trabajo actual y cuáles provienen de las fuentes bibliográficas empleadas (Toller, 2011).

3 El plagio en las instituciones universitarias

La actual universidad del siglo XXI persigue la formación integral del alumnado que transcienda lo meramente instructivo debido al nuevo papel que ejercen alumnado y profesorado universitario. Este objetivo tropieza con la falta de integridad (Zarfsaz & Ahmadi, 2017).

Conceptualmente, la integridad académica es un valor inherente a la formación universitaria (Guerrero et al., 2017) y se produce mediante el desarrollo de prácticas honestas/íntegras. Sin embargo, la deshonestidad se entiende como una forma de engaño (Cerezo, 2006), que consiste en violar los principios éticos con el objetivo de obtener cualquier tipo de beneficio (Díez-Martínez, 2015; Martínez-Sala y Alemany-Martínez, 2017; Vaamonde y Omar, 2008).

Poner en práctica conductas deshonestas afecta a la calidad educativa y a la formación integral del estudiantado, ya que las competencias establecidas en los estudios universitarios han de estar relacionadas además de con el saber (a nivel de conocimientos), con el saber ser y el saber estar y, por otra parte existe una referencia directa a las habilidades de información de dicho alumnado en el artículo 6 del Real Decreto 1027/2011, de 15 de julio, por el que se establece el Marco Español de Cualificaciones para la Educación Superior (Rodríguez et al., 2020).

Muñoz-Cantero (2017) pone de manifiesto que muchas de estas conductas deshonestas están relacionadas con las competencias del *saber* y *estar* en la red. Las primeras tienen que ver con lo que se denomina identidad digital, mientras que las segundas con la inteligencia social. Junto a estos dos tipos de competencias incluye aquellas que tienen que ver con el *saber hacer* y *funcionar* en red, en la medida en que no se puede entender este *saber* sin las tecnologías. El uso adecuado de estas provoca la generación de un conocimiento en la medida en que la información es interpretada, observada y orientada a un fin. Este proceso de gestión de la información provoca, a nivel general, que lo que se ha conocido como *sociedad de la información* pase a una *sociedad del conocimiento*. Este cambio de nivel requiere del dominio de ciertas competencias transversales, pues puede entenderse la gestión del conocimiento, de acuerdo con lo indicado por Dutta y De Meyer (1997, p. 384) como "la habilidad de las personas para entender y manejar la información utilizando la tecnología" y compartiendo el conocimiento, que supone el dominio de una competencia digital (Castells, 2007). El avance de una a otra ha provocado una nueva forma de entender la sociedad, que es la *sociedad de aprendizaje,* que ha desembocado en el *aprendizaje a lo largo de la vida.* Prima en este aprendizaje no tanto la inteligencia sino el *talento,* en lo diferente, en la innovación.

Cuando se habla de las competencias a adquirir por los/las estudiantes de grado y máster, tal y como se recogen en los diferentes títulos, se pretende que dicho alumnado presente sus trabajos de manera que lo que realice sea útil, transferible, que genere cambio, que sea crítico; es decir, contribuciones que sean novedosas para el conocimiento, lo que supone que los/las estudiantes han de desarrollar esa competencia ética y social.

Muchas de las aportaciones realizadas por los/las estudiantes o incluso, en las revistas científicas, indican que el índice de coincidencias es amplio, rozando el plagio, lo cual provoca que la información no se trabaje adecuadamente; es decir, que falta el desarrollo de la competencia investigadora y en muchos casos la competencia de comunicación escrita que afecta a la transferencia y a la edición de documentos (González-Lorente y Martínez-Clares, 2016).

A pesar de la importancia que tienen las acciones centradas en la evitación de conductas deshonestas, los estudios demuestran que dichas prácticas forman parte de las universidades (Comas-Forgas y Sureda-Negre, 2016; Gómez-Espinosa et al., 2016; López-Puga, 2014), siendo objeto de controversia social, jurídica, ética y educativa (Ferreira y Persike, 2018).

Centrándose en el ámbito académico, Tayan (2017) establece varias categorías diferenciadoras con respecto a la deshonestidad académica. La categoría centrada en el plagio se enuncia como una acción que se produce desde el momento en el que no se incluyen las citas adecuadamente hasta llegar al engaño (Amiri y Razmjoo, 2016). Mavrinac et al. (2010) aluden a que las prácticas deshonestas en las universidades incluyen cualquier tipo de engaño que comprometa el proceso de enseñanza-aprendizaje y la integridad académica de la institución, siendo el plagio una de las acciones más efectuadas. De esta forma, el plagio académico representa una preocupación creciente en el ámbito universitario (Hu & Sun, 2017; Tayan, 2017) llegando a entenderse como "una de las expresiones de falta de ética profesional y científica que más retos presenta" (Ramírez-Barreto, 2017, p. 7).

Los principales estudios sobre plagio académico se centran en conocer la percepción que tienen sobre ello los agentes universitarios, sobre todo alumnado y profesorado (Adam, et al., 2017; Hu & Sun, 2017); en ellos, se evidencia la práctica del plagio por parte del alumnado, enfocándose en las siguientes cuestiones: su prevalencia, las características del alumnado que lo comete, la descripción de los tipos de plagio existentes, el análisis y la interpretación de las causas que lo producen, así como la búsqueda de soluciones centradas en las formas de actuación ante el plagio o medidas a adoptar (concienciación, prevención, información, formación, detección, sanciones, etc. (Adam et al., 2017; Cebrián-Robles et al., 2018; Comas et al., 2011; Comas y Sureda, 2007; Duche et al., 2020;

Giluk & Postlethwaite, 2015; Hu & Sun, 2017; Landín y Pérez, 2015, Paulhus & Dubois, 2015; Sureda-Negre et al., 2015; Sureda-Negre et al., 2020; Tayan, 2017).

4 La repercusión del plagio (medios e investigaciones)

El fenómeno del plagio ha obtenido cada vez una mayor repercusión debido a diversas situaciones relacionadas con la relevancia otorgada por los medios de comunicación, la cantidad de información accesible a través de Internet, los datos que sitúan a dicho fenómeno en un alto nivel de comisión, los diferentes ámbitos y niveles a los que afecta e incluso a los agentes que lo cometen. En el ámbito universitario, esta relevancia se centra también en la propiedad intelectual y en la vulneración de los derechos de autoría.

Las investigaciones científicas y la literatura producida sobre plagio son cada vez más extensas, sobre todo en Estados Unidos (Evans & Craig, 1990; Martin et al., 2011; Meerloo, 1964; Strangfeld, 2019) y en Reino Unido (Bennett, 2005; Cheung et al., 2017; Nurunnabi & Hossain, 2019; Patrides, 1956).

Dicha temática ha sido objeto de estudio en diversos países del mundo, de ahí que se caracterice por su universalidad. Entre los estudios realizados cabe destacar los de Alemania (Schwinges, como se citó en Ruipérez y García-Cabrero, 2016); los de Devlin & Gray (2007) y los de Howard et al. (2014) en Australia; Hu, & Sun (2016) en China; Amiri & Razmjoo (2016) y Poorolajal et al. (2012) en Irán; los de Guerrero et al. (2017) en México, los de Popoveniuc (2018) en Rumanía o los de Akbulut et al. (2008) en Turquía.

Incluso, es necesario destacar las contribuciones que se centran en las diferencias interculturales que afectan al plagio, estableciendo comparaciones entre el estudiantado de diferentes países (Ehrich et al., 2016; Jereb et al., 2018).

A nivel nacional, en España, cada vez se encuentran más investigaciones centradas en dicha temática (Gómez-Espinosa et al., 2016; Sureda et al., 2009; Sureda-Negre et al., 2015), así como en las diferentes comunidades autónomas. En este sentido, resaltamos la repercusión que ha tenido el "Estudio sobre el plagio en estudiantes del Sistema Universitario de Galicia" financiado por la Xunta de Galicia durante tres años y que ha derivado en numerosos informes técnicos, publicaciones en revistas, capítulos de libros y contribuciones a congresos (Espiñeira-Bellón, et al., 2019; Espiñeira-Bellón, et al., 2020; Espiñeira-Bellón, et al., 2021a; Espiñeira-Bellón et al., 2021b; Espiñeira-Bellón et al., 2021c; Losada-Puente et al., 2019; Mosteiro-García et al., 2021; Muñoz-Cantero y Espiñeira-Bellón, 2020; Muñoz-Cantero, et al., 2019 a, b, c, d, e; Muñoz-Cantero, et al., 2020 a, b, c, d, e, f; Muñoz-Cantero, et al., 2021; Ocampo-Gómez et al., 2019; Ocampo-Gómez et al., 2020; Ocampo-Gómez y Castro-Pais, 2021; Pérez-Crego et al., 2020; Porto-Castro et al., 2019 a, b, c, d; Porto-Castro et al., 2020; Porto-Castro et al., 2021; Rebollo-Quintela et al., 2017; Rebollo-Quintela et al., 2019; Sarmiento-Campos et al., 2019).

Como se adelantaba anteriormente, numerosos/as autores/as sitúan su repercusión en la facilidad de acceso a la información a través de Internet (Derby, 2008; Ramos et al., 2019). Pero también es necesario hacer referencia a las cifras de plagio que revelan algunos de los estudios realizados, calificadas, en numerosas ocasiones como preocupantes. Así, Bilić-Zulle et al. (2005) señalan que al menos un 83 % del alumnado universitario cometió plagio alguna vez, mientras Poorolajal et al. (2012) afirman que el plagio es atribuible aproximadamente a un 38 % de los/as estudiantes durante sus estudios universitarios.

A través de diferentes investigaciones, también puede constatarse que afecta a los diferentes niveles educativos, tanto no universitarios (Comas et al., 2011; Morey-López et al., 2013) como universitarios (Ceballos-Villada y Vásquez-Arteaga, 2013; Ruiz, 2016). Así mismo, las investigaciones publicadas se centran mayoritariamente en los/las discentes, aunque se han analizado también desde la perspectiva del personal docente (Flint et al., 2006) y de las personas que editan revistas (González-Díaz, 2016).

6 Las causas

Con el fin de eliminar estas prácticas, conviene, primeramente, conocer los motivos que llevan a su comisión.

Si relacionamos la información de este aspecto con el apartado anterior, es necesario centrarse en la convicción de que la información, una vez que está publicada en Internet, se convierte en accesible y pública (Alemán et al., 2016; Espiñeira-Bellón et al., 2021; Morey et al., 2013; Ruiz, 2016; Sureda et al., 2009; Toller, 2011) y por ello se convierte en la causa más señalada en las investigaciones realizadas. En cuanto a su accesibilidad, es necesario resaltar que Internet se ha convertido en el motor de consulta y en el desarrollo de contenidos mayoritario para realizar los trabajos académicos en el ámbito universitario (Cevallos et al., 2016; Sanvicen y Molina, 2015; Zarfsaz & Ahmadi, 2017). En cuanto al carácter público de la información, también es admitido, en numerosas investigaciones que existe la creencia por parte del estudiantado de que copiar de Internet no está mal (Comas y Sureda, 2010). No obstante, también existen investigaciones que se centran en no otorgar dicho problema a las tecnologías de la información y la comunicación. De esta forma, Martínez-Sala et al. (2019) reivindican el valor de la tecnología como un medio y no como un fin en sí mismo.

Aunque lo anteriormente comentado es una de las causas de mayor peso, los/ las autores/as en sus investigaciones se centran en determinar otras posibles. En este sentido, existen numerosas clasificaciones que resaltan los siguientes factores:

- Factores intrasistema, propios del sistema educativo y externos (Sureda et al., 2009, pp. 213–216).
- Factores individuales (sexo, ética en el trabajo, autoestima…), institucionales (sanciones, códigos de honor…) y contextuales (comportamiento del grupo de iguales, percepción sobre la severidad de las sanciones…) (McCabe, como se citó en Jereb et al., 2018, pp. 5–7).

Teniendo en cuenta los factores que se han señalado con anterioridad, se establece a continuación un listado, a modo de enumeración, de las principales causas determinadas en la literatura científica (Akbulut, et al., 2008; Amiri, & Razmjoo, 2016; Cebrián-Robles et al., 2018; Comas y Sureda, 2008; Comas et al., 2011; Devlin & Gray, 2007; Días et al., 2013; Díaz-Rosabal et al., 2020; Díez-Martínez, 2015; Dordoy, 2002; Duche et al., 2020; Fernando-Mejía y Lucía-Ordóñez, 2004; Guerrero et al., 2017; Lucía et al., 2006; Martínez-Sala y Alemany-Martínez, 2017; McCabe et al., 2001; Mosteiro-García et al., 2020; Ochoa & Cueva, 2016; Ramos et al., 2019; Rebollo-Quintela et al., 2017; Ruiz, 2016; Sanvicén & Molina, 2015; Sureda et al., 2006; Sureda et al., 2009; Sureda-Negre et al., 2015; Sureda-Negre et al., 2020; Tayan, 2017; Underwood & Szabo, 2003; Vaamonde & Omar, 2008; Zarfsaz & Ahmadi 2017). En nuestra opinión, es necesario relacionar dichos factores con el proceso de enseñanza-aprendizaje seguido en el ámbito universitario, de tal manera que las diferentes causas se podrían exponer de la siguiente forma.

En primer lugar, antes de comenzar el desarrollo de los trabajos académicos, es necesario tener en cuenta qué causas podrían llevar al alumnado a cometer plagio. Esta labor se relaciona directamente con el personal docente encargado de transmitir la información previa al desarrollo de dichos trabajos. El profesorado ha de tener en cuenta que, en este momento, juegan un papel importante las causas que dependen del propio alumnado, variables personales que pueden afectar a su proceso de enseñanza-aprendizaje (su sexo, su rendimiento académico, su nivel de madurez, su nivel de competitividad, su motivación, su autoestima, sus principios o valores éticos). En este sentido, es necesario conocer de qué nivel parte el alumnado cuando se le encomienda un trabajo académico, ya que existen aspectos que pueden señalar cómo será su comportamiento ante la tarea. De esta forma, se señalan las siguientes causas que podrían afectar a ello: la carencia de valores éticos, la comodidad, centrarse exclusivamente en obtener una buena calificación, la pereza y el valor estimado que el alumnado le otorga al trabajo solicitado.

En segundo lugar, cuando el alumnado comienza a desarrollar sus trabajos académicos, todavía existen causas que dependen del alumnado y que seguirán estando latentes: la falta de formación del alumnado en habilidades documentales, las competencias con las que cuente para desarrollar el trabajo académico, así como no realizar un buen aprovechamiento del tiempo de estudio y trabajo o concebir de forma errónea el concepto de plagio. También es necesario tener en cuenta las causas que provienen del contexto social en el que se desarrollará la actividad, relacionadas con las presiones de carácter externo que pueden influir en ello. Nuevamente el profesorado ha de estar implicado en este proceso y ha de atender aquellas condiciones que afectan al alumnado en este momento. Algunas dependerán de la propia actuación del profesorado (el empobrecimiento en la relación de seguimiento que establezca con el alumnado, no ejercer una atención individualizada, no facilitar directrices previas suficientes para realizar el trabajo, la solicitud de trabajos poco motivadores, la asignación de los mismos tipos de trabajos cada curso, la carga excesiva de trabajo asignada). Otras tendrán que ver con la influencia de los demás agentes que comparten el proceso de enseñanza aprendizaje (coordinación y colaboración docente y los comportamientos del grupo de iguales del alumnado como el exceso de competitividad o la necesidad de aceptación). Y, finalmente, otras estarán relacionadas con aspectos externos a ambos factores (la influencia política, la influencia de modelos sociales basados en la cultura de la reproducción de contenidos, o del sistema de valores sociales).

Finalmente llega el momento de evaluar dichas actuaciones. En este sentido, el profesorado ha de dejar claros, con anterioridad, los criterios de evaluación que se tendrán en cuenta, poniendo el foco en la detección de trabajos académicos plagiados, ya que se estima que las causas que llevan a cometer plagio son las siguientes: prescindir de una evaluación de la correcta citación de fuentes, no manejar instrumentos de detección, el valor porcentual que se le otorga al trabajo en la nota final, no comprobar la comisión de plagio o premiar el resultado por encima del proceso. También han de tenerse en cuenta en este momento los aspectos que influyen en la evaluación de acuerdo con lo establecido por la propia institución universitaria: la creencia errónea de impunidad ante este delito o la escasez o inexistencia de normativa sancionadora.

7 Los instrumentos para detectarlo

En relación con los apartados anteriores, se aprecia que el alumnado emplea mayoritariamente instrumentos informáticos para el desarrollo de sus trabajos, lo que ha dado lugar a la proliferación de diferentes herramientas para detectar coincidencias en lo redactado. Así, existen numerosas investigaciones que se han centrado en trabajar a favor de la existencia de mecanismos que ayuden a determinar si los textos que presenta el alumnado son realmente innovadores o consisten en meras copias de las fuentes que consultan.

Algunas de estas investigaciones se centran en elaborar códigos en función de las palabras introducidas en las actividades académicas; otras se centran en el empleo de herramientas de detección centradas en diferentes índices (similitud, éxito, precisión…).

Desde las universidades, se trabaja en la implementación de programas antiplagio con el fin de detectarlo y prevenirlo. Así, en la Universidad de Cantabria (2006) se hace referencia a diferentes sistemas antiplagio (tanto gratuitos como de pago) a los que se puede recurrir con el fin de determinar el plagio en trabajos académicos: Plagium, Turnitin, Plagiarism Checker, Urkund, Viper, PlagAware, Plagiarisma, PlagScan, ArticleChecker, Compilatio, Dupli Checker, Plagiarism-Detect.org, The Plagiarism Checker, StrikePlagiarism.

Otras organizaciones como Cloud and Internet 2.0 (Ci2.es) (n.d.) hacen referencia a otros además de los anteriores: Plag.es, Quetext Plagiarism Checker, Copyleaks, Paper Rate, WCopyfind, Plag Tracker.

8 Las medidas para evitarlo

En este apartado nos centraremos en cuáles han de ser las medidas que es necesario implementar con el objetivo de minimizar y erradicar las prácticas de plagio en el ámbito universitario. Para ello, se toman como referencia los resultados establecidos por los agentes de las tres universidades que conforman el Sistema Universitario Gallego, obtenidos mediante una investigación financiada por la Xunta de Galicia, como se ha comentado anteriormente, acompañándolos de los resultados de otras investigaciones realizadas a través de diferentes instrumentos de investigación.

Teniendo en cuenta ambas fuentes, las principales clasificaciones se centran en medidas organizativas, preventivas (informativas, formativas), de detección, coercitivas, sancionadoras y actitudinales (Cebrián-Robles et al., 2016; Elander et al., 2009; Hu & Sun, 2017; Losada-Puente et al., 2019; Park, 2003).

Con respecto a las medidas organizativas, las investigaciones se centran en revisar las actuaciones que ponen en marcha los servicios de gestión universitarios, de cara a dar a conocer los instrumentos puestos a disposición de la comunidad universitaria (códigos de conducta, elaboración de normativa, planificación curricular, orientación al estudiantado) (Cebrián et al., 2016; Porto-Castro et al.,

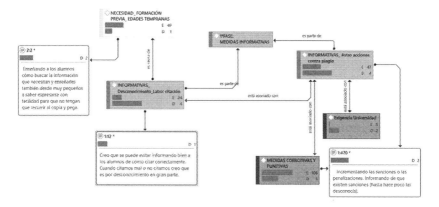

Fig. 1: Medidas informativas

Nota. Los rectángulos denotan las categorías y códigos de análisis. Cada rectángulo recoge información que responde a la siguiente leyenda: E=frecuencia y D=densidad (número de códigos con los que está vinculado). De "Medidas para combatir el plagio en los procesos de aprendizaje" por J.M. Muñoz-Cantero, E.M. Espiñeira-Bellón & M.C. Pérez-Crego, 2021, *Educación XXI, 24*(2), p. 106 (https://doi.org/10.5944/educXX1.28341).

2019a; Tayan, 2017; Universidad de las Islas Baleares, 2018), así como la creación de servicios dedicados a difundir la idea de la evitación del plagio (cuerpos colegiados, comités de ética) (Ramírez-Barreto, 2017).

Con respecto a las medidas de carácter preventivo, las investigaciones se centran en varios aspectos como la información y la formación.

Las medidas informativas (ver figura 1) se centran en informar sobre aquellas actuaciones que constituyen plagio y las maneras de evitarlo, incorporando dicha información, por una parte, en manuales que se pongan a disposición de la comunidad universitaria y, por otra mediante la acción de comités que se centren en promover conductas éticas en el desarrollo de los trabajos académicos (Cebrián et al., 2018; López y Fernández, 2019; Ochoa y Cueva, 2016; Ramírez-Barreto, 2017; Ruiz, 2016).

Por otra parte, con carácter formativo (ver figura 2), se señalan los seminarios y cursos de formación para la comunidad universitaria. Los temas principales que se deberían abordar, dependiendo de los agentes a los que se dirijan, se centrarían en aspectos relacionados con la eficacia de la búsqueda bibliográfica, la explotación correcta de la información, la utilidad de la citación correcta, derechos de autor/a, sobre plagio y sus consecuencias, las normas de estilo, las competencias informacionales, el empleo de gestores de referencias... (Chankova, 2017; Costa-Marín y Pastor-Ramón, 2015; Culwin, 2006; Eaton

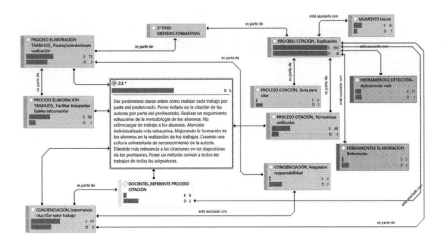

Fig. 2: Medidas formativas

Nota. Los rectángulos denotan las categorías y códigos de análisis. Cada rectángulo recoge información que responde a la siguiente leyenda: E=frecuencia y D=densidad (número de códigos con los que está vinculado). De "Medidas para combatir el plagio en los procesos de aprendizaje" por J.M. Muñoz-Cantero, E.M. Espiñeira-Bellón & M.C. Pérez-Crego, 2021, *Educación XXI*, 24(2), p. 108 (https://doi.org/10.5944/educXX1.28341).

et al., 2017; Egaña, 2012; Gallent y Tello, 2017; Jansen & Spink, 2005; Jiménez-Miranda, 2014; Lafuente et al., 2019; Marcos-Mora, 2002; Porto-Castro et al., 2021; Sánchez-Upegui, 2013).

No obstante, también es necesario tener en cuenta la labor formativa que ejerce el profesorado en la supervisión (ver figura 3) que realiza en las aulas con respecto a estos temas a lo largo del proceso de enseñanza-aprendizaje (Cebrián et al., 2018; Froment et al., 2020; Heckler & Forde, 2013; Muñoz-Cantero y Espiñeira-Bellón, 2020; Muñoz-Cantero et al., 2019b; Rodríguez et al., 2020; Zarfsaz & Ahmadi, 2017) y mediante el proceso de evaluación de los trabajos académicos (Cebrián et al., 2018; Egaña, 2012; Espiñeira-Bellón et al., 2020; Fernando-Mejía y Lucía-Ordóñez, 2004; Ochoa y Cueva, 2016) incorporan criterios centrados en reducir las calificaciones del alumnado que presente trabajos plagiados.

Las medidas de detección más señaladas se centran en el empleo de aplicaciones informáticas que permitan detectar el plagio en los trabajos entregados asumiendo que resultan preventivas en el momento en el que el alumnado conoce

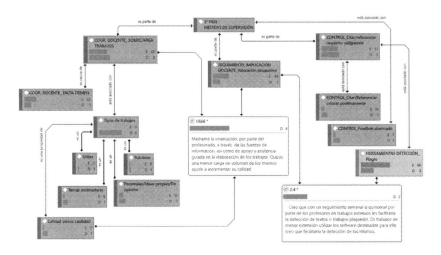

Fig. 3: Medidas de supervisión

Nota. Los rectángulos denotan las categorías y códigos de análisis. Cada rectángulo recoge información que responde a la siguiente leyenda: E=frecuencia y D=densidad (número de códigos con los que está vinculado). De "Medidas para combatir el plagio en los procesos de aprendizaje" por J.M. Muñoz-Cantero, E.M. Espiñeira-Bellón & M.C. Pérez-Crego, 2021, *Educación XXI, 24*(2), p. 111 (https://doi.org/10.5944/educXX1.28341).

que se emplean por parte del profesorado universitario (Cebrián et al., 2018; Miranda, 2013; Zarfsaz & Ahmadi, 2017).

Las medidas coercitivas y sancionadoras (ver figura 4), aunque cuentan con personas a favor y personas en contra, se centran básicamente en la aplicación de los programas de detección de plagio y las correspondientes medidas sancionadoras en caso de detectar un alto nivel de plagio. Para ello se reclaman criterios unificados en función del tipo de plagio que se detecte (intencional, leve, severo, reincidencias, curso del alumnado que lo comete...) (Caldevilla, 2010; Lucía et al., 2006; Miranda, 2013).

Finalmente, las medidas actitudinales se centran básicamente en cuestiones relacionadas con el fomento transversal de una cultura ética tanto en la vida académica del estudiantado como durante la ejecución de las tareas académicas a través de principios ético-morales universitarios (Cebrián-Robles et al., 2016; Escalante e Ibarra, 2013; Miranda, 2013; Pérez-Crego et al., 2021).

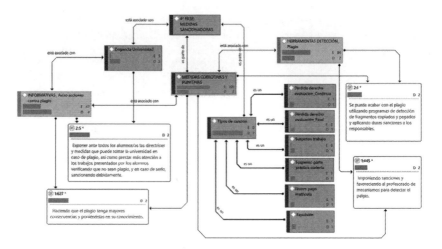

Fig. 4: Medidas sancionadoras

Nota. Los rectángulos denotan las categorías y códigos de análisis. Cada rectángulo recoge información que responde a la siguiente leyenda: E=frecuencia y D=densidad (número de códigos con los que está vinculado). De "Medidas para combatir el plagio en los procesos de aprendizaje" por J.M. Muñoz-Cantero, E.M. Espiñeira-Bellón & M.C. Pérez-Crego, 2021, *Educación XXI*, 24(2), p. 112 (https://doi.org/10.5944/educXX1.28341).

5 Conclusiones

Como se comentaba al inicio, este capítulo ha permitido sentar las bases de los aspectos más característicos en torno al plagio académico en las universidades, intentando establecer una estructura básica sobre el tema y reflejando además resultados de diversas investigaciones relacionadas. Se ofrece además la oportunidad de seguir profundizando en ello.

Como conclusiones más destacables de lo hasta aquí abordado es necesario mencionar la importancia de la consideración del plagio como un delito que atenta a la propiedad intelectual y a la difusión de la cultura. Para ello, es necesario tener en cuenta las diferentes formas en las que se produce, ya que, en ocasiones el acto es involuntario por desconocimiento y es en estos casos en los que hay que prestar especial atención a través de la información y la formación.

También es esencial conocer las causas de que esta acción se cometa, ya que hacer frente a estos motivos podría influir en una menor comisión; así, normalmente, durante el proceso de enseñanza-aprendizaje se produce el mejor momento para conocer dichos motivos e influir en ellos a través de la supervisión del personal docente.

Una vez detectado, también es necesario poner en marcha todas las medidas que producirán que no se repita en futuras ocasiones. Dichas medidas han de tomar en consideración los criterios que las propias universidades establezcan con el fin de fijar un proceso de actuación igualitario.

Referencias

Adam, L., Anderson, V., & Spronken-Smith, R. (2017). "It´s no fair": policy discurses and students´ understandings of plagiarism in a New Zealand university. *High Educ, 74,* 17–32. https://doi.org/10.1007/s10734-016-0025-9

Akbulut, Y., Sendag, S., Gürkay, B, Kiliçer, K., Sahin, M. C., & Odabasi, H. F. (2008). Exploring the types and reasons of Internet-triggered academic dishonesty among turkish undergraduate students: Development of Internet-triggered academic dishonesty scale (ITADS). *Computers & Education, 51,* 463–473. https://doi.org/10.1016/j.compedu.2007.06.003

Alemán, A., Castillo, R., Quezada, F., y Rueda, H. (2016). Plagio electrónico: La otra cara del APA. *Revista Humanismo y Cambio Social, 7*(3), 8–18. https://doi.org/10.5377/hcs.v0i7.3505

Alfaro, P., y de Juan, T. (2014). El plagio académico: formar en competencias y buenas prácticas universitarias. *RUIDERAe: Revista de Unidades de Información, 6,* 1–20. https://revista.uclm.es/index.php/ruiderae/article/view/637

Amiri, F., & Razmjoo, S. A. (2016). On Iranian EFL Undergraduate Students' Perceptions of Plagiarism. *Journal of Academic Ethics, 14,* 115–131. https://doi.org/10.1007/s10805-015-9245-3

Bennett, R. (2015). Factors associated with student plagiarism in a post-1992 university. *Assesment & Evaluation in Higher Education, 30*(2), 137–162. https://doi.org/10.1080/0260293042000264244

Bilić-Zulle, L., Frković, V., Turk, T., Azman, J., & Petrovezki, M. (2005). Prevalence of plagiarism among medical students. *Croatian Medical Journal, 46* (1), 126–131. https://europepmc.org/article/MED/15726686

Bretag, T., & Mahmud, S. (2009). Self-plagiarism or appropriate textual re-use? *Journal of Academic Ethics, 7,* 193–205. https://doi.org/10.1007/s10805-009-9092-1

Caldevilla, D. (2010). Internet como fuente de información para el alumnado universitario. *Cuadernos de Documentación Multimedia, 21,* 141–157. http://revistas.ucm.es/index.php/CDMU/article/view/21655

Castells, M. (2007). Communication power and counterpower in the Network society. *International Journal of Communication, 1,* 238–266. https://ijoc.org/index.php/ijoc/article/view/46

Ceballos-Villada, Z. R., y Vásquez-Arteaga, E. A. (2013). Comportamientos, pensamientos y sentimientos frente al fraude académico en ámbitos universitarios CESMAG y Universidad Mariana. En F. Vásquez (comp.), *Investigar la docencia: investigaciones sobre prácticas evaluativas en el aula, conflicto escolar y problemas de aprendizaje* (pp.189–228). Kimpres, Universidad de la Salle.

Cebrián-Robles, V., Raposo-Rivas, M., y Sarmiento-Campos, J. A. (2016). ¿Ética o prácticas deshonestas? El plagio en las titulaciones de Educación. *Revista de Educación, 374,* 161–186. https://doi.org/10.4438/1988-592X-RE-2016-374-330

Cebrián-Robles, V., Raposo-Rivas, M., Cebrián-de-la-Serna, M., y Sarmiento-Campos, J. A. (2018). Percepción sobre el plagio académico de estudiantes universitarios españoles. *Educación XX1, 21*(2), 105–129. https://doi.org/10.5944/educXX1.20062

Cerezo, H. (2006). Aspectos éticos del plagio académico de los estudiantes universitarios. Elementos, *Revista de Ciencia y Cultura, 61,* 31–35. https://elementos.buap.mx/num61/pdf/31.pdf

Cevallos, L., Guijarro, A., y López-Domínguez, L. (2016). Factores que inciden en el mal uso de la información en trabajos de investigación científica. *Didasc@lia, 7*(4), 57–74. http://revistas.ult.edu.cu/index.php/didascalia/article/view/515

Chankova, M. (2017). Dealing with Students' Plagiarism Pre-Emptively Through Teaching Proper Information Exploitation. *International Journal for the Scholarship of Teaching and Learning, 11*(2), 1–10. https://doi.org/10.20429/ijsotl.2017.110204

Cheung, K. Y. F., Stupple, E. J. N., & Elander, J. (2017). Development and validation of Student Attitudes and Beliefs about Autorship Sacale: a psichometrically robust measure of authorial identity. *Studies in Higher Education, 42*(1), 97–114. https://doi.org/10.1080/03075079.20151034673

Chun-Hua, S. L., & Ling-Yu, M. W. (2007). Academic dishonesty in higher education. A nationwide study in Taiwan. *Higher Education, 54*(1), 85–97. https://doi.org/10.1007/s10734-006-9047-z

Cloud and Internet 2.0 (Ci2.es) (n.d.) *Programas antiplagio.* Ci2.es. https://www.ci2.es/programas-plagio/

Comas, R., y Sureda, J. (2007). Ciber-plagio académico. Una aproximación al estado de los conocimientos. *Revista Textos de la CiberSociedad, 10,* 1577–3760. http://www.cibersociedad.net

Comas, R., y Sureda, J. (2008). El intercambio y compra-venta de trabajos académicos a través de Internet. *EDUTEC. Revista Electrónica de Tecnología Educativa, 26.* https://doi.org/10.21556.edutec.2008.26.466

Comas, R., & Sureda, J. (2010). Academic plagiarism: Explanatory factors from the student's perspective. *J Acad Ethics, 8,* 217–232. https://doi.org/10.1007/s10805-010-9121-0

Comas, R., Sureda, J., Casero, A., y Morey, M. (2011). La integridad académica entre el alumnado universitario español. *Estudios pedagógicos, 37*(1), 207–225. https://doi.org/10.4067/S0718-07052011000100011

Comas-Forgas, R., y Sureda-Negre, J. (2016). Prevalencia y capacidad de reconocimiento del plagio académico entre el alumnado del área de economía. *El profesional de la información, 25*(4), 616–622. https://doi.org/10.3145/epi.2016.jul.11

Costa-Marín, M. y Pastor-Ramón, E. (2015). *¿Citar a ciegas? Aproximación y comparativa de gestores bibliográficos.* Trabajo presentado a las XV Jornadas Nacionales de Información y Documentación en Ciencias de la Salud: grupos de trabajo y pósteres. Colegio de Médicos.

Culwin, F. (2006). An active introduction to academic misconduct and the measured demographics of plagiarism. *Assessment & Evaluation in Higher Education, 31*(2), 167–182. https://doi.org/10.1080/02602930500262478

Derby, B. (2008). Duplication and plagiarism increasing among students. *Nature, 452,* 29. https://doi.org/10.1038/452029c

Devlin, M., & Gray, K. (2007). In their own words: A qualitative study of the reasons australian university students plagiarise. *Higher Education Research and Development, 26*(2), 181–198. https://doi.org/10.1080/07294360701310805

Dias, P. C., Bastos, A. S., Gandra, M., y Díaz-Pérez, J. (2013). Genius, ¿plagio o creatividad? Aportes para una discusión sobre las prácticas pedagógicas. *Bordón, 65*(3), 9–23. https://recyt.fecyt.es/index.php/BORDON/article/view/23154

Díaz-Rosabal, E. M., Díaz-Vidal, J. M., Gorgoso-Vázquez, A. E., Sánchez-Martínez, Y., Riverón-Rodríguez, G., Santiesteban-Reyes, D. C., y Tenrero-Silva, N. (2020). Ciberplagio académico en la praxis estudiantil. *RITI Journal, 8*(16), 1–9. https://doi.org/10.36825/RITI.08.16.001

Díez-Martínez, E. (2015). Deshonestidad académica de alumnos y profesores. Su contribución en la desvinculación moral y corrupción social. *Sinéctica. Revista Electrónica de Educación, 44,* 1–17. http://www.scielo.org.mx/pdf/sine/n44/n44a14.pdf

Dordoy, A. (2002). *Cheating and Plagiarism: Student and Staff Perceptions at Northumbria,* Proceedings from the first Northumbria Conference 2002: Educating for the Future.

Duche, A. B., Arias, D., Ramos, T., y Gutiérrez, O. A. (2020). Representaciones sociales de estudiantes universitarios peruanos sobre el plagio en la escritura académica. *Revista Conrado, 16*(72), 155–162. https://conrado.ucf.edu.cu/index.php/conrado/article/view/1225

Dutta, S., & De Meyer, A. (1997). Knowledge Management at Arthur Andersen (Denmark): Building Assets in Real Time and in Virtual Space. In Y. Malhotra (Ed.), *Knowledge Management and Business Model Innovation* (pp. 384–401). Igi Global. https://doi.org/10.4018/978-1-878289-98-8.ch022

Eaton, S., Guglielmin, M., & Otoo, B. (2017). Plagiarism: Moving from punitive to proactive approaches. En AP. Preciado, L. Yeworiew & S. Sabbaghan (Eds.), *Selected proceedings of the IDEAS Conference 2017: Leading Educational Change* (pp. 28–36). Calgary University. https://files.eric.ed.gov/fulltext/ED574580.pdf

Egaña, T. (2012). Uso de bibliografía y plagio académico entre los estudiantes universitarios. *Revista de Universidad y Sociedad del Conocimiento (RUSC), 9*(2), 18–30. https://doi.org/10.7238/rusc.v9i2.1209

Ehrich, J., Howard, S. J., Mu, C., & Bokosmaty, S. (2016). A comparison of Chinese and Australian university students' attitudes towards plagiarism. *Studies in Higher Education, 41* (2), 231–246. https://doi.org/10.1080/03075079.2014.927850

Elander, J., Pittam, G., Lusher, J., Fox, P., & Payne, N. (2009). Evaluation of an intervention to help students avoid unintentional plagiarism by improving their authorial identity. *Assesssment & Evaluation in Higher Education, 35*(2), 157–171. https://doi.org/10.1080/02602930802687745

Escalante, A. E. e Ibarra, L. M. (2013). Dilemas que enfrenta el estudiantado de postgrado en su formación ética como investigador. *EDETANIA, 43,* 67–81. https://revistas.ucv.es/index.php/Edetania/article/view/216

Espiñeira-Bellón, E. M., Mosteiro-García, M. J., Muñoz-Cantero, J. M., y Porto-Castro, A. M. (2019). Cuestionario para la detección del plagio académico en estudiantes de doctorado. *Revista de Estudios e Investigación en Psicología y Educación (REIPE), 6*(2), 156–166. https://doi.org/10.17979/reipe.2019.6.2.5794

Espiñeira-Bellón, E. M., Mosteiro-García, M. J., Muñoz-Cantero, J. M., y Porto-Castro, A.M. (2020). La honestidad académica como criterio de evaluación de los trabajos del alumnado universitario. *RELIEVE, 26*(1), art. 6. https://doi.org/10.7203/relieve.26.1.17097

Espiñeira-Bellón, E. M., Muñoz-Cantero, J. M.; Gerpe-Pérez, E. M. y Castro-Pais, M. D. (2021a). Ciberplagio como soporte digital en la realización de trabajos académicos. *Comunicar, 48.* https://doi.org/10.3916/C68-2021-10

Espiñeira-Bellón, E. M., Muñoz-Cantero, J. M., y Pérez-Crego, M. C. (2021b). Prevalencia de la deshonestidad académica del alumnado universitario de la rama de Ciencias Sociales y Jurídicas. En M. A. Santos-Rego,

M. Lorenzo-Moledo, y A. Quiroga-Carrillo, Libro de resúmes La educación en red. Realidades diversas, horizontes comunes. XVII Congreso Nacional y I Iberoamericano de Pedagogía (pp. 121–122). Servicio de Publicaciones e Intercambio Científico

Espiñeira-Bellón, E.M., Muñoz-Cantero, J. M., y Pérez-Crego, M. C. (2021c). Medidas para combatir el plagio en los procesos de aprendizaje del alumnado universitario de la rama de Ciencias Sociales y Jurídicas. En M.A. Santos-Rego, M. Lorenzo-Moledo, & A. Quiroga-Carrillo, Libro de resúmes La educación en red. Realidades diversas, horizontes comunes. XVII Congreso Nacional y I Iberoamericano de Pedagogía (pp. 123–124). Servicio de Publicaciones e Intercambio Científico.

Evans, E.D., & Craig, D. (1990). Adolescent cognitions for academic cheating as a function of grade level and achievement status. *Journal of Adolescent Research, 5*(3), 325–345. https://doi.org/10.1177/074355489053005

Fernando-Mejía, J., y Lucía-Ordóñez, C. (2004). El fraude académico en la Universidad de los Andes ¿qué, qué tanto y por qué? *Revista de Estudios Sociales, 18*, 13–25. https://doi.org/10.7440/res18.2004.01

Ferreira, M.M., & Persike, A. (2018). As concepçoes brasilera e anglófona de plágio: um estudo preliminar. *Signótica, Goiânia, 30* (2), 149–181. https://doi.org/10.5216/sig.v30i2.46558

Flint, A., Clegg, S., & Macdonald, R. (2006). Exploring staff perceptions of student plagiarism. *Journal of Further and Higher Education, 30*(2), 145–156. https://doi.org/10.1080/03098770600617562

Froment, F., Bohórquez, R., y García-González, A.J. (2020). Credibilidad docente: una revisión de la literatura. *TERI, 32*(1), 23–54. https://doi.org/10.14201/teri.20313

Gallent, C., y Tello, I. (2017). Percepción del alumnado de traducción de la Universidad Internacional de Valencia (VIU) sobre el ciberplagio académico. *Revista Digital de Investigación en Docencia Universitaria, 11*(2), 90–117. https://doi.org/10.19083/ridu.11.563

Giluk, T. L., & Postlethwaite, B. E. (2015). Big five personality and academic dishonesty: A meta-analytic review. *Personality and Individual Differences, 72*, 59–67. https://doi.org/10.1016/j.paid.2014.08.027

Gómez-Espinosa, M., Francisco, V., y Moreno-Ger, P. (2016). El impacto del diseño de actividades en el plagio de internet en educación superior. [The impact of activity design in Internet plagiarism in Higher Education]. *Comunicar, 48*, 39–48. https://doi.org/10.3916/C48-2016-04

González-Díaz, L. (2016). La escala de grises dentro de los criterios éticos de la citación bibliográfica. *Revista Finnova, 3*(2), 71–77. http://revistas.sena.edu.co/index.php/finn/article/download/566/632

González-Lorente, C., y Martínez-Clares, P. (2016). Expectativas de futuro laboral del universitario de hoy: un estudio internacional. *Revista de Investigación Educativa, 34*(1), 167–184. https://doi.org/10.6018/rie.34.1.232071

Guerrero, P., Mercado, J., e Ibarra, L. M. (2017). La deshonestidad, elemento que altera la integridad en las prácticas académicas en las Instituciones de Educación Superior. Estudios de caso comparados. *Investigación y formación pedagógica, Revista del CIEGC, 5*(3), 6–25. http://revistas.upel.edu.ve/index.php/revinvformpedag/article/view/5183/2683

Hall, S., Moskovitz, C., & Pemberton, M.A. (2018). Attitudes toward text recycling in academic writing across disciplines. *Accountability in Research, 25*(3), 142–169. https://doi.org/10.1080/08989621.2018.1434622

Hawley, C.S. (1984). The thives of academe: plagiarism in the university system. *Improving college and university teaching, 32* (1), 35–39. https://doi.org/10.1080/00193089.1984.10533838

Heckler, N., & Forde, D. (2013). Using writing assigment designs to mitigate plagiarism. *Teaching Sociology, 41* (1), 94–105. https://doi.org/10.1177%2F0092055X12461471

Hexman, I. (1999). *Academic Plagiarism Defined*. Departament of Religious Student University of Calgary. http://people.ucalgary.ca/~hexham/content/articles/plague-of-plagiarism.html

Howard, S.J., Ehrich, J.F., & Walton, R. (2014). Measuring students´ perceptions of plagiarism: Modification and Rasch Validation of a plagiarism attitude scale. *Journal of Applied Masurement, 15*(4), 372–393. https://ro.uow.edu.au/cgi/viewcontent.cgi?article=2460&context=sspapers

Hu, G., y Sun, X. (2016). Conocimientos y actitudes ante el plagio del profesorado de lengua inglesa en universidades chinas. *Comunicar, 48*, 29–37. https://doi.org/10.3916/C48-2016-03

Hu, G. & Sun, X. (2017). Institutional policies on plagiarism: The case of eight Chinese universities of foreign languages/international studies. *System, 66*, 56–68. https://doi.org/10.1016/j.system.2017.03.015

Jansen, B., & Spink, A. (2005). An analysis of web searching by European AlltheWeb.com Users. *Information Processing and Management: An international Journal, 41*(2), 361–381. https://doi.org/10.1016/S0306-4573(03)00067-0

Jereb, E., Perc, M., Lämmlein, B., Jerebic, J., Urh, M., Podbregar, I., & Sprajc, P. (2018). Factors influencing plagiarism in higher education: A comparison of German and Slovene students. *PLoS ONE, 13*(8), 1–16. https://doi.org/10.1371/journal.pone.0202252

Jiménez-Miranda, J. (2014). Apuntes sobre citas y referencias bibliográficas en el ámbito científico. *Bibliotecas. Anales de Investigación, 10*(10). 204–213. http://eprints.rclis.org/25241/

Kokkinaki, A., Demoliou, C., & Iakovidou, M. (2015). Students' perceptions of plagiarism and relevant policies in Cyprus. *International Journal for Educational Integrity, 11*(3), 1–11. https://doi.org/10.1007/s40979-015-0001-7

Lafuente, M., Faura, U., Puigcerver, M.C., Bote, M., y Martín, P.J. (2019). El trabajo de fin de grado en las Facultades de Economía y Empresa españolas desde la perspectiva de los docentes. *Journal of Management and Business Education, 2*(3), 215–230. https://redaedem.org/JMBE2/2019/2019_Vol_02_N03_2_Lafuente.pdf

Landín, M., & Pérez, J. (2015). Class attendance and academic achievement of pharmacy students in a European University. *Currents in Pharmacy Teaching and Learning, 7*(1), 78–83. https://doi.org/10.1016/j.cptl.2014.09.013

López, S., & Fernández, M.C. (2019). Social representations about plagiarism in academic writing among university students. *Íkala, 24* (1), 119–134. https://doi.org/10.17533/udea.ikala.v24n01a06

López-Puga, J. (2014). Analyzing and reducing plagiarism at university. *European Journal of Education and Psychology, 7*(2), 131–140. https://doi.org/10.1989/ejep.v7i2.186

Losada-Puente, L., Muñoz-Cantero, J.M., y Rebollo-Quintela, N. (2019). Plagio académico: medidas para evitarlo desde la perspectiva del alumnado. En M. Peralbo, A. Risso, A. Barca, B. Duarte, L. Almeida y J. C. Brenlla (Eds.), *Actas del XV Congreso Internacional Gallego-Portugués de Psicopedagogía* (pp. 3557–3568). A Coruña: Universidade da Coruña, Servicio de Publicaciones.

Lucía, C., Fernando, J., y Castellanos, S. (2006). Percepciones estudiantiles sobre el fraude académico: hallazgos y reflexiones pedagógicas. *Revista de Estudios Sociales, 23,* 37–44. http://journals.openedition.org/revestudsoc/22143

Marcos-Mora, M.C. (2002). Citar documentos electrónicos. Revisión de Propuestas y Planteamiento de Pautas Generales. *Anales de Documentación, 5,* 235–243. https://revistas.um.es/analesdoc/article/view/2121

Martin, D. E., Rao, A., & Sloan, L. R. (2011). Ethnicity, acculturation, and plagiarism: a criterion study of unethical academic conduct. *Human Organization, 70*(1). https://doi.org/10.17730/humo.70.1.nl775v2u633678k6

Martínez-Sala, A.M., y Alemany-Martínez, D. (2017). Aprender en un mundo de cambio. Aplicación práctica de métodos de aprendizaje colaborativo-cooperativo en el ámbito de la publicidad y las RR.PP. En R. Roig-Vila (Coord.), *Investigación en docencia universitaria. Diseñando el futuro a partir de la innovación educativa* (pp. 614–625). Octaedro.

Martínez-Sala, A.M., Alemany-Martínez, D., y Segarra-Saavedra, J. (2019). Las TIC como origen y solución del plagio académico. Análisis de su integración como herramienta de aprendizaje. En R. Roig-Vila (Coord.), *Investigación e innovación en la enseñanza superior: Nuevos contextos, nuevas ideas* (pp. 1208–1218). Octaedro.

Mavrinac, M., Brumini, G., Bilić-Zulle, L., & Petrovečki, M. (2010). Construction and validation of attitudes toward plagiarism questionnaire. *Cratian Medical Journal, 51* (3), 195–201. https://doi.org/10.3325/cmj.2010.51.195

McCabe, D. L., Treviño, L. K., & Butterfield, K.D. (2001). Cheating in academic institutions: a decade of research. *Ethics & behavior, 11*(30), 219–232. https://doi.org/10.1207/S15327019EB1103_2

Meerloo, J. A. M. (1964). Plagiarism and identification. *Archives of general psychiatry, 11*(4), 421–424. https://doi.org/10.1001/archpsyc.1964.01720280067009

Miranda, A. (2013). Plagio y ética de la investigación científica. *Revista Chilena de Derecho, 40*(2), 711–726. http://www.redalyc.org/articulo.oa?id=177029687016

Morey, M., Sureda, J., Oliver, M.F., y Comas, R.L. (2013). Plagio y rendimiento académico entre el alumnado de Educación Secundaria Obligatoria. *Estudios sobre Educación, 24,* 225–244. https://dadun.unav.edu/bitstream/10171/29571/2/MOREY.pdf

Mosteiro-García, M.J., Espiñeira-Bellón, E.M., Porto-Castro, A.M., y Muñoz-Cantero, J.M. (2021). El alumnado universitario ante la comisión de plagio por parte de sus compañeros. *RIE, 39*(2), 391–409. https://doi.org/10.6018/rie.424381

Muñoz-Cantero, J.M. (2017). Competencias transversales en la investigación. Ser y estar en la red. *Aula Magna 2.0.* [Blog]. https://cuedespyd.hypotheses.org/2977

Muñoz-Cantero, J.M., y Espiñeira-Bellón, E.M. (2020a). El desempeño docente como condición para evitar el plagio. En E. De la Torre Fernández (Ed). *Contextos universitarios transformadores: boas prácticas no marco dos GIDS. IV Jornadas de Innovación Docente* (pp. 421–434). Universidade da Coruña. https://doi.org/10.17979/spudc.9788497497756.421

Muñoz-Cantero, J.M., Espiñeira-Bellón, E.M., y Pérez-Crego, M.C. (2021). Medidas para combatir el plagio en los procesos de aprendizaje. *Educación XXI, 24*(2), 97–120. https://doi.org/10.5944/educXX1.28341

Muñoz-Cantero, J.M., Porto-Castro, A.M, Ocampo-Gómez, C.I., Mosteiro-García, M.J., y Espiñeira-Bellón, E.M. (2020a). *Informe técnico sobre o plaxio académico de grao e mestrado do sistema universitario de Galicia (2020) Vol.1.* Grupo GITIAES e GIACE da UDC, IDEA da USC y GIA da UVigo.

Muñoz-Cantero, J.M., Porto-Castro, A.M., Ocampo-Gómez, C.I., Espiñeira-Bellón, E. M., & Pérez-Crego, M.C. (2020b). *Informe técnico sobre o plaxio nos estudos da Universidade da Coruña (2020). Vol.2.* Grupo GITIAES e GIACE da UDC, IDEA da USC y GIA da UVigo.

Muñoz-Cantero, J.M., Espiñeira-Bellón, E.M., Losada-Puente, L, y Rebollo-Quintela, N. (2019b). La actividad docente como atribución causal del plagio académico universitario. En J. Murillo, y C. Martínez-Garrido (Coords.), *Actas del XIX Congreso Internacional de Investigación Educativa. Investigación comprometida para la transformación social. Volumen III. Diagnóstico y evaluación educativa* (pp. 162–169). AIDIPE.

Muñoz-Cantero, J.M., y Espiñeira-Bellón, E.M. (2019c). Percepción del alumnado sobre el uso de citas en la realización de trabajos académicos. *Actas XV Congreso Gallego-Portugués de Psicopedagogía*, 3548–3556.

Muñoz-Cantero, J.M., Porto-Castro, A.M., Ocampo-Gómez, C.I., Mosteiro-García, M.J., & Espiñeira-Bellón, E.M. (2019d). *Informe técnico sobre o plaxio académico no sistema universitario de Galicia.* Grupo GITIAES e GIACE da UDC, IDEA da USC y GIA da UVigo.

Muñoz-Cantero, J.M., Porto-Castro, A.M., Ocampo-Gómez, C.I., Espiñeira-Bellón, E.M., Rebollo-Quintela, N., & Losada-Puente, L. (2019e). *Informe técnico sobre o plaxio académico nos estudos da Universidade da Coruña.* Grupo GITIAES e GIACE da UDC, IDEA da USC y GIA da UVigo.

Muñoz-Cantero, J.M., Porto-Castro, A.M., Ocampo-Gómez, C.I., Espiñeira-Bellón, E.M., & Mosteiro-García, M.J. (2020c). *Informe técnico sobre o plaxio en alumnado de doutoramento no sistema universitario de Galicia (2020) Vol.5.* Grupo GITIAES e GIACE da UDC, IDEA da USC y GIA da UVigo.

Muñoz-Cantero, J.M., Porto-Castro, A.M., Ocampo-Gómez, C. I., Pérez-Crego, M. C., Espiñeira-Bellón, E.M., & Mosteiro-García, M.J. (2020d). *Informe técnico sobre a percepción dos grupos de interés sobre o plaxio académico no SUG (2020) Vol.6.* Grupo GITIAES e GIACE da UDC, IDEA da USC y GIA da UVigo.

Muñoz-Cantero, J.M., Porto-Castro, A.M., Ocampo-Gómez, C.I., Mosteiro-García, M.J., & Espiñeira-Bellón, E.M. (2020e). *Informe técnico sobre a percepción dos grupos de interés sobre o plaxio académico no SUG (2020) Vol.7.* Grupo GITIAES e GIACE da UDC, IDEA da USC y GIA da UVigo.

Muñoz-Cantero, J.M., Porto-Castro, A.M., Ocampo-Gómez, C.I., Espiñeira-Bellón, E.M., & Pérez-Crego, M.C. (2020f). *Informe técnico sobre o plaxio nos estudos da Universidade da Coruña durante o confinamento debido o CIVID-19 (2020). Vol.8.* Grupo GITIAES e GIACE da UDC, IDEA da USC y GIA da UVigo.

Muñoz-Cantero, J.M., Rebollo-Quintela, N., Mosteiro-García, M.J., y Ocampo-Gómez, C.I. (2019a). Validación del cuestionario de atribuciones para la detección de coincidencias en trabajos académicos. *RELIEVE, 25*(1), art. 4. https://doi.org/10.7203/relieve.25.1.13599

Nurunnabi, M., & Hossain, M.A. (2019). Data falsification and question on academic integrity. *Accountability in Research, 26*(2), 118–122. https://doi.org/10.1080/08989621.2018.1564664

Ocampo-Gómez, C.I., y Castro-Pais, M.D. (2021). Diferencia de opiniones en función del sexo en el alumnado universitario sobre conductas de plagio. En M.A. Santos Rego, M. Lorenzo Moledo y A. Quiroga-Carrillo, Libro de resúmes La educación en red. Realidades diversas, horizontes comunes. XVII Congreso Nacional y I Iberoamericano de Pedagogía (pp. 853–854). Servicio de Publicaciones e Intercambio Científico.

Ocampo-Gómez, C.I., Muñoz-Cantero, J.M., Porto-Castro, A.M., Sarmiento-Campos, J.A., Rodríguez-Álvarez, P., Barreira-Arias, A.J., & Castro-Pais, M.D. (2019). *Informe técnico sobre o plaxio académico nos estudos da Universidade de Vigo.* Grupo GITIAES e GIACE da UDC, IDEA da USC y GIA da UVigo.

Ocampo-Gómez, C.I., Muñoz-Cantero, J.M., Porto-Castro, A.M., Sarmiento-Campos, J.A., Rodríguez-Álvarez, P., Barreira-Arias, A.J., & Castro-Pais, M.D. (2020). *Informe técnico sobre o plaxio nos estudos da Universidade de Vigo (2020). Vol.4.* Grupo GITIAES e GIACE da UDC, IDEA da USC y GIA da UVigo.

Ochoa S., L, y Cueva L., A. (2016). Percepciones de estudiantes acerca del plagio: datos cualitativos. *Revista Encuentros, Universidad Autónoma del Caribe, 14*(2), 25–41. https://doi.org/10.15665/re.v14i2.822

Park, C. (2003). In other (people's) words: plagiarism by university students – literature and lessons. *Assessment & Evaluation in Higher Education, 28*(5), 471–488. https://doi.org/10.1080/02602930301677

Patrides, C.A. (1956). A note on renaissance plagiarism. *Notes and queries, 3*(10), 438–439. https://doi.org/10.1093/nq/3.10.438

Paulhus, D., & Dubois, P. (2015). The Link Between Cognitive Ability and Scholastic Cheating: A Meta-Analysis. *Review of General Psychology, 19* (2), 183–190. https://doi.org/10.1037%2Fgpr0000040

Pérez-Crego, M.C., Gerpe-Pérez, E.M., Lorenzo-Rey, A., & Lareo-Pena, L. (2020). Percepcións do alumnado sobre o plaxio académico no Sistema Universitario de Galicia. *Revista Galega do Ensino: EDUGA, 79.* http://www.edu.xunta.gal/eduga/1906/investigacion/percepcions-do-alumnado-sobre-o-plaxio-academico-no-sistema-universitario-galicia

Pérez-Crego, M.C., Muñoz-Cantero, J.M., y Espiñeira-Bellón, E.M. (2021). *La universidad como puente en la configuración de profesionales con principios éticos.* Trabajo presentado al XVI Congreso Internacional Gallego-Portugués de Psicopedagogía. Universidade do Minho.

Poorolajal, J., Cheraghi, P., Doosti, A., Cheraghi, Z., &Mirfakhraei, M. (2012). Construction of Knowledge, Attitude and Practice Questionnaire for Assessing Plagiarism. *Iranian Journal Public Health, 41*(11), 54–58. http://ijph.tums.ac.ir

Popoveniuc, B. (2018). Plagiarism and the crisis of Higher Education. *Revista Romaneasca pentru Educatie Multidimensionala, 10*(3), 1–5. https://doi.org/10.18662/rrem/57

Porto-Castro, A.M., Espiñeira-Bellón, E.M., Losada-Puente, L., y Gerpe-Pérez, E.M. (2019a). El alumnado universitario ante políticas institucionales y de aula sobre el plagio. *Bordón, 7*(2), 139–153. https://doi.org/10.13042/Bordon.2019.69104

Porto-Castro, A.M., Mosteiro-García, M.J., y Gerpe-Pérez, E.M. (2019b). Las causas del plagio académico en estudiantes de Pedagogía. *Actas XIX Congreso Internacional de Investigación Educativa: Investigación Comprometida para la Transformación Social, Vol. I*, 451–456.

Porto-Castro, A.M., Mosteiro-García, M.J., y Gerpe-Pérez, E.M. (2019c). El plagio académico en la etapa universitaria: percepción del alumnado en Educación. *Actas XV Congreso Gallego-Portugués de Psicopedagogía*, 3536–3547.

Porto-Castro, A.M., Mosteiro-García, M.J., y Gerpe-Pérez, M.E. (2021a). Prácticas deshonestas del alumnado universitario en la elaboración de trabajos académicos. En M.A. Santos-Rego, M. Lorenzo-Moledo, y A. Quiroga-Carrillo, Libro de resúmenes La educación en red. Realidades diversas, horizontes comunes. XVII Congreso Nacional y I Iberoamericano de Pedagogía (pp. 843–844). Servicio de Publicaciones e Intercambio Científico.

Porto-Castro, A.M., Muñoz-Cantero, J.M., Ocampo-Gómez, C.I., Mosteiro-García, M.J., & Gerpe-Pérez, E. (2019). *Informe técnico sobre o plaxio académico nos estudos da Universidade de Santiago de Compostela Coruña.* Grupo GITIAES e GIACE da UDC, IDEA da USC y GIA da UVigo.

Porto-Castro, A.M., Muñoz-Cantero, J.M., Ocampo-Gómez, C.I., Mosteiro-García, M.J., & Gerpe-Pérez, E. (2020). *Informe técnico sobre o plaxio nos estudos da Universidade de Santiago de Compostela (2020). Vol3.* Grupo GITIAES e GIACE da UDC, IDEA da USC y GIA da UVigo.

Porto-Castro, A.M., Pérez-Crego, M.C., Mosteiro-García, M.J., y Lorenzo-Rey, A. (2021b). El proceso formativo de citación y las necesidades del alumnado universitario. *REIFOP, 24*(2), 17–33. https://doi.org/10.6018/reifop.453701

Ramírez-Barreto, A.C. (2017). El plagio académico. Experiencias y algunas ideas para desalentarlo de manera más efectiva. *Ciencia Nicolaita, 70,* 7–22. https://www.cic.cn.umich.mx/index.php/cn/article/view/355

Ramos, T., Damian, E., Inga, M., Arias, D., y Caurcel, M. (2019). Actitudes hacia el plagio en estudiantes de administración de empresas de dos universidades privadas en Arequipa. *Propósitos y Representaciones, 7*(1). https://doi.org/10.20511/pyr2019.v7n1.264

Real Decreto 1027/2011, de 15 de julio, por el que se establece el Marco Español de Cualificaciones para la Educación Superior (BOE, núm. 185, de 3 de agosto).

Rebollo-Quintela, N., Espiñeira-Bellón, E.M., y Muñoz-Cantero, J.M. (2017). Atribuciones causales en el plagio académico por parte de los estudiantes universitarios. *Revista de Estudios e Investigación en Psicología y Educación (REIPE), Extr.* (6), 192–196. https://doi.org/10.17979/reipe.2017.0.06.2453

Rebollo-Quintela, N., Losada-Puente, L., Muñoz-Cantero, J.M., y Espiñeira-Bellón, E.M. (2019). Plagio académico: atribuciones al grupo de iguales. *Actas XIX Congreso Internacional de Investigación Educativa: Investigación Comprometida para la Transformación Social, Vol. III*, 170–176.

Rodríguez, J., Artiles, J., y Guerra, M. (2020). Aprendizaje del estudiante universitario: un estudio de caso. *Educar, 56*(1), 201–217. https://accedacris.ulpgc.es/bitstream/10553/72836/1/APRENDIZAJEESTUDIANTE UNIVERSITARIO.pdf

Ruipérez, G., y García-Cabrero, J.C. (2016). Plagio e integridad académica en Alemania. *Comunicar, 48* (24), 9–17. https://doi.org/10.3916/C48-2016-01

Ruiz, A.M. (2016). Fuentes digitales y fuentes impresas. Prácticas letradas y plagio en el marco universitario. *Revista Chilena de Literatura, 94*, 215–230. https://doi.org/10.4067/S0718-22952016000300011

Sánchez-Upegui, A.A., Sánchez-Ceballos, L.M., Méndez-Rondón, J.C., y Puerta-Gil, C.A. (2013). Alfabetización académico-investigativa: citar, argumentar y leer en la red. *Revista Lasallista de Investigación, 10*(2), 151–163. https://dialnet.unirioja.es/servlet/articulo?codigo=5021816

Sanvicén, P., y Molina, F. (2015). Efectos del uso de Internet como fuente principal de información. Evidencias en estudiantes de primer curso universitario. *Revista de Investigación Social, 15*, 352–386. https://www.redalyc.org/articulo.oa?id=353744533010

Sarmiento-Campos, J. A., Ocampo-Gómez, C. I., Barreira-Arias, A. J., Castro-Pais, M. D., y Rodríguez-Álvarez, P. (2019). *Plagio académico: medidas para evitarlo desde la perspectiva del alumnado. Actas XV Congreso Gallego-Portugués de Psicopedagogía*, 3569–3584.

Stitzel, B., Hoover, G. A., & Clark, W. (2018). More on plagiarism in the social sciences. *Social science quarterly, 99*(3),1075–1088. https://doi.org/10.1111/ssqu.12481

Strangfeld, J. A. (2019). I just don't want to be judged: cultural capital's impact on student plagiarism. *SAGE Open, 9*(1), 1–14. https://doi.org/10.1177/2158244018822382

Sureda, J., Comas, R., y Morey, M. (2009). Las causas del plagio académico entre el alumnado universitario según el profesorado. *Revista Iberoamericana de Educación, 50,* 197–220. https://dialnet.unirioja.es/servlet/articulo?codigo=3037646

Sureda, J., Comas, R., y Urbina, S. (2006). *Internet como fuente de documentación académica entre estudiantes universitarios. Una aproximación a partir del alumnado de Educación Social de la Universitat de les Illes Balears (UIB).* Xarxa Segura IB. http://xarxasegura.net/descarga/Cerques%20a%20Internet-1.pdf

Sureda-Negre, J., Comas-Forgas, R.L., y Oliver-Trobat, M. F. (2015). Plagio académico entre alumnado de secundaria y bachillerato. Diferencias en cuanto al género y la procrastinación. *Comunicar, 22*(44), 103–111. https://doi.org/10.3916/C44-2015-11

Sureda-Negre, J., Cerdà-Navarro, A., Calvo-Sastre, A., y Comas-Forgas, R. (2020). Las conductas fraudulentas del alumnado universitario español en las evaluaciones: valoración de su gravedad y propuestas de sanciones a partir de un panel de expertos. *Revista de Investigación Educativa, 38*(1), 201–209. https://doi.org/10.6018/rie.358781

Tayan, B.M. (2017). Academic misconduct: an investigation into male students´ percepcions, experiences & attitudes towards cheating and plagiarism in a middle eastern university context. *Journal of Education and Learning, 6*(1), 158–166. https://doi.org/10.5539/jel.v6n1p158

Toller, F. M. (2011). Propiedad intelectual y plagio en trabajos académicos y profesionales. *Revista la Propiedad Inmaterial, 15,* 85–97. https://dialnet.unirioja.es/servlet/articulo?codigo=3785208

Underwood, J., & Szabo, A. (2003). Academic Offences and E-Learning: Individual Propensities in Cheating. *British Journal of Educational Technology, 34* (4), 467–477. https://doi.org/10.1111/1467-8535.00343

Universidad de Cantabria (2006). *Evitar el plagio en trabajos académicos.* Universidad de Cantabria.

Universidad de las Islas Baleares (2018). *Orientacions i recomanacions de la Comissió sobre integritat acadèmica de la UIB.* Universidad de las Islas Baleares.

Vaamonde, J.D., y Omar, A. (2008). La deshonestidad académica como un constructo multidimensional. *Revista Latinoamericana de Estudios Educativos, 38*(3–4), 7–27. http://www.cee.edu.mx/rlee/revista/r2001_2010/r_texto/t_2008_3-4_02.pdf

Zarfsaz, E., & Ahmadi, R. (2017). Investigating some main causes and reasons of writing plagiarism in a EFL context. *International Journal of Applied Linguistics & English Literature, 6*(5), 214–223. https://doi.org/10.7575/aiac.ijalel.v.6n.5p.214

Marcelino Agís Villaverde

Ética y deontología profesional en la investigación científica: a propósito del plagio

Resumen: Las noticias que conocemos a través de los medios de comunicación de personajes públicos que han plagiado sus tesis doctorales u otros trabajos científicos han logrado que el tema del plagio rebase el ámbito de la investigación científica para situarse entre los problemas éticos más debatidos en la sociedad actual. Hoy el plagio no solo es una infracción a los derechos de autor y la propiedad intelectual en la Unión Europea, sino que en el contexto universitario se han tomado medidas específicas contra él. Pero además de la dimensión propiamente jurídica, el plagio afecta a la ética y a la deontología profesional de cuantos nos dedicamos a la investigación científica, por lo que es oportuno señalar varios aspectos inherentes a esta perspectiva ético-filosófica y educativa.

Palabras clave: Plagio, ética de la investigación, deontología profesional.

1 Introducción

Las noticias aparecidas en distintos países sobre políticos que han plagiado sus tesis doctorales u otros trabajos científicos han logrado que el tema del plagio rebase el ámbito de la investigación científica para situarse entre los problemas éticos más debatidos en la sociedad actual. Otra de las consecuencias de que este asunto haya saltado a los titulares de los periódicos y a los informativos de la televisión es que se ha creado la falsa impresión de que es un tema nuevo, relacionado con los medios técnicos que proporciona la informática y la información que fluye por las redes.

En realidad, el plagio, definido por la RAE como "Copiar en lo sustancial obras ajenas, dándolas como propias", es un problema antiguo, denunciado ya por el poeta romano Marcial (s. I, d. C.), quien en su *Epigrama* LII lamenta que otro poeta (Fidentino) haya "plagiado" (secuestrado, robado) sus poemas, recitándolos como propios. Marcial utiliza un término usado en la lengua latina viva que se aplicaba al robo de esclavos, ganado, etc., si bien en sentido metafórico.

"Te encomiendo, Quinciano, mis libritos, si es que puedo llamar míos a los que recita un poeta amigo tuyo. Si ellos se quejan de su gravosa esclavitud, acude en su ayuda y ponte a su entera disposición, y cuando él se proclame su dueño, di que son míos y que han sido manumitidos. Si lo dices bien fuerte tres o cuatro veces, harás que le dé vergüenza al plagiario" (Marcial, 2004, 98).

No podemos decir, desde luego, que esta acepción metafórica tan precoz, utilizada por Marcial, se corresponda con el concepto moderno y contemporáneo de "plagio" pues en el mundo grecolatino no se conocía la propiedad literaria, en el sentido jurídico del término y no será hasta el siglo XVIII cuando comience a incorporarse en los textos jurídicos (Bapper, 1962, 162).

Hoy el plagio no solo es una infracción a los derechos de autor y la propiedad intelectual en la Unión Europea (Cf. Vega, 2018, 26–27), sino que en el contexto universitario se han tomado medidas específicas contra él. Existen programas informáticos antiplagio para aplicar a los trabajos de fin de grado, trabajos de fin de máster y se está generalizando su uso para los trabajos de cursos de los estudios de Grado. En la Universidad de Santiago de Compostela, y supongo que, en la mayoría de las universidades españolas y europeas, los estudiantes que cursan un programa de doctorado deben incorporar en el momento de presentar su Plan de Investigación una declaración en la que se comprometen a respetar la legislación antiplagio. Lo mismo sucede al presentar la tesis doctoral: debe constar en el ejemplar de la tesis una declaración explícita que el trabajo se ha elaborado de acuerdo a la legislación vigente en materia de derechos de autor y a la ética que rige la investigación.

Pero además de la dimensión propiamente jurídica, el plagio afecta a la ética y a la deontología profesional de cuantos nos dedicamos a la investigación científica, por lo que es oportuno señalar varios aspectos inherentes a esta perspectiva ético-filosófico-educativa.

2 Ética de la investigación y deontología profesional

Las personas que hemos vivido a caballo entre los siglos XX y XXI hemos sido testigos de excepción de las transformaciones experimentadas en el modo de vida y en el ritmo vertiginoso que esta ha adquirido en cualquiera de sus dimensiones, también en el aspecto científico. Basta un solo ejemplo para ilustrar este hecho: la investigación conducente a la elaboración, experimentación y, finalmente, aplicación de la vacuna contra la COVID-19 se ha realizado en poco más de un año, algo inimaginable en otras épocas por la complejidad de los procesos científicos que lleva aparejados. Al mismo tiempo, hemos sabido por los medios de comunicación que durante el proceso se produjeron casos de espionaje industrial, denunciados por los laboratorios y universidades que realizaban dichos trabajos.

No es un caso aislado. En su obra *The Great Betrayal. Fraud in Science*, traducida al español como *Anatomía del fraude científico*, el científico y escritor norteamericano Horance Freeland Judson ha tratado de mostrar hasta qué punto el fraude en la investigación científica es una práctica extendida, analizando su tipología, patrones e incidencia (Judson, 2004). Creo, sin embargo, que la honestidad intelectual es notablemente superior a las actitudes fraudulentes y al plagio. No me apoyo para realizar esta afirmación en ningún estudio sociológico cuantitativo sino en la experiencia diaria con colegas de mi universidad y de todas las demás de España y de otros países con los que me relaciono. En los más de treinta años de dedicación a la investigación en la Universidad de Santiago de Compostela han sido contados, y siempre muy llamativos, los casos en los que alguien era acusado de plagio. Lo que no significa que no sea pertinente un análisis y reflexión sobre la dimensión ética en esta cuestión.

Como sabemos, la investigación científica es un proceso encaminado a ampliar los conocimientos que poseemos, heredados de generaciones anteriores y que dejaremos como legado a las generaciones futuras. Aunque la investigación se realice en muchos casos individualmente, es un fruto colectivo, y generalmente cooperativo, que debe ser concebido respondiendo al alto objetivo de mejorar la vida humana a través de la ampliación del conocimiento, procurando no perjudicar el medio ambiente en el que se desarrolla la vida de los animales humanos y no humanos.

Lo que este alto ideal de la investigación científica nos indica es que no se trata solo de una acción o proceso técnico, sino que se trata de un acto responsable inherente a nuestra condición humana. Es más, el hecho de vivir en una sociedad tecnológica, cuyos avances tienen repercusiones para la vida del hombre y de los demás animales durante cientos, acaso miles de años, ha introducido un plus de responsabilidad e introducido una nueva dimensión en la ética, desconocida en las propuestas éticas de los grandes autores del pasado. Una nueva dimensión sobre la que ha incidido de modo muy certero el filósofo alemán, afincado en los Estados Unidos, Hans Jonas en su obra *El Principio de Responsabilidad. Hacia una Ética para la Civilización Tecnológica*. Para Jonas, "es el futuro indeterminado más que el espacio contemporáneo de la acción el que nos proporciona el horizonte significativo de la responsabilidad" (Jonas, 1979, 32), pues la acción humana, gracias a los medios tecnológicos, puede prolongar sus consecuencias hasta el infinito.

Desde esta perspectiva, la ética de la investigación debemos enmarcarla como una parte de la moral general, aplicada a problemas específicos del trabajo que desarrollamos en las universidades y centros de investigación. Así pues, incumbe a un aspecto de la ética profesional que regula las actividades que se desarrollan en el marco de una profesión. Esto explica que me haya referido en el título de este trabajo a la deontología profesional y no meramente a la ética de la investigación, pues como profesores e investigadores se espera de nosotros el esmero y la honestidad intelectual a la que antes me he referido. La ética aplicada al desarrollo profesional nos obliga a realizar nuestro trabajo guiados por una conducta recta.

Esto plantea un primer problema conceptual pues la conducta recta en nuestra profesión puede llevar aparejado un conflicto entre el efecto intencionado y el efecto o consecuencias no previstas de los resultados de nuestra investigación. Los filósofos del lenguaje anglosajones han tratado ampliamente en sus páginas la diferencia entre la intención inicial del agente y la intención de la acción, así como sobre las consecuencias no previstas de la acción (Searle, 1980, 47). Es muy difícil, sino imposible, prever todos los efectos de los resultados de una investigación. En todo caso, el investigador debe obrar sabiendo que la investigación es una actividad que hay que ejercer responsablemente, incorporando esta dimensión ética a sus actuaciones, y evitando el perjuicio a personas, animales o al medio ambiente, daños que a veces son imprevistos o no calculados. Siempre que los métodos que el investigador utiliza para la consecución de sus fines o los resultados de una investigación puedan generar perjuicios o daños, el nivel de responsabilidad, la dimensión ética de su acción aumenta.

3 Principios éticos de la investigación

La historia de la investigación científica, de acuerdo con los patrones y métodos habituales de la ciencia moderna, tiene a sus espaldas varios siglos y ello ha dado lugar a que sean conocidos una serie de principios éticos que deben presidir el trabajo de los investigadores, en cualquiera de las grandes áreas de conocimiento.

Si revisamos la literatura relativa a los códigos y normas de actuación sobre la investigación científica no tardaremos en descubrir que existen una serie de principios comunes que son ampliamente aceptados. En primer lugar, el respeto y protección por la vida y la dignidad de la persona humana, y últimamente también, por el trato digno a los animales no humanos. En segundo lugar, el investigador no solo es el profesional que realiza un trabajo para el que posee una cualificación técnica, aplicando diversos métodos y técnicas, para lograr fines, sino que debe reflexionar previamente sobre la legitimidad de los fines, dando a conocer si es posible la orientación y valores que presiden su trabajo como investigador. Hay, en tercer lugar, una exigencia de respeto hacia los derechos de las personas que participan en una investigación, así como el respeto debido al medio en el que se desarrolla.

Este tercer aspecto lleva implícito una amplia red de condicionamientos éticos bien conocidos. Entre otros, los cuatro siguientes (Buendía, 2001, 2):

1. Siempre que participen personas en una investigación, como objeto de estudio, no se puede ocultar a los participantes la naturaleza de la investigación y, mucho menos, hacerles participar sin que lo sepan. Incluso sería deseable que firmasen un consentimiento informado para garantizar que conocen todos los aspectos de la investigación en la que voluntariamente participarán.

2. El investigador no puede exponer a los participantes a situaciones que pudieran dañarlos física, mental o anímicamente, y que afecten a su propia autoestima.

3. Hay que respetar escrupulosamente el derecho a la intimidad de los participantes y, por supuesto, tratar sus datos personales de acuerdo con lo que la ley de protección de datos establece. Algo que exige habitualmente el anonimato y la confidencialidad de los participantes.

4. Por último, si la investigación va a producir beneficios económicos es aconsejable acordar con los participantes si estos serán compartidos y de qué manera; o bien, si los participantes renuncian a ellos después de haber sido convenientemente informados.

En el ámbito de la investigación educativa, se ha escrito mucho en los últimos años sobre qué se debe investigar en el marco de las Ciencias de la Educación; cómo debe investigarse; si debemos hablar de investigación en Educación o de investigación educativa; y si los métodos deben ser cualitativos, cuantitativos, o una integración de ambos. Todas estas cuestiones no son asépticas, ni están al margen de la ideología de las personas y grupos de investigación que las plantean. Es preciso recordar que, por norma general, cuando se realiza una investigación se han tomado previamente toda una serie de decisiones de acuerdo con un sistema ético y de valores, ya sea de forma consciente o inconsciente, que a la postre reflejan la opción teórica e ideológica del investigador o de su grupo.

Normalmente, el método y las técnicas de investigación utilizadas en una investigación están condicionadas por el propio objeto de estudio y por el área de conocimiento y, por tanto, por la especialidad científica de los investigadores. No existen dos investigaciones iguales. Cada una supone una lógica científica diferente y la aplicación de técnicas adaptadas al problema planteado. De este modo, la delimitación del problema condiciona toda la investigación, y no está al margen de los marcos teóricos e ideológicos concretos del investigador.

Otro principio ético fundamental es el de cuidar en cualquier investigación la dignidad y autonomía de los participantes. Algo que nos recuerda la vigencia del principio expresado por Kant en la *Fundamentación de la Metafísica de las Costumbres* de que el hombre es y debe tratarse siempre como un fin en sí mismo y nunca como un medio. Frente a este principio de autonomía

que aboga por la dignidad de la persona nos encontramos con principios uti-
litaristas que solo aceptan esta autonomía si redunda en el aumento de los
beneficios de la investigación. Desde mi punto vista, la perspectiva utilitarista,
así entendida, supone una concepción instrumental del ser humano que es
inaceptable.

El investigador debe ser también muy cuidadoso al emitir juicios, distinguiendo lo que es la descripción de los hechos de las valoraciones que el investigador realiza a partir de ellos. De este modo, si ninguna investigación está
exenta de valoraciones y prejuicios es bueno que el investigador sea consciente
de los suyos o incluso los explicite. A este respecto, el filósofo alemán H.-G.
Gadamer defendió acertadamente que "solo el reconocimiento del carácter
esencialmente prejuicioso de toda comprensión confiere al problema her-
menéutico toda la agudeza de su dimensión" (Gadamer, 1965, 274). Y, en ese
mismo sentido, Paul Ricoeur escribió que "el prejuicio no es el polo adverso de
una razón sin supuestos, es un componente del comprender, ligado al carácter históricamente finito del ser humano". (Ricoeur, 1986, 343). El ideal de la
investigación, por lo tanto, es tender hacia la objetividad, pero si este ideal está
siempre en el horizonte y es inalcanzable de manera absoluta, en la medida en
que una investigación supone siempre una interpretación y evaluación, por lo
menos debemos ser conscientes de nuestros juicios y de nuestros prejuicios
para que los informes finales que recogen los resultados tengan credibilidad y
valor desde el punto de vista ético.

En cada etapa de la investigación pueden surgir problemas éticos, tanto en
el proceso de planificación como de difusión o utilización de los resultados.
Es importante, por esta razón, ser conscientes de los aspectos éticos en cada
una de las etapas de la investigación para garantizar su correcto desarrollo.
En la siguiente tabla (tabla1) resumo algunos de los principales problemas
de esta naturaleza y el momento en el que pueden aparecer, que han sido
objeto de discusión y categorización por distintos autores (Christie-Alkin,
1999, 1–10)

Tab. 1: Problemas en las etapas de investigación

ETAPAS	PROBLEMAS ÉTICOS	RESULTADOS
Planificación	- Provecho político. - Publicidad. - Provecho personal. - Relaciones públicas. - Prestigio.	- Investigación deshonesta.
Desarrollo	- Decisiones críticas interesadas. - Manipulación de datos para ganar mayor reputación. - Sabotear la investigación para que responda a un fin apetecido.	- Investigación fallida.
Resultados	- Aceptar hipótesis falsas. - Modificación de conclusiones. - Simplificar, exagerar u ocultar resultados. - Informes intencionados.	- Resultados falsos.

Otro aspecto que puede inducir a resultados moralmente discutibles tiene que ver con la intención y expectativas del investigador. Todo investigador considera que su investigación va a suponer un avance científico en un determinado campo. Cuando estas expectativas son demasiado amplias puede producirse un fraude al transmitir a la comunidad científica unos resultados que no se corresponden con los resultados reales obtenidos.

Relacionado con lo anterior está también el plagio, probablemente la cuestión ética más conocida en la investigación actual. En muchas ocasiones la rapidez en obtener resultados de calidad, acorde con ese espíritu de nuestro tiempo al que aludí cuando hablé del ritmo vertiginoso de la vida actual, da lugar a este doble fraude para con uno mismo y con los demás. Una penosa situación que, a pesar de estar regulada por una legislación cada vez más clara, se sigue produciendo y atenta gravemente contra la ética de la investigación. Como he tenido oportunidad de indicar más arriba, no es una práctica generalizada pero basta algún caso para que se produzca una gran alarma entre la comunidad científica y la sociedad. Es indudable que la facilidad para apropiarse de ideas, conceptos o textos literales de otros autores, sin citarlos, aumenta en la medida en que la información está disponible a través de la red y se puede copiar con facilidad. Pero no es menos cierto que también existe un mayor control a través de programas informáticos antiplagio, junto con una generalizada censura social y desprestigio profesional para aquellos que plagian.

Otra modalidad fraudulenta de apropiarse de la creatividad y trabajo de otros investigadores es la de aprovechar la situación de privilegio o poder al dirigir un equipo de investigación, o tener colaboradores de rango inferior que no son citados cuando se publican los resultados de una investigación. Es esta una modalidad de abuso de poder que no puede ser considerada una forma de plagio pero que, sin embargo, supone igualmente un robo o secuestro del trabajo intelectual y del esfuerzo investigador de otras personas.

Conclusiones

Sería muy prolijo detallar todas las razones que llevan a un investigador a realizar todo este tipo de conductas fraudulentas: la competitividad para ser el primero en ofrecer resultados de calidad; la necesidad de mostrar datos adecuados para conseguir financiación; la necesidad de publicar en revistas bien consideradas para mejorar profesionalmente; la presión para que los trabajos publicados sean acordes con lo que el poder espera; y un largo etcétera. Todas estas conductas inapropiadas y censurables han originado legislaciones muy claras en todos los países, así como la promulgación y difusión de códigos éticos en instituciones y asociaciones profesionales. No son, desde luego, una novedad pues desde la Grecia clásica conocemos códigos éticos, caso del juramento hipocrático, que especifican la conducta adecuada y el recto proceder de un profesional.

Los códigos éticos o códigos deontológicos recogen, en la mayoría de los casos, valores que, sin ser universales, son compartidos por la mayoría de los profesionales, también en el ámbito de la investigación. Obviamente, se trata siempre de principios generales que dejan fuera casos particulares; consideraciones que afectan a la conducta moral y los daños morales o de otro tipo que podemos causar en el desempeño profesional. Son, por lo general, una guía de buenas prácticas que sirven para informar a los recién llegados a una profesión y como recordatorios para los profesionales experimentados.

Este tipo de normas éticas son de aplicación también a la investigación científica pues es, al fin y al cabo, una práctica profesional entre otras. Los investigadores están llamados a controlar el fraude en cualquier etapa de la investigación (planificación, desarrollo y resultados), respetando las normas sobre propiedad intelectual y evitando el plagio en cualquiera de sus modalidades, así como la apropiación de la investigación fraudulenta de otras personas. Solo respetando los derechos que las personas tienen reconocidos en el plano legal y moral podremos dotar a la investigación de una dimensión ética que dignifique esta actividad relacionada con una de las dimensiones más importantes de nuestra vida: el avance en el conocimiento para lograr una vida de mejor calidad y más digna.

Referencias

Bapper, W. Wege zum Urheberrecht. die geschichtliche Entwicklung des Urheberrechtsgedankens, Frankfurt, Vittorio Klostermann, 1962.

Buendía Eisman, L., Berrocal de Luna, E. "La Ética de la investigación educativa", Agora digital, 1, 2001 (Ejemplar dedicado a: La Educación del futuro, el futuro de la Educación).

Christie, C. A., Alkin, M. C. "Further reflections on evaluation misutilization", Studies in Educational Evaluation 25 (1999).

Gadamer, H.-G. Wahrheit und Methode. Grundzüge einer philosophischen Hermeneutike, Tübingen, J.C.B. Mohr, 1965(2).

Jonas, H. Das Prinzip Verantwortung. Versuch einer Ethik für die technologische Zivilisation, Frankfurt am Main, Insel Verlag, 1979.

Judson, H.F. The Great Betrayal. Fraud in Science, Orlando, Harcourt, 2004.

Marcial, M. V. Epigramas, Zaragoza, CSIC 2004(2).

Ricoeur, P. Du texte à l'action. Essais d'herméneutiruqe II, París, Seuil, 1986.

Searle, J. "The Intentionality of Intention and Action", en Cognitive Science, 4, 1980.

Vega Vega, J. A. El plagio como infracción de los derechos de autor, Madrid, Ed. Reus, 2018.

Manuel Peralbo Uzquiano / Eva María Peralbo Rubio

Aspectos psicológicos implicados en el plagio y la conducta deshonesta

Resumen El objetivo de este trabajo es revisar el problema del plagio a la luz del conocimiento psicológico sobre los procesos que pueden estar implicados en él. Para ello, se aborda el problema de la intencionalidad en este tipo de conductas, destacando la existencia e implicaciones del plagio inadvertido, o *cryptomnesia*. Al tiempo, se revisa la literatura existente acerca del modo en que el proceso de socialización y la motivación, puede contribuir a formar patrones de acción y tendencias hacia conductas deshonestas en la personalidad, y en las actitudes y modo de comportarse de los estudiantes. La forma en que todo ello interactúa para definir esta compleja realidad humana refleja la dificultad para establecer una causalidad bien definida. Además, es relevante para relativizar el alcance del mal comportamiento académico y la deshonestidad, a la vez que llama la atención sobre la necesidad de definir con la mayor claridad posible, desde el punto de vista académico, los límites que como autores se deberán respetar.

Palabras clave: plagio, deshonestidad, *cryptomnesia*, personalidad, socialización.

1 Introducción

La creación y difusión del conocimiento que constituye el núcleo de la actividad universitaria no puede desconectarse de la necesidad de fomentar un comportamiento honesto y ético tanto intelectual como personal y profesional. Esto es básico para poder ejercer una ciudadanía responsable y participar activamente en la construcción de una sociedad saludable. Y esto es cierto tanto desde la perspectiva docente, en tanto que la universidad forma a las nuevas generaciones de ciudadanos para integrarse laboralmente en la sociedad, como también desde la perspectiva investigadora desarrollada por el profesorado de las instituciones de enseñanza superior. Esta última no es una cuestión menor, por cuanto que, como señala Greitemeyer (2014), los lectores de los trabajos científicos publicados tienden a creer en los datos que se ofrecen, incluso si estos fueran falsos y los autores se hubieran retractado a través de la propia publicación.

La deshonestidad tiene, sin duda, múltiples dimensiones, pero una de las que merece la pena considerar tiene que ver con los procesos psicológicos implicados en su realización. Es evidente que el plagio es una acción, que en tanto que sea objetiva puede recibir el reproche social y el de los autores plagiados. Puede también ser reconocida por quien lo realiza, haya sido realizado con conciencia e intención o sin ella, siempre que se advierta sobre la transgresión. Y puede recibir sanciones sociales, o de otro tipo, que eviten la impunidad en un acto no admisible desde el punto de vista ético y del debido respeto a los creadores o divulgadores de conocimiento.

Conductas como estas son producto de un contexto, en el que operan las creencias que están en la base de las metas que nos proponemos, que dan lugar a planes y acciones, que covarían con determinadas consecuencias que retroalimentan este circuito. Pero si algo subyace a este esquema es la intencionalidad. El propósito de copiar, de apropiarse, o de ocultar, la fuente del conocimiento o el producto de que se trate. Para algunos esta acción puede estar simplemente justificada, para otros, puede ser debida al carácter restringido de la difusión del trabajo (el aula, por ejemplo) que quita gravedad a la transgresión, para otros, puede ser un modo admisible y regular de actuar. En todos los casos, si no hay detección mejor, pues no hay sanción. Pero solo en el primero y en el segundo es de esperar que la intervención pedagógica pueda tener un buen fin. Cuando se trata de una acción que alguien realiza por algún motivo consciente e intencional sin importar cualquier consideración más allá de la evitación de la sanción en su caso, podemos estar hablando de perfiles psicológicos en los que estas conductas se pueden esperar siempre que haya oportunidad para ello.

Ante una problemática como esta, la literatura existente ha tratado de analizar tópicos como, ¿existe el plagio inadvertido?, ¿qué sabemos acerca de esto? ¿Hay deshonestidad si no existe conciencia de ella?, y, en ese caso ¿cómo se explica su aparición?, ¿por qué podemos ser conscientemente deshonestos? ¿existen personalidades compatibles con esta tendencia? Son cuestiones que han motivado una gran cantidad de investigación, aunque el determinismo recíproco existente entre las variables de persona, ambiente y conducta hacen muy difícil establecer causas psicológicas y consecuencias éticas más allá del marco de la probabilidad.

A lo complejo de esta problemática se suma la cuestión de los controles establecidos para evitarla que son producto de convenciones que, por serlo, pueden ser establecidas y cambiadas según progrese el conocimiento sobre la deshonestidad académica y sus causas: advertencias académicas y legales sobre la autoría y la propiedad intelectual, formación para registrar las fuentes durante el trabajo creativo, revisión de los productos culturales o científicos antes de su difusión pública, sanciones de diversa índole si se aprecia infracción, etc.

No hay duda de que la lucha contra el fraude es una creación humana que debe someterse a los cambios que se produzcan a lo largo del tiempo, como ocurre con los avances tecnológicos que han facilitado el acceso y uso de la información sin coste ni dificultad alguna. Pero quizás debamos reconocer que todo ello cobra más sentido cuando se usa dentro de los programas formativos que se dirigen a utilizar el error como parte del proceso de aprendizaje, tratando de disponer a los nuevos autores para considerar la escritura y la creación, como un proceso de reconocimiento de lo hecho por otros para que sea posible diferenciar y atribuir autoría a lo que se aporta con su trabajo original. Recordar de dónde proceden nuestras ideas previas o novedosas, nuestro conocimiento adquirido a lo largo de los años, y el modo en que todo ello se traduce y expresa en nuestras obras, no es sencillo. De hecho, a veces, es imposible. Aquello que se crea, muchas veces ocurre en un crisol de múltiples influencias de todo tipo que, pueden configurar un conocimiento que se percibe como propio y sobre el que no existen trazos que seguir para encontrar su origen. ¿Hay motivos para pensar que nuestra memoria tiene estos límites (o posibilidades)?, ¿existe el plagio inadvertido?, ¿se puede ser deshonesto sin intención de serlo ni planificación para hacerlo?

2 La *cryptomnesia* o plagio inadvertido

Desde el punto de vista del reproche social, parece claro que apropiarse sin conciencia de ello, de las ideas de otros, puede tener una consideración sociomoral diferente a la apropiación consciente e intencional. Para Barnhardt (2015), por ejemplo, no se puede decir que un estudiante que realice una mala conducta académica involuntariamente haya actuado de manera inmoral porque, al no ser consciente en primera instancia de que tal comportamiento fue dañino o incorrecto, no pudo haber hecho un juicio apropiado de su moralidad. Para quienes realizan conductas deshonestas, incluido el plagio académico, la seriedad o gravedad de apropiarse de cualquier idea en un trabajo que consideran secundario, poco importante, o de mero ejercicio que, por lo tanto, no verá la luz pública, este tipo de juicios o acusaciones pueden considerarse exageradas. Pero, lo cierto, es que solo un cuidadoso y escrupuloso seguimiento de las ideas que aprendemos de los demás y una aplicación seria de las convenciones académicas, pueden evitar formas de proceder que den lugar a reproches sociales, e incluso legales, serios. Pero es cierto, que leemos, escribimos, elaboramos y reelaboramos ideas continuamente. ¿Es posible perder de vista la originalidad o el origen de lo que estamos comunicando?

La *cryptomnesia* describe precisamente esta posibilidad. Como ya señalaba Taylor (1965) el sujeto genera conscientemente ideas que objetivamente son recuerdos, pero que subjetivamente no lo son. De este modo, para el sujeto se trata de ideas nuevas, cuando en realidad han sido recuperadas de memoria sin que el sujeto sea consciente de ello. Tales ideas pueden haber sido producidas en origen por otros, o por uno mismo, sin que la persona se dé cuenta de ello, al menos hasta que se dirija la atención hacia la transgresión o el fenómeno.

La investigación sobre este fenómeno tiene ya una amplia historia en psicología, y los estudios realizados han sido esencialmente de laboratorio, tratando de controlar los procesos de memoria que intervienen en él. De hecho, el paradigma de las tres fases de Brown y Murphy (1989) ha sido utilizado, y mejorado, en este ámbito con frecuencia:

- Fase de generación. Los sujetos en grupos de 4 deben producir conceptos de una categoría tratando de no repetir ninguna respuesta dada por otro.
- Fase de recuerdo propio. Los participantes intentan recordar sus ideas sin producir ninguna idea generada por otro miembro del grupo.
- Fase de generación de nuevas ideas, asegurándose de no repetir ninguna respuesta dada previamente.

En su estudio, se producían repeticiones inconscientes en todas las tareas, con las tasas más altas en las fases primera y segunda.

Brown & Halliday (1991) estudiaron la *cryptomnesia* y su relación con las dificultades de supervisión y control de la memoria. En su estudio los participantes debían generar verbalmente conceptos pertenecientes a diversas categorías en grupos de tres personas. Inmediatamente, y una semana después, se les realizó una prueba de recuerdo (ejemplares propios y nuevos) o reconocimiento/identificación (propios, ajenos y nuevos). Los resultados mostraron una alta incidencia de plagios inadvertidos (recordar las respuestas de los demás como propias o nuevas) que aumentaron después de una semana. Las palabras plagiadas generalmente procedían de los primeros elementos producidos por la persona que hablaba justo antes y a lo largo de la semana se olvidaba progresivamente al autor de los elementos recordados. También hay otros factores que inciden en que se produzca o no este tipo de plagio inadvertido. Eng (1995), por ejemplo, informaba de una mayor aparición de plagio cuando se escuchaban listas cortas de palabras y se tenían que generar frases cortas. De igual modo ocurría con la frecuencia de las palabras. Las frecuentes aparecían más en las frases producidas que las infrecuentes.

En términos generales, el paradigma de las tres fases ha permitido identificar una serie de factores que contribuyen al plagio inadvertido. De forma sintética como señalan Stark & Perfect (2008):

- El uso de categorías reales durante la generación provoca más plagio que el uso de categorías ficticias.

• Las categorías ortográficas producen más plagio que las categorías semánticas.

• El establecimiento de un intervalo de retención entre la generación y la prueba también aumenta la probabilidad de que se produzcan estos errores.

Ellos han avanzado también en la valoración del impacto que tiene el tipo de actividad cognitiva que se realiza sobre las ideas durante el intervalo de retención (pensar en mejorar la idea, imaginarla o repetir algunas). Sus resultados revelan un incremento de plagio inadvertido cuando después de una semana se trata de recordar las ideas luego de haber intentado mejorarlas a través de un proceso creativo de elaboración. Desde el punto de vista cognitivo, lo que ocurre en opinión de los autores es lo siguiente:

Las ideas propias que se producen inicialmente se codifican en memoria según los procesos realizados durante su generación. Estos pueden estar vinculados a la propia idea (como cuando la imaginamos), o a los procesos cognitivos de elaboración que realizamos con ella (y que son semejantes a los que se realizaron durante el procesamiento original). Por ello, es más probable que las ideas que se mejoran a través de la elaboración se asemejen a las ideas generadas originalmente, ya que ambas comparten la codificación propia de la etapa de generación y, por lo tanto, tendrán grandes coincidencias.

En la vida real, no obstante, los procesos de creación de ideas requieren tiempo y combinan fuentes variadas de información. Algunas son propias, otras son ajenas, y afectadas en todos los casos por procesos de interferencia y decaimiento de la información que producen los efectos de confusión que dificultan identificar el origen de cada pensamiento o cada creación. Es, en parte, el esfuerzo dedicado a recordar infructuosamente las fuentes lo que creará la sensación de propiedad sobre las ideas producidas. Aunque será la sistemática y la disciplina propia del trabajo académico literario, artístico o científico, la que contribuirá a paliar los efectos y conflictos derivados de la copia inadvertida y no intencional.

Hay que tener en cuenta, que es necesario diferenciar entre generar material como nuevo, sin ser consciente de que se está recuperando de la memoria, y recordar el origen o la fuente de lo generado. En el primer caso, uno cree que está creando conocimiento, no siendo así, mientras que en el segundo se es consciente de que el recuerdo procede de la memoria, pero no se puede identificar el origen propio o ajeno (Defeldre, 2005). El plagio inadvertido es más propio del primer caso que del segundo, donde pueden actuar procesos que conduzcan a esa "confusión" en la identificación del origen que, además, pueden ser resueltos mediante actividades de revisión.

2.1 El papel de la identidad como autor

Un aspecto interesante, desde el punto de vista psicológico, que parece estar implicado en el plagio inadvertido, tiene que ver con la dificultad de los estudiantes para desarrollar su propia identidad como autores y comprender lo que significa la autoría.

Como señalan Pittam et al. (2009) la identidad de autor es el sentido que un escritor tiene de sí mismo como autor y la identidad textual que construye en su escritura. La alfabetización académica debería conducir a que los estudiantes la adquieran para sí mismos. Esto ayudaría a diferenciar entre las contribuciones novedosas de los otros, y las propias y a reconocer las propias y las ajenas, como parte de la comunicación académica. Crear esta identidad de autor debería ser un objetivo de la formación universitaria. Pittam, et al. (2009) identifican los siguientes componentes o factores en el concepto de autoría y la identidad de autor que tienen los estudiantes universitarios:

- La confianza en lo escrito. Identificación de su rol como autor.
- La comprensión de la autoría. Funciones y responsabilidades como autor.
- Conocimiento para evitar el plagio. Uso del parafraseo y las referencias.

Estos componentes, relacionados con las creencias de los estudiantes, se complementan con tres estrategias o enfoques en la redacción de los textos: de arriba hacia abajo, de abajo hacia arriba y pragmáticos. Como señalan los autores, estas tienen implicaciones para la autoría y el plagio, y permiten explorar vínculos entre enfoques de aprendizaje, en la línea de Entwistle et al. (2000), y enfoques de escritura.

- La estrategia de arriba hacia abajo supone un enfoque de la redacción que comienza con argumentos y conceptos de nivel superior antes de buscar la evidencia relevante. En este sentido, podría estar relacionada con un enfoque profundo del aprendizaje.
- La estrategia de abajo hacia arriba supone iniciar la redacción buscando material que se pueda ensamblar para producir un texto. En este sentido, podría estar relacionado con un enfoque de aprendizaje superficial.
- La estrategia pragmática se basa en utilizar más fuentes secundarias para ahorrar tiempo y conseguir un buen rendimiento. En este sentido, puede estar relacionado con un enfoque "estratégico" del aprendizaje.

Entenderse a uno mismo como autor ayudará a entender lo que la autoría supone para los demás. Este punto de vista trata el plagio más como un problema para el aprendizaje y el desarrollo en lugar de como una transgresión moral (Abasi et al., 2006), lo que tiene implicaciones para la intervención.

No obstante, la alfabetización en la redacción académica que esto supone, debe tener en cuenta otras fuentes de interferencia que con frecuencia conducen al plagio y a las que subyacen causas educativas, cognitivas y morales. Algunas de ellas se relacionan con lo siguiente:

- La concepción o las creencias que se tengan sobre el objetivo de los trabajos y la escritura académica (trabajos para corregir, en los que la copia puede ser un elemento a detectar por el profesor y solo influirá en la calificación, lo que podría tener poca gravedad subjetiva para algunos, frente a trabajos para publicar en los que la gravedad de la copia puede tener serias repercusiones), como diferentes de la escritura informal.
- La autoeficacia y las dificultades para escribir conceptos académicos con sus propias palabras.
- La confianza en que pueden evitar el plagio y el conocimiento sobre las normas de referenciación y cita.
- La práctica de escribir sobre, o a partir, del texto existente.
- La presión del tiempo como obstáculo y factor de riesgo para el plagio.
- El tipo de motivación para el aprendizaje existente, o la orientación a metas de aprendizaje que tenga el estudiante.
- La importancia de saber argumentar y expresar las propias ideas.
- El tipo de desarrollo moral que se haya alcanzado.
- Los patrones de conducta aprendidos o las características de la personalidad existentes.

Es cierto que estos fenómenos pueden afectarnos a todos y precisamente por ello se hace necesaria la formación académica dirigida a revisar, editar y reescribir los textos cuidando con detalle la citación y referencia de las fuentes. Este fenómeno puede ser comprendido, pero la falta de rigor en la escritura académica, disponiendo de los medios y recursos formativos para evitarla, no. Especialmente cuando se ponen a nuestro alcance herramientas informáticas que permiten identificar este tipo de fenómenos (Betts et al., 2012) y alternativas formativas con resultados contrastados (Curtis et al., 2013).

En cualquier caso, es importante tener en cuenta que una cosa es la copia y apropiación de una idea, y otra es la cita errónea, o inadecuada del origen de la idea. La conducta deshonesta se sitúa más en el primer caso. En el segundo, el proceso de enseñanza-aprendizaje obliga a considerar la redacción inadecuada como parte de los objetivos educativos y, en todo caso, como una mala conducta académica, no como una conducta necesariamente deshonesta.

También es cierto, que tanto el plagio inadvertido, como el consciente, pueden darse en personas con un perfil psicológico determinado. En estos casos, se tienden a realizar este tipo de acciones deshonestas, aun sabiendo que existen medios para evitarlas e incluso conociendo los riesgos a los que se exponen. No solo, por tanto, el acto es consciente, sino que se identifica como tal, se ha realizado en el pasado y se asume que seguirá realizándose mientras cumpla su función y no dé lugar a sanciones.

3 Plagio intencional y conducta académica deshonesta: factores psicológicos implicados

En el caso de la enseñanza universitaria, ciertos comportamientos pueden explicarse por características personales previas, y por la realización de comportamientos deshonestos en la escuela secundaria o en bachillerato (Mayhew et al., 2009). Se trataría de atributos que los estudiantes traen consigo a la universidad y que permanecen inalterados por la experiencia universitaria. El Josephson Institute (2012) a través de una encuesta realizada a más de 20 000 estudiantes de secundaria estadounidenses, encontraba que el 51 % admitía haber engañado en una prueba, el 74 % había copiado la tarea de otro estudiante y el 32 % había copiado un documento de Internet para un trabajo de clase.

En la Universidad este no es un problema menor, a pesar de los esfuerzos por minimizarlo. A veces se tiende a atribuir a la influencia de internet y la disponibilidad que supone el acceso al conocimiento a través de la red. Sin embargo, en los años 80 y 90 del siglo pasado internet no estaba tan presente en la vida cotidiana de los universitarios como ocurre hoy en día. Y, a pesar de ello, Whitley (1998) encontraba que el 43 % de estudiantes universitarios había engañado en los exámenes, el 41 % había hecho trampas en tareas, el 47 % plagiado, y el 70 % había participado en al menos una forma de deshonestidad académica. La red de redes ha ido aumentando estos porcentajes, pero también poco a poco va aumentando la conciencia de su indeseabilidad. Por ejemplo, Puga (2014), encontraba que el 56,92 % de estudiantes universitarios admitieron que habían plagiado antes, pero la mayoría de los estudiantes (83,08 %) afirmaron que no les gustaría que alguien plagiara sus trabajos. Los porcentajes pueden variar de unos estudios a otros (Ternes et al., 2019, Espiñeira-Bellón et. al., 2021), pero tienden a aumentar según se incrementa la disponibilidad de dispositivos que dan acceso a fuentes de información digitales.

Pero, por qué se puede decidir conscientemente recurrir al plagio como una forma aceptable de trabajo en los estudios universitarios. ¿Existe alguna explicación psicológica que pueda explicar una tendencia como esta?

Podemos avanzar algunas ideas desde varias perspectivas.

3.1 Socialización en la honestidad

Nos detendremos, siquiera un momento, para revisar el modo en el que los seres humanos nos socializamos en la (des)honestidad. Aunque nos preocupa el problema de la apropiación de las ideas de otros por lo que esto supone desde el punto de vista sociomoral y por las repercusiones que suele tener la copia de ideas o creaciones ajenas desde el punto de vista legal, lo cierto es que este fenómeno, cuando es intencional, no siempre es el producto repentino e inesperado derivado de una situación de necesidad.

Durante el proceso de socialización, aprendemos las consecuencias derivadas de la transgresión de las normas y reglas sociales. Casi siempre la vulneración de las normas tiene consecuencias, y no siempre deseables. No es este el lugar para revisar el proceso de adquisición de normas, valores y actitudes sociales, pero quizás sí lo es para revisar cómo se produce la toma de conciencia sobre el papel que el plagio y la conducta deshonesta tienen en la vida de la gente desde los primeros momentos de su vida. Y ello porque la copia y apropiación de las ideas y creaciones de los demás no solo se manifiesta en los trabajos académicos, sino en todos los órdenes de la vida cotidiana.

El plagio es solo una forma más de conducta deshonesta. Estas, se encuentran ya presentes en el mundo que nos rodea, a veces desde el núcleo familiar, en el entorno social más inmediato, o en los medios audiovisuales (películas, series, juegos...). Acceder al conocimiento sobre ellas y sobre la valoración que los otros significativos hacen de ellas es sencillo. No requiere gran esfuerzo. Forma parte del aprendizaje social que caracteriza gran parte del desarrollo humano. Sancionar la copia, el engaño o la mentira, es habitual en la infancia. Como experiencia directa es una poderosa fuente de información. Pero, al tiempo que se sanciona y advierte sobre lo inapropiado de nuestro comportamiento, se observa con frecuencia cómo los modelos sociales (personas significativas durante la infancia) realizan conductas "adultas" pero igualmente reprochables, bajo el argumento de que son buenas para uno mismo y, si no son detectadas, no conducirán a consecuencias. Generalmente el daño a terceros se diluye de modo genérico, como ocurre a veces con el pago de impuestos, donde el "otro" perjudicado no es visible, aunque lo seamos todos. Lo cierto es que evitar la deshonestidad requiere del desarrollo de una importante capacidad de autocontrol. Será esta la que permita controlar los propios impulsos, controlar falsas atribuciones de nuestra conducta, y sentirse gratificado por conseguir metas que responden a valores superiores de moralidad (Koscielniak y Bojanowska, 2019). Ser deshonesto, algunas veces, sin que se note demasiado, haciéndolo con habilidad y destreza, evitando sentimientos de culpabilidad por ello, es algo que en demasiados ambientes se promueve y jalea socialmente. La justificación actúa como mecanismo que refuerza la permanencia de esas conductas: "no soy capaz por mí mismo", "no tengo tiempo para hacerlo", "no perjudico a otros con ello", "todos los hacen y no pasa nada", o "me siento forzado a hacerlo porque los demás me exponen a situaciones que exceden de mis competencias", "la meta lo merece", etc. Son, en definitiva, formas de encapsular este tipo de comportamientos de modo que no afecten a la integridad de nuestra propia imagen y a su proyección social. Atribuir a causas externas nuestra propia conducta nos exime de responsabilidad y evita los sentimientos de vergüenza derivados.

Los valores y conductas honestas, no solo se deben estimular y promover en la infancia y adolescencia, también deben ser vistos en los modelos sociales. Es cierto que la transgresión propia de la adolescencia, suponen un reto para familias y educadores en este sentido, pero si la experiencia directa y vicaria es de recompensa de la honestidad, otras formas de influencia emocional o de persuasión tendrán un efecto más limitado. Complementariamente, aprender a realizar las tareas dentro del tiempo estipulado para ello, sean o no académicas, contribuirá a evitar la procrastinación, y sus efectos sobre la mala conducta académica. De hecho, Patrzek et al. (2015), encontraban que la procrastinación académica guarda también relación con una variedad de conductas deshonestas, entre las que se encuentra el plagio o la copia en los exámenes. La procrastinación académica se puede definir como la tendencia a retrasar las tareas previstas, aunque esto pueda tener consecuencias negativas, dedicando el tiempo a otras actividades de carácter lúdico o social. Sus efectos negativos sobre el estrés y la disminución del rendimiento son bien conocidos. La progresiva disminución de tiempo para la realización de las tareas y las consecuencias negativas que se esperan de su no realización, hacen que el riesgo derivado del plagio se vea minimizado. Adicionalmente, sabemos que la emocionalidad negativa, el estrés en particular, se relaciona con actitudes positivas hacia el plagio y, obviamente, los estudiantes universitarios están sometidos también a altos niveles de ansiedad, estrés y, en ocasiones, depresión (Tindall y Curtis, 2019), por lo que el contexto es, en sí mismo, de riesgo potencial.

Alternativas terapéuticas como el *mindfulness* (conciencia o atención plena) ofrece una vía potencial para mejorar el comportamiento ético en estudiantes con baja responsabilidad. La atención plena está positivamente relacionada con la responsabilidad y la toma de decisiones éticas (Giluk, 2009). Se centra tanto en la autodisciplina como en la autorregulación, así como en la respuesta reflexiva y deliberada.

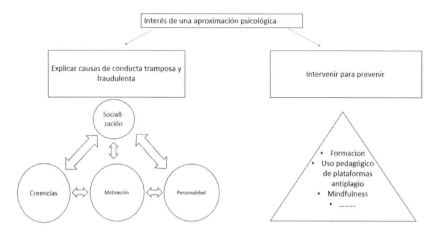

Fig. 1: Entender las causas para prevenir y corregir

En cualquier caso, a lo largo del desarrollo se conformarán patrones de comportamiento relacionados con el respeto por los otros y sus creaciones. La influencia social tendrá un papel relevante en su formación, pero también los contextos que experimentamos y las propias dimensiones de la personalidad que a lo largo del tiempo se vayan conformando contribuirán a ello (figura 1).

3.2 Por qué ocurre el plagio desde la teoría de la decisión racional

Como señalan Sattler et al., (2013), se trata de un modelo económico en el que la decisión se toma en función de la relación coste-beneficio (utilidad): suspensos, vergüenza, expulsión, o bien obtener buenas calificaciones.

Cuando hay oportunidad y la utilidad (coste-beneficio) es alta, se inicia la tentación. Esta suspende las preferencias a largo plazo (más racionales) e impulsa las preferencias a corto plazo (más viscerales).

Estas relaciones se ven mediadas por la interiorización de normas sociomorales que actúan incrementando el coste de la decisión de plagiar, como ocurre con la expectativa de castigo y el miedo a ser detectado. No obstante, las sanciones formales tienen poco efecto preventivo (figura 2).

Las características individuales, como el sexo (las mujeres engañan menos que los hombres), la edad, la capacidad cognitiva (permite predecir mejor las consecuencias), la personalidad y la actividad extracurricular, así como los factores situacionales, como los códigos de honor, las sanciones y el riesgo de detección, actúan como moduladoras del engaño.

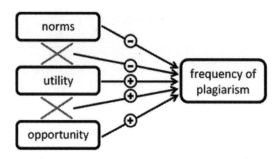

Fig. 2: La decisión de plagiar
Fuente: Sattler, et al. (2013)

3.3 Plagio y dimensiones de la personalidad

Dentro de la personalidad, se han examinado una serie de rasgos o dimensiones, incluyendo locus de control y personalidad de tipo A (Giluk, & Postlethwaite, 2015).

Desde el modelo del Big Five, la responsabilidad y la amabilidad tienen las relaciones más sólidas con la deshonestidad académica. Los estudiantes con mayor responsabilidad y amabilidad son menos propensos a trampas que quienes puntúan bajo. Aunque las primeras investigaciones enfatizaron el papel del neuroticismo y la extraversión, en la actualidad no hay resultados que avalen su relación con la deshonestidad académica.

Los cinco rasgos o factores principales se suelen denominar tradicionalmente de la siguiente forma:

1. Factor O (*Openness* o apertura a nuevas experiencias)
2. Factor C (*Conscientiousness* o responsabilidad)
3. Factor E (Extraversión)
4. Factor A (*Agreeableness* o amabilidad)
5. Factor N (Neuroticismo o inestabilidad emocional)

En el estudio realizado por Ramírez-Correa (2017) sobre ciberplagio, los bajos niveles de amabilidad (confianza, obediencia, franqueza, altruismo, modestia, sensibilidad hacia los demás, actitud conciliadora) están relacionados con el comportamiento desviado en el lugar de trabajo, el comportamiento antisocial, los delitos de cuello blanco y la deshonestidad académica. Por su parte, bajos niveles de responsabilidad (entendida como competencia, orden, sentido del deber, necesidad de éxito, autodisciplina, deliberación) están relacionados con conductas desviadas en el lugar de trabajo, conductas antisociales y deshonestidad académica.

Otros rasgos de personalidad pueden ofrecer un poder explicativo adicional, puesto que el Big Five no captura toda la gama de rasgos existentes, particularmente aquellos que reflejan el comportamiento antisocial.

De hecho, la Tríada Oscura de la personalidad (narcisismo, el maquiavelismo y la psicopatía) parece predecir una serie de comportamientos antisociales relacionados con la deshonestidad académica.

También desde el modelo HEXACO (Ashton y Lee, 2001), similar al Big Five, pero que incluye un sexto factor de Honestidad-Humildad, se han encontrado resultados semejantes. Las personas con alto nivel de honestidad son justas, sinceras y modestas, versus aquellas astutas, codiciosas y pretenciosas. En el contexto universitario demuestra que predice comportamientos académicos contraproducentes. Así, por ejemplo, en el estudio de Plessen, et al. (2020) la deshonestidad académica correlacionó positivamente con los rasgos oscuros, y negativamente con la apertura, la conciencia, la amabilidad, la honestidad y la humildad.

En el ámbito de la psicopatología, Baran y Jonason, (2020) analizaron algunos aspectos de la motivación para el aprendizaje, la autoeficacia y la psicopatía, para tratar de entender las causas de este tipo de comportamientos. Siempre sobre la base, de que comprender las causas y actuar sobre ellas es mejor que obsesionarse por reforzar las medidas de control que, por otro lado, tienen un efecto relativo a través del tiempo (Betts et al., 2012). En sus resultados se observa cómo la desinhibición y la maldad, propias de la psicopatía en el modelo triárquico, mediadas por la orientación hacia metas de aprendizaje (comprensión, conocimiento, dominio), predijeron la frecuencia de la deshonestidad académica de los estudiantes. Además, la autoeficacia general mediaba el efecto indirecto de la desinhibición sobre la deshonestidad académica a través de la orientación hacia metas de aprendizaje (relación inversa). Tanto la maldad como la desinhibición llevaron a niveles bajos de orientación hacia el aprendizaje de los estudiantes lo que, a su vez, contribuyó a hacer trampas en el contexto académico. La baja orientación hacia metas de aprendizaje puede resultar del hecho de que aquellos que se caracterizan por la maldad pueden tener una propensión a ser rebeldes y aquellos que se caracterizan por la desinhibición pueden tenerla hacia la impulsividad (posponer la gratificación o controlar los impulsos).

Sin motivación para adquirir conocimientos, los estudiantes pueden hacer trampas para lograr resultados académicos sin tener en cuenta la integridad y las consecuencias de sus acciones. La orientación a metas de rendimiento no medió las relaciones entre las tres facetas de la psicopatía y la deshonestidad académica, porque quienes puntúan alto en ellas no están motivados por el miedo a actuar peor que los demás.

De hecho, en el metaanálisis realizado por Plessen et al. (2020) la psicopatía era el mejor predictor, aunque de tamaño moderado, de la deshonestidad académica. Dentro de la conceptualización triárquica de la psicopatía, la audacia representa seguridad en uno mismo, valentía y una alta tolerancia al estrés y la falta de familiaridad; la maldad captura los déficits interpersonales como la falta de empatía, la insensibilidad y la explotación; y la desinhibición representa la tendencia a la impulsividad, la mala autorregulación y el foco en la gratificación inmediata.

En el estudio de Bischoff (2016) se intentaba establecer la posible relación existente entre psicopatía, medida a través del Inventario de Personalidad Psicopática-Revisado, y diversas conductas antisociales o delictivas, el plagio entre ellas. Los resultados mostraban una puntuación total más alta en el cuestionario y en el factor de impulsividad. La muestra estaba formada por estudiantes universitarios, y los resultados, en relación con el plagio, definían a quienes obtenían las más altas puntuaciones, como dispuestos a manipular a otros con fines egoístas, con una visión cínica y duramente instrumental de la naturaleza humana. Además, se trataría de personas dispuestas a transgredir las reglas, a aprovecharse de los demás, a vivir para su propio beneficio y a verse a sí mismas como superiores a otras personas. Serían personas no convencionales, resistentes a la autoridad y desafiantes ante las normas sociales.

Este tipo de tendencias comportamentales, tienen claras y conocidas implicaciones fuera del ámbito académico.

- Falsificar calificaciones con el fin de aumentar sus posibilidades de admisión a instituciones educativas competitivas.
- Los solicitantes de empleo pueden exagerar su curriculum vitae para parecer más atractivos para los empleadores (los estudiantes que hacen trampa en un contexto académico también son más propensos a hacerlo en el trabajo).
- Tal comportamiento podría ir desde el plagio periodístico, hasta el financiero, hasta el fraude científico. Estos tipos de comportamiento sin ética tienen consecuencias para la sociedad en su conjunto.
- Los anteriores son planteamientos que deben verse a la luz de los procesos de socialización y desarrollo de la personalidad.
- Las dimensiones de la personalidad, el aprendizaje de la conducta social, etc., no se modifican de forma rápida y sencilla en la edad adulta, se forman a lo largo de la vida en los diferentes contextos en los que el ser humano se desarrolla.

• El conocimiento de las variables psicológicas implicadas en el plagio debe llevar a actuar de forma preventiva desde los primeros niveles educativos.

4 Conclusiones

El plagio, como hemos visto, no es un fenómeno homogéneo. Su complejidad puede ser analizada desde muy diversas perspectivas. Desde las aportaciones procedentes del ámbito psicológico, hemos tratado de subrayar la vinculación entre la tendencia a la deshonestidad y los procesos de socialización que los ciudadanos experimentan desde su infancia. Pero la deshonestidad no puede desvincularse de otros aspectos disposicionales del individuo, la personalidad y algunos perfiles psicopatológicos parecen desempeñar un importante papel. Como también lo juegan otros aspectos vinculados a la motivación y al contexto en el que se desarrolla el aprendizaje en entornos académicos. Las características del sujeto, del contexto y de las tareas a realizar están implicadas en la producción de este tipo de comportamientos. De su interacción, variable de unos a otros individuos, dependerá su aparición y frecuencia.

Ante un fenómeno universal y creciente, desde las instituciones se hace hincapié en las medidas preventivas que eviten la aparición del problema, sancionadoras (cuando ya ocurrió) y/o correctoras (formativas) cuando el énfasis se pone en la evitación de conductas futuras. Parece claro que la tendencia general es a proporcionar a los estudiantes oportunidades de formación dentro del currículum y a advertirles sobre las consecuencias, generalmente académicas, de este tipo de conductas. Las normativas académicas universitarias recogen con creciente claridad y contundencia la relación lineal entre deshonestidad, suspensos y otras medidas disciplinarias.

Obviamente, no todas las situaciones son iguales, y valorarlas suele quedar en manos del profesorado. La realidad, en muchos casos, es que una parte de este considera la sanción como el punto final de la evaluación, mientras que otros apelan a la necesidad de considerar las tareas y evaluaciones como parte de un proceso de aprendizaje continuo y, por ello, enfatizan la necesidad de actuar pedagógicamente con actividades de recuperación o mejora, y no tanto con medidas disciplinares (no sancionar, sino reescribir correctamente el texto, por ejemplo).

El plagio, en el mundo académico, siempre ha sido posible. Simplificando en exceso, se podría decir que son los valores adquiridos, la formación alcanzada, la supervisión disponible y un adecuado autocontrol, algunos de los factores que han diferenciado, diferencian, y diferenciarán, a los ciudadanos honestos, universitarios o no, de aquellos que no lo son y quizás no aspiren a serlo.

5 Referencias

Abasi, A. R., Akbari, N., & Graves, B. (2006). Discourse appropriation, construction of identities, and the complex issue of plagiarism: ESL students writing in graduate school. *Journal of Second Language Writing, 15*(2), 102–117. doi:https://doi.org/10.1016/j.jslw.2006.05.001

Ashton, M. y Lee, K. (2001). A theoretical basis for the major dimensions of personality. *European Journal of Personality, 15*(5), 327–353. https://doi.org/10.1002/per.417.

Baran, L., & Jonason, P. K. (2020). Academic dishonesty among university students: The roles of the psychopathy, motivation, and self-efficacy. *PLoS One, 15*(8), e0238141. doi:http://dx.doi.org/10.1371/journal.pone.0238141

Barnhardt, B. (2016) The "Epidemic" of Cheating Depends on Its Definition: A Critique of Inferring the Moral Quality of "Cheating in Any Form". *Ethics & Behavior, 26*(4), 330–343, https://doi.org/10.1080/10508422.2015.1026595

Betts, L. R., Bostock, S. J., Elder, T. J., & Trueman, M. (2012). Encouraging good writing practice in first-year psychology students: An intervention using turnitin. *Psychology Teaching Review, 18*(2), 74–81. Retrieved from https://www.proquest.com/scholarly-journals/encouraging-good-writing-practice-first-year/docview/1314330371/se-2?accountid=17197

Betts, L. R., Bostoek, S. J., Elder, T. J., & Trueman, M. (2012). Encouraging good writing practice in first-year psychology students: An intervention using turnitin. *Psychology Teaching Review, 18*(2), 74–81. Retrieved from https://search-proquest-com.accedys.udc.es/docview/1171935721?accountid=17197

Bischoff, K. E. (2016). Assessing psychopathy using the psychopathic personality inventory in a university sample (Order No. 10243358). Available from ProQuest Dissertations & Theses Global; Psychology Database. (1845308993). Retrieved from https://www.proquest.com/dissertations-theses/assessing-psychopathy-using-psychopathic/docview/1845308993/se-2?accountid=17197

Bischoff, K. E. (2016). *Assessing psychopathy using the psychopathic personality inventory in a university sample* (Psy.D.). Available from ProQuest Dissertations & Theses Global, Psychology Database. (1845308993). Retrieved from https://www.proquest.com/dissertations-theses/assessing-psychopathy-using-psychopathic/docview/1845308993/se-2?accountid=17197

Brown, A. S., & Halliday, H. E. (1991). Crytomnesia and source memory difficulties. *The American Journal of Psychology, 104*(4), 475. http://dx.doi.org/10.2307/1422937

Brown, A.S., & Murphy, D.R. (1989). Cryptomnesia: Delineating inadvertent plagiarism. *Journal of Experimental Psychology: Learning, Memory, and Cognition*, 15(3), 432–442. https://doi.org/10.1037/0278-7393.15.3.432

Curtis, G. J., Gouldthorp, B., Thomas, E. F., O'Brien, G. M., & Correia, H. M. (2013). Online academic-integrity mastery training may improve students' awareness of, and attitudes toward, plagiarism. *Psychology Learning and Teaching*, 12(3), 282–289. http://dx.doi.org/10.2304/plat.2013.12.3.282

Curtis, G. J., Gouldthorp, B., Thomas, E. F., O'brien, G. M., & Correia, H. M. (2013). Online academic-integrity mastery training may improve students' awareness of, and attitudes toward, plagiarism. *Psychology Learning & Teaching*, 12(3), 282–289. http://dx.doi.org.accedys.udc.es/10.2304/plat.2013.12.3.282

Defeldre. A-C. (2005). Inadvertent plagiarism in everyday life. *Applied Cognitive Psychology*, 19(8), 1033–1040. http://dx.doi.org/10.1002/acp.1129

Eng, A. (1995). *Factors influencing inadvertent plagiarism of sentences* (M.A.). Available from ProQuest Dissertations & Theses Global. (304259144). Retrieved from https://www.proquest.com/dissertations-theses/factors-influencing-inadvertent-plagiarism/docview/304259144/se-2?accountid=17197

Entwistle, N., Tait, H., & McCune, V. (2000). Patterns of responses to approaches to studying inventory across contrasting groups and contexts. *European Journal of Psychology of Education*, 15, 33–48.

Espiñeira-Bellón, E.M., Muñoz Cantero, J.M., Gerpe Pérez, E.M., y Castro Pais, M.D. (2021). Ciberplagio como soporte digital en la realización de trabajos académicos. *Comunicar: Revista científica iberoamericana de comunicación y educación*, 68, 119–128, https://doi.org/10.3916/C68-2021-10

Giluk, T. L. (2009). Mindfulness, big five personality, and affect: A meta-analysis. *Personality and Individual Differences,47*(8), 805–811. https://doi.org/10.1016/j.paid.2009.06.026

Giluk, T. L. y Postlethwaite, B. E. (2015). Big Five personality and academic dishonesty: A meta-analytic review. *Personality and Individual Differences*, 72, 59–67. https://doi.org/10.1016/j.paid.2014.08.027

Greitemeyer, T. (2014). Article retracted, but the message lives on. *Psychonomic Bulletin & Review*, 21(2), 557–61. Retrieved from https://www.proquest.com/scholarly-journals/article-retracted-message-lives-on/docview/1516058828/se-2?accountid=17197

Josephson Institute. (2000–2012). *Report card on the ethics of American youth*. Retrieved from Character Counts website: http://charactercounts.org/programs/reportcard/

Koscielniak, M., & Bojanowska, A. (2019). The role of personal values and student achievement in academic dishonesty. *Frontiers in Psychology, 10* (1887), 1–7, https://doi.org/10.3389/fpsyg.2019.01887

López Puga, J. (2014). Analyzing and reducing plagiarism at university. *European Journal of Education and Psychology. 7.* 131–140. https://doi.org/10.1989/ejep.v7i2.186.

Mayhew, M. J., Hubbard, S. M., Finelli, C. J., Harding, T. S., & Carpenter, D. D. (2009). Using structural equation modeling to validate the theory of planned behavior as a model for predicting student cheating. *Review of Higher Education, 32*(4), 441–468. Retrieved from https://www.proquest.com/scholarly-journals/using-structural-equation-modeling-validate/docview/220862327/se-2?accountid=17197

Patrzek, J., Sattler, S., van Veen, F., Grunschel, C., Fries, S (2015). Investigating the effect of academic procrastination on the frequency and variety of academic misconduct: a panel study. *Stud High Educ.,* 40, 1014–1029. https://doi.org/10.1080/03075079.2013.854765

Pittam, G., Elander, J., Lusher, J., Fox, P., & Payne, N. (2009). Student beliefs and attitudes about authorial identity in academic writing. *Studies in Higher Education, 34*(2), 153–170. Retrieved from https://www.proquest.com/scholarly-journals/student-beliefs-attitudes-about-authorial/docview/61889133/se-2?accountid=17197

Plessen, C.Y., Gyimesi, M.L., Kern, B.M.J., Fritz, T.M., Catalán Lorca, M., Voracek, M., et al. (2020). Associations between academic dishonesty and personality: A pre-registered multilevel meta-analysis, January 30. Available from: https://psyarxiv.com/pav2f/

Ramírez-Correa, P. (2017). Relationship between cyber plagiarism and the big five personality traits: An empirical study in a chilean university. *Holos, 33*(5), 125–135. http://dx.doi.org/10.15628/holos.2017.5191

Sattler, S., Graeff, P., & Willen, S. (2013) Explaining the Decision to Plagiarize: An Empirical Test of the Interplay Between Rationality, Norms, and Opportunity, *Deviant Behavior, 34*(6), 444–463, https://doi.org/10.1080/01639625.2012.735909

Stark, L., & Perfect, T.J. (2008). The effects of repeated idea elaboration on unconscious plagiarism. *Memory & Cognition, 36*(1), 65–73. Retrieved from https://www.proquest.com/scholarly-journals/effects-repeated-idea-elaboration-on-unconscious/docview/217451319/se-2?accountid=17197

Taylor, F. K. (1965). Cryptomnesia and plagiarism. *British Journal of Psychiatry,* 111, 1111–1118. https://doi.org/10.1192/bjp.111.480.1111

Ternes, M., Babin, C., Woodworth, A., & Stephens, S. (2019). Academic misconduct: An examination of its association with the dark triad and antisocial behavior. *Pers Individ Dif., 138*: 75–78. https://doi.org/10.1016/j.paid.2018.09.031.

Tindall, I. K., & Curtis, G. J. (2019). Negative emotionality predicts attitudes toward plagiarism. *J Acad Ethics*. 2019: 1–14, https://doi.org/10.1007/s10805-019-09343-3

Whitley, B.E. (1998) Factors Associated with Cheating Among College Students: A Review, *Research in Higher Education, 39*, 235–274. https://doi.org/10.1023/A:1018724900565

Beatriz Antonieta Moya / Sarah Elaine Eaton

Investigación en Integridad Académica: Una Oportunidad para la Diversidad Metodológica y Paradigmática y la Colaboración

Resumen: En este capítulo analizamos la integridad académica como un campo de investigación, desde un lente de enseñanza y aprendizaje. Basándose en los enfoques metodológicos del Scholarship of Teaching and Learning (SoTL), analizamos algunos estudios existentes en el ámbito de la integridad académica para identificar cómo estos calzan dentro de un marco SoTL. De este modo, demostramos cómo la integridad académica, como campo de investigación, se ha desarrollado y sigue creciendo.

Palabras claves: integridad académica, Scholarship of Teaching and Learning (SoTL), marco 4M

1 Introducción

Por un largo tiempo, la integridad académica ha sido vista principalmente como un problema asociado a la conducta del estudiante. Desde principios del 2000, tanto académicos como expertos han realizado llamados en favor de un enfoque multiactores hacia la integridad académica, el que incluye responsabilidades para los estudiantes, los educadores, los administradores, los equipos profesionales, y otros (Bretag et al., 2011; Macdonald & Carroll, 2006; McCabe & Makowski, 2001). Además, la integridad académica se ha desarrollado más allá de la práctica administrativa y los asuntos estudiantiles, convirtiéndose en un campo de investigación académica (ver Bretag, 2020 y los capítulos ahí contenidos). En este capítulo, exploramos el desarrollo de la integridad académica como un campo de investigación. Además, examinamos cómo la diversidad metodológica y paradigmática ha contribuido al crecimiento de este campo de investigación, destacando las oportunidades y barreras para el avance de la investigación futura.

La audiencia prioritaria de este trabajo la constituyen los académicos, tanto emergentes como experimentados, quienes se involucran en la investigación en integridad académica. Es esencial que los investigadores comprendan la historia y el contexto en el que ellos trabajan y la integridad académica no es la excepción. Además de los académicos, este capítulo provee nuevas perspectivas a los formuladores de políticas y patrocinadores, particularmente en relación con comprender el valor de la integridad académica y de la investigación, no como una práctica administrativa, sino como un campo de investigación académica. Al comienzo de este capítulo delineamos el contexto histórico de la investigación en integridad académica. A continuación, acotamos nuestro foco para explorar la investigación en integridad académica desde el lente de la enseñanza y el aprendizaje. De este modo, nos basamos en el Scholarship of Teaching and Learning, y específicamente, en el marco de multinivel (4M) que provee un esquema de organización para conceptualizar cómo la investigación en integridad académica es llevada a cabo en los niveles individuales (micro), departamentales (meso), institucionales (macro) y multinstitucional, nacional, y multinacional (mega). Ofrecemos también un análisis de algunas publicaciones específicas, clasificadas por enfoque metodológico. Por último, concluimos este capítulo con un llamado a la acción para el desarrollo del campo de la investigación en integridad académica, particularmente desde el lente de la enseñanza y el aprendizaje.

2 Declarando Nuestros Posicionamientos

Como investigadoras cualitativas, hemos sido formadas para declarar nuestros posicionamientos en nuestro trabajo: quiénes somos, de dónde somos, y los valores y creencias que traemos a nuestro trabajo. Para los investigadores cualitativos, declarar un posicionamiento no es un pensamiento posterior, sino un aspecto esencial que brinda una base ética al trabajo realizado, dado que reconocemos el rol que la identidad tiene no solo en relación con nuestro trabajo, sino también respecto de las relaciones intersubjetivas entre investigadores, y aquellos a quienes ellos estudian (Walshaw, 2011).

3 La Integridad Académica como un Campo de Investigación

En esta sección proveemos una breve historia de la integridad académica como un campo de la investigación académica, destacando el trabajo de algunas de las figuras principales de la disciplina y discutiendo cómo las perspectivas de distintos países han ido emergiendo en el tiempo. Aun cuando los trabajos científicos desarrollados en temáticas relacionadas con la integridad académica pueden ser encontrados desde fines del 1800 (Gallwey, 1879) y principios del siglo XX (Barnes, 1904; Bird, 1929; Coiner, 1932), no fue sino hasta la segunda mitad del siglo XX que las investigaciones a gran escala sobre la mala conducta académica comenzaron a realizarse. En la década de los sesenta, Bowers condujo la primera encuesta a gran escala sobre mala conducta académica en 99 universidades estadounidenses, donde participaron estudiantes (*n* = 5422), administradores (*n* = 626), y presidentes de organizaciones estudiantiles (*n* = 502) (Bowers, 1964). Sus hallazgos fueron difundidos en un reporte publicado por la Oficina de Investigaciones Sociales Aplicadas de Nueva York (Bowers, 1964) y Bowers luego empleó el mismo conjunto de datos para su investigación doctoral (Bowers, 1966).

Lo anterior estableció el escenario para el trabajo de Don McCabe en los Estados Unidos, quien siguió a Bowers con el empleo de encuestas a gran escala. McCabe se convirtió en el investigador de integridad académica más prominente de los Estados Unidos (McCabe, 1992, 1999, 2001). McCabe y Bowers escribieron juntos, y demostraron su conexión y la influencia que Bowers tuvo en McCabe (McCabe & Bowers, 1994). McCabe también colaboró a menudo con otros colegas en Los Estados Unidos (por ejemplo, McCabe, Treviño, & Butterfield, 2001; McCabe, Butterfield, & Treviño, 2012), como también con pares de otros países, por ejemplo, de Canadá (Christensen Hughes & McCabe, 2006a, 2006b). En el año 1999, McCabe cofundó lo que hoy se conoce como el Centro Internacional para la Integridad Académica (sigla ICAI en inglés), el que ha servido como eje para los profesionales e investigadores de la integridad académica, incluyendo a los prominentes académicos norteamericanos, David Rettinger (2006, 2017) y Tricia Bertram Gallant (2008, 2017).

La investigación en integridad académica también ha avanzado en otros países, por ejemplo, con Tracey Bretag quien ha tenido una gran influencia en su país natal, Australia. Su influencia también se extiende a nivel mundial. Al comienzo, sus investigaciones se focalizaron en el apoyo a estudiantes para quienes el inglés es un idioma adicional (por ejemplo, Bretag, Horrocks, & Smith, 2002). En el año 2005, Bretag cofundó la *Revista Internacional de Integridad Académica* (*the International Journal for Educational Integrity*, en inglés), en la que actuó como editora durante 15 años hasta su sensible fallecimiento en el año 2020. Bretag además fue editora de la primera edición del *Manual de Integridad Académica* (Bretag, 2016), que se convirtió en el trabajo de referencia más prestigioso del ámbito disciplinar. Ella además abogó por el desarrollo de la integridad académica como campo de investigación (Bretag, 2020), liderando grandes proyectos de colaboración y adjudicándose importantes fondos de investigación por parte del gobierno australiano (Bretag et al., 2011a, 2011b, 2019a, 2019b). Otros australianos prominentes que han influenciado el campo de la investigación en integridad académica incluyen a Curtis (Curtis y Clare, 2017; Curtis, & Tremayne, 2019), Dawson (Dawson y Sutherland-Smith, 2018), Ellis (Ellis, Zucker y Randall, 2018), Rogerson (2017), y Sutherland-Smith (2008), entre otros. Como señaló Bretag (2019), una diferencia principal entre los enfoques australianos y estadounidenses hacia la integridad académica es que en los Estados Unidos existe una tendencia hacia preguntas sobre carácter y moralidad, mientras que en Australia el foco está en el estudio de conductas indebidas. Además, se reconoce que en los Estados Unidos se han realizado investigaciones a gran escala, mientras que los investigadores de Australia y de otros lugares, se han involucrado en estudios metodológicamente diversos, a lo largo del tiempo (Bretag, 2019).

Al igual que en Australia, en el Reino Unido y Europa continental, la investigación en integridad académica se ha caracterizado por ser metodológicamente diversa y por contar con una amplia gama de temáticas, incluyendo al plagio (Carroll, 2007; Macdonald & Carroll, 2006), la corrupción (Glendinning et al., 2019), y el contrato de trampa (ver, por ejemplo: Clarke & Lancaster, 2006; Comas-Forgas, et al., 2020; Foltýnek & Králíková, 2018; Lancaster, 2020).

Los académicos y educadores a lo largo del mundo han convocado a sus pares a adoptar un foco hacia la enseñanza y aprendizaje en el ámbito de la integridad académica (Bertram Gallant, 2008; Bretag el al., 2019b; Eaton, 2021b; Morris, 2016). En la siguiente sección, exploramos cómo la investigación en integridad académica ha sido tomada desde el Scholarship of teaching and Learning (SoTL).

4 La Integridad Académica desde una Mirada SoTL

El concepto de Scholarship of Teaching (SoTL) emergió en la década de los noventa a partir del trabajo de Boyer (1990), quien estableció que la docencia que contribuía a mejoras en el aprendizaje de los estudiantes poseía un valor equivalente a otras acciones realizadas por los académicos, tales como la investigación (Simmons & Poole, 2016). En décadas posteriores, el concepto fue tomando tracción convirtiéndose en un movimiento (Simmons & Poole, 2016) y ampliando su propósito hacia la mejora de la calidad educativa (Poole & Simmons, 2013). Por consiguiente, SoTL ha incrementado con fuerza su reconocimiento y presencia en la educación superior, promoviendo cambios culturales significativos en las instituciones (Hubball et al., 2013; Kenny et al., 2016). Todo lo anterior permitió la incorporación explícita del concepto de aprendizaje, permitiendo que el Scholarship of Teaching se convirtiera en lo que hoy se conoce como Scholarship of Teaching and Learning (SoTL en inglés).

Bajo el propósito de mejorar la calidad de la enseñanza y el aprendizaje, SoTL es definido como una forma de pensamiento y práctica de carácter profesional que se orienta hacia procesos de indagación y revisión entre pares (O'Brien, 2008; Trigwell, 2021). Por consiguiente, SoTL involucra un trabajo intelectual riguroso y posee cuatro atributos distintivos (O'Brien, 2008). En primer lugar, los estudiantes y su aprendizaje constituyen la preocupación fundamental de

SoTL, lo que se expresa a través de preguntas de investigación que, además, se ajustan a contextos disciplinares y pedagógicos específicos. El segundo atributo es que estos estudios se construyen sobre la base de un diseño intencionado y consideran investigaciones previas que sean relevantes al contexto específico de enseñanza y aprendizaje. El tercer atributo corresponde al carácter sistemático de las investigaciones, propendiendo así al desarrollo de evidencias que sostienen los resultados de las investigaciones. Un elemento que se conecta con este tercer atributo es la visión de Huber et al. (2011) y Poole y Simmons (2013), quienes consideran que SoTL tiene el concepto de impacto en su ADN. El cuarto atributo se vincula a la intención de SoTL de aportar al conocimiento y la práctica colectiva desde el pensamiento reflexivo. De esta forma, una indagación SoTL involucra un análisis exhaustivo del aprendizaje construido en la experiencia de investigación, una anticipación de cómo los hallazgos podrían contribuir a la comunidad en general y una conexión con las brechas identificadas por otros académicos de la comunidad SoTL en el marco de sus estudios. En relación con este atributo, Poole y Simmons (2013) destacan la significancia de contar con estrategias de difusión efectivas que faciliten la comunicación entre los miembros de la comunidad, de modo que puedan nutrir adecuadamente el avance de la docencia.

La definición de SoTL aún es parte de la discusión académica (Felten, 2013; Trigwell, 2021). Aun cuando SoTL se relaciona comúnmente con la investigación de aula o la investigación de prácticas pedagógicas, existe una visión más amplia generada a partir de las contribuciones significativas aportados por académicos SoTL en los ámbitos del liderazgo educativo y la renovación curricular (Hubball et al., 2013). En este sentido, Trigwell (2021) propone un marco amplio que permite situar distintos tipos de actividades bajo el manto de SoTL y que no se restringen de manera exclusiva a procesos conducentes hacia la elaboración de publicaciones para revistas científicas. Esta noción concuerda con la mirada de Poole y Simmons (2013), quienes consideran que la investigación en SoTL puede adoptar distintas formas y que, a su vez, las formas de comunicación de los resultados de dichas investigaciones también pueden ser diversas. Desde esta mirada más inclusiva, otras actividades tales como la investigación sobre la propia práctica para el desarrollo del conocimiento propio del docente y la investigación destinada a informar a una comunidad sobre un conocimiento que aborde necesidades de carácter local son también reconocidos como SoTL (Trigwell, 2021). Bajo los términos de O'Brien (2008), SoTL no solo involucra la publicación y revisión de pares, sino también, la adecuada documentación de procesos de enseñanza y aprendizaje efectivos. De forma similar, Felten (2013) concuerda con esta mirada amplia hacia SoTL y expone otras alternativas de indagación, por ejemplo, aquellas que poseen un foco teórico o que han sido diseñadas para la generación de hipótesis.

Otros autores advierten que el potencial de SoTL no solo se orienta específicamente a los equipos de trabajo y docentes universitarios, sino que puede extenderse también a las instituciones educativas en pleno, lo que facilita que estas mejoren sus apoyos dirigidos hacia el aprendizaje de sus estudiantes (Williams et al., 2013).

Más allá de los impactos específicos que puedan ocurrir a diversos niveles organizacionales, Trigwell (2021) señala que los elementos distintivos de SoTL son su foco en el aprendizaje de los estudiantes y la incorporación de procesos académicos rigurosos y sistemáticos, que, además, involucran la revisión entre pares y se construyen desde la base de investigaciones previas en el área correspondiente.

En la actualidad, la comunidad que sustenta el movimiento SoTL ha buscado activamente progresar hacia una mayor rigurosidad teórica y metodológica (Hubball et al., 2013), como también, se ha extendido hacia otras áreas del quehacer educacional, tales como el mejoramiento del currículum, las practicas pedagógicas (Hubball et al., 2013) y el afianzamiento de culturas de integridad académica en la educación terciaria (Eaton, 2020). Este escalamiento de SoTL se vincula fuertemente a la necesidad de las instituciones de educación superior, tanto a nivel institucional y de programa, de fundamentar la toma de decisiones en la evidencia (Hubball et al., 2013). En este marco, existen brechas en las que SoTL puede contribuir, por ejemplo cuando existe una notable distancia entre los actuales avances en el ámbito de la investigación en docencia y el cómo se implementa la docencia en las aulas (Simmons & Poole, 2016). Otro ejemplo significativo de brechas corresponde al significativo aumento de casos de estudiantes que hacen trampa en sus cursos. La relevancia del ejemplo anterior viene dada por el énfasis que las instituciones de educación superior están otorgando a la integridad académica en la actualidad (Kenny & Eaton, 2021). Ante dicha situación, las organizaciones educativas pueden escoger eludir un foco en la anécdota y el endurecimiento de las normas y optar por un camino permeado por procesos de deliberación, conocimiento de la literatura, indagación, evidencia, discusión académica e innovación pedagógica (Williams et al., 2013), los que se conectan naturalmente con la indagación SoTL. En este marco de toma de decisiones basadas en la evidencia, la promoción de enfoques educativos hacia la integridad académica ha favorecido la integración permanente de lineamientos originados en el espacio SoTL. El enfoque educativo sitúa al aprendizaje del estudiante como una prioridad (Eaton, 2021b) y favorece la participación de múltiples actores en el desarrollo de una cultura institucional orientada hacia la integridad académica por parte de todos sus miembros (Eaton, 2020b, 2021a).

Por otra parte, este enfoque es de carácter inclusivo y favorece en los estudiantes el desarrollo de habilidades que favorecen la toma de decisiones éticas y que puedan ser empleadas por ellos incluso después de su graduación (Eaton, 2021a; Szabo et al., 2018).

Un enfoque educativo hacia la integridad académica contrasta con el enfoque basado en el temor (Eaton, 2021b), el que concentra exclusivamente en el estudiante la responsabilidad por actuar con integridad (Eaton, 2020). Cuando la estrategia solo se centra el cumplimiento de normas, existe el riesgo de no abordar adecuadamente algunos casos, por ejemplo, aquellos relacionados con la presencia de plagio realizado sin intención por parte del estudiante (Zaza & McKenzie, 2018). Esta transición hacia un enfoque educativo abre paso a que una rama de la investigación en integridad académica se sitúe y expanda dentro del ámbito de SoTL. Un elemento crítico a la base es el hecho que los investigadores SoTL son también educadores (Eaton et al., 2019). Por lo anterior, la integridad académica desde el lente de la enseñanza y el aprendizaje ha facilitado una imbricación efectiva de los aportes desarrollados por diversos académicos de la comunidad SoTL, quienes han ofrecido nuevas perspectivas y bases teóricas, facilitando el abordaje de los nuevos desafíos planteados desde el enfoque educativo hacia la integridad académica. Un ejemplo que refleja dicha contribución es el empleo activo del marco 4M para comprender cómo se fortalecen las culturas de integridad académica en las instituciones de educación superior (Eaton, 2020a; Eaton, 2020b; Eaton et al., 2019; Kenny & Eaton, 2021). Conforme a los aportes de Roxå y Mårtensson (2012), Simmons (2016) y Kenny et al. (2016), el marco 4M se constituye de cuatro niveles que se definen de la siguiente manera:

- Nivel Micro: Corresponde a las acciones particulares de las personas dentro de una organización. Este nivel se centra en la práctica individual o el quehacer de los líderes, en específico. De acuerdo con Eaton (2020a), un ejemplo de este nivel ocurre cuando los educadores forman a sus estudiantes para parafrasear ideas adecuadamente cuando redactan textos académicos.
- Nivel Meso: Se asocia a acciones colectivas desarrolladas dentro de los departamentos, unidades de apoyo o redes. Siguiendo con la propuesta de Eaton (2020a), una unidad académica que implemente un taller sobre una temática relacionada con la integridad académica ya sea dirigido a docentes o estudiantes, representa este nivel.
- Nivel Macro: Se ocupa de las iniciativas relacionadas con procesos, estructuras, sistemas y políticas a nivel institucional. De este modo, Eaton (2020a) sugiere que la presencia de una política de integridad académica en una institución es un elemento distintivo de este nivel.

- Nivel Mega: Vinculado a contextos más amplios, de carácter disciplinar, provincial, nacional o multinacional. Para este nivel, Eaton (2020a) alude como ejemplo a órganos gubernamentales que apoyen activamente la promoción de conductas éticas.

Profundizando en los desafíos del enfoque educativo hacia la integridad académica y los aportes de SoTL a este, encontramos la necesidad por comprender cómo los estudiantes, académicos y administrativos conceptualizan el plagio (Taylor et al., 2004) y por identificar perspectivas críticas que desafíen visiones que sostienen que los estudiantes internacionales tienden a estar involucrados más frecuentemente en casos de plagio (Saltmarsh, 2005). Otros intereses se asocian a explorar el rol de los académicos en torno a la promoción de la integridad académica (Löfström et al., 2015), examinar enfoques que estimulen a los estudiantes a no hacer trampa en sus cursos universitarios (Kolb et al., 2015), examinar la integridad académica desde la perspectiva de estudiantes contemporáneos (Minichiello, 2016) y esfuerzos por analizar resultados en torno a la implementación de innovaciones pedagógicas y tecnológicas orientadas al aprendizaje de conceptos abstractos asociados a la integridad académica y ética (Kwong et al., 2017). Otras experiencias más recientes se centran en comunicar dentro de las instituciones educativas una comprensión sobre el contrato de trampa (Eaton et al., 2019), en reconocer las perspectivas de los estudiantes de posgrado en relación al plagio (Szabo et al., 2018) e identificar la percepción de académicos, ayudantes y estudiantes con relación al uso de tecnologías emergentes que buscan apoyar el desarrollo de culturas de integridad académica (Zaza & McKenzie, 2018).

En términos generales, estos estudios y otros comparten en su esencia un foco hacia la integridad académica como un elemento constitutivo del proceso de aprendizaje de los estudiantes (Eaton, 2021b). Por otra parte, SoTL en su intersección con la integridad académica también refleja la amplitud y variedad correspondientes al espacio SoTL más amplio (O'Brien, 2008). En este capítulo se destacan algunos estudios relevantes que habitan en dicha intersección, con la intención de ofrecer una perspectiva general sobre el estado del área. A modo de brindar una panorámica general de este grupo de estudios, los hemos organizado en función de dos dimensiones principales. En primer lugar, empleamos el marco de 4M de SoTL empleado en el ámbito de la integridad académica (Eaton, 2020; Eaton et al., 2019; Kenny & Eaton, 2021) y el marco de referencia de SoTL de Miller-Young y Yeo (2015).

Miller-Young y Yeo (2015) discuten las tensiones entre distintas metodologías, y dan cuenta sobre la existencia de una diversidad metodológica en SoTL.

Desde ahí, Miller-Young y Yeo (2015) proponen la existencia de seis enfoques metodológicos principales: cuantitativo, cualitativo empírico, naturalista, interpretativo, crítico y posmoderno. Miller-Young y Yeo (2015), definen estos seis enfoques principales en SoTL de la siguiente manera:

- Cuantitativo: Este tipo de estudios se desarrollan a partir de una base positivista, caracterizada por una epistemología realista que asume la verdad de manera independiente del contexto, incluso del objeto de estudio y del sujeto que lo estudia. Sobre dicha base, se construyen hipótesis con el propósito de identificar relaciones entre variables definidas de manera previa a la implementación del estudio. Los principios orientadores clave en este tipo de estudios son la validez, la confiabilidad y la generalización. Los estudios de carácter pospositivista también se consideran como parte de esta categoría.

- Cualitativo empírico: Esta metodología contiene a aquellos estudios que emplean fuentes de datos de carácter cualitativo y de forma paralela, desarrollan un enfoque de tipo empírico que se centra en una realidad observable, con intentos por capturar dicha realidad de la forma más objetiva posible. De este modo, su foco se encuentra en la observación del aprendizaje. Por tanto, los aspectos que involucren elementos inferenciales no pertenecen a esta categoría.

- Naturalista: Los estudios bajo esta metodología reconocen la particularidad de una situación de investigación. En consecuencia, los datos deben ser recogidos desde contextos situados. Una característica relevante es que, dentro de esta categoría, toda acción que conlleve a controlar variables es descartada y los contextos de enseñanza y aprendizaje son analizados como contextos socioculturales.

- Interpretativo: Los estudios con un enfoque interpretativo reconocen que la realidad social es una construcción específica y local. De este modo pueden coexistir múltiples realidades subjetivas. Por consiguiente, el conocimiento emerge desde las interpretaciones de las experiencias sin la expectativa de generalizar, es decir, el conocimiento es eminentemente idiográfico y la calidad de la investigación está dada por su integridad.

- Crítico: Desde esta perspectiva, los estudios distinguen múltiples realidades subjetivas, donde existen algunas que reflejan una mirada desde el poder, mientras otras desde quienes han sido marginalizados. Por tanto, esta metodología favorece la exploración de preguntas relativas a la justicia social y la ética, por ejemplo, respecto de la raza, las clases sociales y el género en el espacio pedagógico.

- Posmoderno: Los estudios bajo una mirada posmoderna se caracterizan por la presentación de críticas que invitan al escepticismo hacia creencias que usualmente no son cuestionadas. De este modo, los autores que desarrollan este tipo de estudio deconstruyen narrativas o marcos teóricos amplios dando paso a nuevas descripciones de un fenómeno.

Para la conceptualización y comunicación de SoTL, se presenta en primer lugar la figura 1. En esta figura, se organizan algunos estudios SoTL relativos a la integridad académica en relación con dos dimensiones principales, su nivel, de acuerdo al modelo 4M de la comunidad SoTL (Eaton et al., 2019; Eaton, 2020b; Kenny & Eaton, 2021) y metodología, inspirado en el trabajo de Miller-Young y Yeo (2015). La figura 1 pone de manifiesto la diversidad metodológica de los estudios ubicados en la intersección de SoTL y la integridad académica, además, representa algunos focos temáticos y alcances de las investigaciones en integridad académica durante las últimas décadas. No obstante, reconocemos que la investigación en este ámbito se remonta desde hace mucho antes, así como fue planteado al inicio de este capítulo. Respecto de la figura, reconocemos también que algunas celdas se encuentran vacías porque es siempre posible que algunas metodologías carezcan de correspondencia con algún nivel del modelo 4M en específico. Ejemplo de lo anterior es la improbabilidad de encontrar un estudio a nivel individual (micro) que emplee una metodología cuantitativa, puesto que los estudios cuantitativos requieren tamaños de muestras amplias para asegurar su validez.

La figura 1 permite, además, apreciar la diversidad metodológica de los estudios ubicados en la intersección de SoTL y la integridad académica. De esta manera, algunos adoptan diseños cuantitativos con empleo de cuestionarios (Szabo et al., 2018) o una metodología Q (Löfström et al., 2015). Otros estudios combinan análisis estadístico descriptivo y análisis de contenido sobre la base de encuestas (Zaza & McKenzie, 2018) u otras fuentes de datos tales como encuestas de experiencia de usuarios, retroalimentación cualitativa, datos de flujo de clics y minería de textos (Kwong et al., 2017). En tanto, también existen estudios de carácter interpretativo con diseños cualitativos con foco en la aplicación de entrevistas (Taylor et al., 2004), o bien emplean entrevistas de manera previa y posterior a la implementación de una innovación pedagógica (Kolb et al., 2015). Dentro de lo interpretativo, también existen ejemplos de uso de diseños basados en la investigación acción, nutridos por procesos de reflexión crítica como investigadores-participantes (Eaton et al., 2019).

Dentro de esta diversidad, los estudios de SoTL en integridad académica que son presentados en la figura 1 dan cuenta de los cinco principios de buenas

Niveles	Metodología					
	Cuantitativa	Cualitativa Empírica	Naturalista	Interpretativa	Crítica	Postmoderna
Micro						
Meso	Examinando la integridad académica de los actuales estudiantes de posgrado en educación (Szabo et al., 2018)			Escogiendo el no hacer trampa: Un marco para evaluar las bases lógicas de los estudiantes para acatar las políticas de integridad académica (Kolb et al., 2015)		Examinando la integridad académica en la posmodernidad: Uso de los estudiantes de pregrado de soluciones para completar tareas de curso de Ingeniería basadas en libros de texto (Minichiello, 2016)
Macro		Uso de Turnitin® en una universidad canadiense (Zaza y McKenzie, 2018)	Entendiendo el plagio: La intersección de contextos personales, pedagógicos, institucionales y sociales (Taylor et al., 2004)	Perspectivas inter-institucionales en el contrato de trampa: Una exploración narrativa cualitativa desde Canadá. (Eaton et al., 2019)		
Mega	¿Quién enseña la integridad académica y cómo la enseñan? Löfström et al. (2015)	Acercando conceptos abstractos de la integridad académica y la ética a situaciones de la vida real (Kwong et al. 2017)			'Páginas blancas' en la academia: Consumo de plagio y racionalizaciones racistas (Saltmarsh, 2005)	

Fig. 1: Algunos Estudios SoTL en Integridad Académica organizados bajo una adaptación del marco de referencia de Miller-Young y Yeo (2015) y el modelo 4M en contextos de integridad académica (Eaton, 2020; Eaton et al., 2019; Kenny & Eaton, 2021). Fuente: Elaboración propia

prácticas en SoTL desarrollados por Felten (2013). En primer lugar, las indagaciones se encuentran focalizadas hacia el aprendizaje de los estudiantes, ya sea desde el punto de vista de la adquisición de conocimientos, habilidades, actitudes o hábitos, como también en relación con la docencia o los docentes y su influencia en el aprendizaje. En segundo lugar, los estudios delimitan su contexto específico y marco teórico, puesto que reconocen y se construyen a partir del trabajo anterior de otros académicos en el área y dan cuenta de las características particulares de los espacios en donde dichos estudios se desarrollan. En tercer lugar, se identifica la aplicación de métodos de investigación intencionales y rigurosos, fundamentados en preguntas de investigación adecuadamente delimitadas y que focalizan la indagación hacia el aprendizaje del estudiante o la docencia. En cuarto lugar, estos estudios involucran una participación estudiantil, asegurando estándares éticos en donde los estudiantes, como participantes, comprenden sus derechos en el marco del desarrollo de los estudios. En quinto lugar, las indagaciones han sido publicadas y dadas a conocer a la comunidad, lo que facilita la revisión de pares y la utilización de dicho trabajo en otros estudios. Teniendo en cuenta lo anterior, se describen a continuación algunos aportes en la intersección de SoTL y la integridad académica, y se ofrecen además comentarios sobre cómo dichos hallazgos contribuyen en robustecer un enfoque educativo hacia la integridad académica.

4.1 Entendiendo el Plagio: La Intersección de Contextos Personales, Pedagógicos, Institucionales y Sociales (Taylor et al., 2004)

En esta indagación, Taylor et al. (2004) exploran en profundidad cómo estudiantes, académicos, y administradores de una institución de educación superior entienden y abordan el plagio. De este modo, el estudio busca desarrollar una comprensión del plagio que se vincula a un contexto institucional y social más amplio, con la finalidad de informar el desarrollo de programas educativos y políticas de prevención de plagio. A partir de esta noción, las autoras desarrollaron entrevistas en torno al plagio, empleando una conceptualización del conocimiento cultural en las organizaciones, distinguiendo entre cuatro tipos de conocimiento sobre el plagio: conocimiento de diccionario, conocimiento de directorio, conocimiento de receta y conocimiento axiomático. Mientras el primer tipo de conocimiento refiere a un conocimiento descriptivo de una cosa o un proceso, el conocimiento de directorio se vincula a cómo el conocimiento es descrito e implementado. En tanto, el conocimiento de receta se asocia a cómo un proceso debiera ser implementado o mejorado y el conocimiento axiomático a por qué un fenómeno es explicado y aplicado de determinada manera.

Con base en lo anterior, Taylor et al. (2004) identificaron la existencia de una variación en torno al conocimiento existente sobre el plagio, que, además, emanaba desde las interacciones complejas entre las políticas, las prácticas, los valores, la cultura académica y los factores políticos y sociales del contexto. La presencia de incongruencias entre las políticas y las prácticas sobre el plagio en académicos y también en estudiantes constituyó uno de los hallazgos más relevantes, desde el punto de vista de las autoras. En este contexto, se reconoció la presencia de un sistema informal paralelo para abordar el plagio por parte de los académicos. Asimismo, los estudiantes identificaron brechas entre cómo entienden el plagio y las prácticas que ellos identificaron en sus pares.

Por lo anterior, las autoras señalan la importancia de considerar procesos formativos consistentes, adecuadamente comunicados y que no solo se focalicen en la provisión de definiciones. Desde la perspectiva de Taylor et al. (2004), es crítico que los procesos formativos que aborden el plagio se concentren en la presentación de ejemplos que permitan a los estudiantes poner en práctica distintos valores y prácticas académicas. Por último, en relación con la política de integridad académica, las autoras recomiendan una aplicación consistente de esta a través de la institución y que en sus fases de adaptación y desarrollo considere la perspectiva de los docentes, por ejemplo, en cuanto a las medidas que puedan ser aplicadas y bajo qué circunstancias. A partir de lo anterior, las autoras sostienen que las posibilidades de una implementación efectiva de la política de integridad académica aumentan.

Considerando el trabajo de Kenny y Eaton (2021) es posible identificar que las recomendaciones de Taylor et al. (2004) aún son relevantes puesto que apuntan hacia la realización de esfuerzos en distintos niveles y que involucren a diversos actores relevantes. Un aspecto que Taylor et al. (2004) mencionan en su trabajo y que ahora cuenta con un mayor desarrollo teórico corresponde al reconocimiento de los espacios informales dentro de una organización. Sobre este punto, Kenny y Eaton (2021) destacan que es clave establecer no solo actividades formales, sino también de carácter informal, que puedan tener un impacto en distintos ámbitos, tales como el aprendizaje profesional, los liderazgos locales, entre otros.

4.2 'Páginas Blancas' en la Academia: Consumo de Plagio y Racionalizaciones Racistas (Saltmarsh, 2005)

La mirada crítica de Saltmarsh (2005) se expresa en propuestas alternativas orientadas a desafiar las perspectivas que conectan a los estudiantes internacionales en Australia con el plagio. Dando cuenta del contexto más amplio de la educación superior, por ejemplo, el proceso de comodificación del sistema terciario y el aumento expansivo de estudiantes internacionales en Australia, la autora sostiene que algunos discursos establecidos en los medios son en realidad un reflejo de racismo, que se fundamenta en ideas racializadas de habilidad, o de déficit moral.

En consecuencia, existen discursos racializados que marcan a los estudiantes internacionales de manera excesiva ante prácticas ilícitas. Desde su mirada, esta perspectiva que visibiliza al estudiante internacional también invisibiliza activamente las acciones de trampa y plagio realizadas por estudiantes locales. Además, la autora identifica que la presencia de acciones ilícitas individuales por parte de algunos estudiantes internacionales no debe ser legitimada, pero sí ser vista como reflejo de interrelaciones más amplias. En función de lo anterior, Saltmarsh (2005) sostiene que existen cambios curriculares y pedagógicos orientados a atender las necesidades de los estudiantes internacionales que aún no se han puesto en práctica. Lo anterior, de acuerdo con Saltmarsh (2005), contrasta con los entusiastas mecanismos de captación adoptados por las instituciones para atraer a estos estudiantes.

Por tanto, la autora establece que los debates en torno a problemáticas tales como la baja de los estándares académicos, la calificación blanda y la rendición de cuentas institucionales deben también considerar las asimetrías racializadas existentes. De este modo, el foco en el 'Otro' puede ser reemplazado por un desarrollo de prácticas pedagógicas y políticas que aborden adecuadamente las necesidades idiomáticas, de aprendizaje y equidad de estos estudiantes.

Este estudio se alinea con lo que Miller-Young y Yeo (2015) identifican como un estudio crítico, puesto que Saltmarsh (2005) establece con claridad preguntas en torno a temáticas de privilegio y poder. Además, sumado a lo establecido por Saltmarsh (2005), Eaton (2021b) sostiene que es primordial evitar suponer que algunos grupos están más predispuestos a cometer plagio, dado que existen complejidades propias de los contextos que merecen ser analizadas en mayor profundidad.

4.3 ¿Quién Enseña la Integridad Académica y Cómo la Enseñan? (Löfström et al., 2015)

El estudio de Löfström et al. (2015) destaca que, si bien existe convergencia entre los académicos en reconocer la importancia de la integridad académica y en mostrarse de acuerdo con que esta va más allá del cumplimiento de reglas, se identifican significativas divergencias en torno a la integridad académica. Entre dichas diferencias se encuentra una variabilidad respecto de cómo se percibe la naturaleza de la integridad académica, cómo debiese ser enseñada y bajo quién se encuentra la responsabilidad de enseñarla. De este modo, Löfström et al. (2015) sostienen que dichos elementos dan cuenta de constructos de carácter complejo y subjetivo. Por otra parte, los autores señalan algunos nudos críticos, tales como la presencia de confusiones entre los académicos en relación con el correcto abordaje de colaboración entre estudiantes, el reporte de estudiantes que acusan a sus pares de haber cometido trampa y la falta de reconocimiento hacia las instancias de desarrollo profesional que abordan pedagogías que sustentan la enseñanza de la integridad académica.

Asimismo, Löfström et al. (2015) permiten extender la comprensión sobre cómo los docentes miran la integridad académica. De acuerdo con Eaton (2021b), es crítico que los docentes tomen acciones que favorezcan la comprensión de los estudiantes sobre la integridad académica. Lo anterior se debe a que existen innumerables acciones que los docentes pueden realizar para que los estudiantes desarrollen habilidades específicas asociadas a la integridad académica (Kenny & Eaton, 2021). A su vez, mientras los docentes se involucran en procesos que expanden su comprensión sobre sus estudiantes y cómo ellos aprenden, el rol docente también se expande (O'Brien, 2008).

4.4 Escogiendo el No Hacer Trampa: Un Marco para Evaluar las Bases Lógicas de los Estudiantes para Acatar las Políticas de Integridad Académica (Kolb et al., 2015)

Con el propósito de analizar el aporte de los cursos de seminarios intensivos de escritura de primer año en la formación de estudiantes y para la toma de decisiones que propendan hacia la honestidad y la responsabilidad, Kolb et al. (2015) solicitaron a un grupo de estudiantes algunos ejemplos de instancias donde evitaron realizar trampa. De esta manera, este estudio aporta con un marco de evaluación que contiene seis categorías relacionadas con las distintas bases lógicas que los estudiantes emplean para evitar la trampa. Estas bases son las siguientes: las barreras que obstaculizan la realización de una trampa, el análisis de beneficios limitados ante de la ejecución de una trampa, el miedo a las consecuencias de ser sorprendido haciendo trampa, la aplicación de políticas relativas a la trampa, un interés genuino por lograr las metas de aprendizaje y la presencia de creencias éticas internalizadas. De acuerdo con los autores, las tres primeras categorías responden a bases que se distinguen cualitativamente de las últimas, en donde los estudiantes manifiestan respeto hacia las políticas, los valores institucionales y la comunidad. Si bien este estudio no identifica diferencias significativas en torno a las bases que previenen la trampa al término del curso, incluso a pesar de la intervención realizada, los autores realizan un llamado a buscar otras estrategias que puedan abordar adecuadamente una formación que supere el cumplimiento de la norma para el beneficio del desarrollo ético del estudiante más allá de su proceso formativo.

El trabajo de Kolb et al. (2015), visto desde el lente de la brújula SoTL desarrollada por O'Brien (2008), facilita la identificación de algunos elementos centrales. En primer lugar, Kolb et al. (2015) presentan una reflexión crítica en a torno qué aprenderán los estudiantes como resultado de su participación en el seminario de escritura. Para los autores, dichos aprendizajes sobrepasan un foco en los contenidos, puesto que también apuntan a ciertas actuaciones por parte de los estudiantes. Lo anterior, visto desde la mirada de O'Brien (2008) es un ejemplo de cómo responder adecuadamente a una de las preguntas críticas de SoTL: "¿qué aprenderán mis estudiantes y por qué es significativo" (p.6). Por otra parte, Kolb et al. (2015) presentan como evidencias las experiencias de los estudiantes, las que a su vez se constituyen en guías que permiten futuras adecuaciones a la práctica docente, lo que O'Brien (2008) representa como la pregunta: "¿cómo sé que mi docencia y el aprendizaje de mis estudiantes ha sido efectivo? (p. 14).

4.5 Examinando la Integridad Académica en la Posmodernidad: Uso de los estudiantes de Pregrado de Soluciones para Completar Tareas de Curso de Ingeniería basadas en Libros de Texto (Minichiello, 2016)

Con el propósito de contribuir con un estudio fundamentado en el contexto y orientado hacia la comprensión del constructo de trampa desde la perspectiva estudiantil, Minichiello (2016) desarrolló un estudio de caso cualitativo, desde un enfoque posmoderno y bajo la teoría de cambio de valores intergeneracional, en un programa de Ingeniería de pregrado. Para Minichiello (2016) la pregunta principal de investigación fue, ¿cómo los estudiantes de pregrado de ingeniería perciben y actúan en cuestiones de integridad en relación con el uso de soluciones en libros de texto cuando están preparando evaluaciones calificadas en clases? Para abordar esta indagación, la autora recolectó entrevistas individuales y discusiones en torno a artefactos del curso con docentes, ayudantes y estudiantes.

Dentro de los hallazgos principales, Minichiello (2016) plantea que, en cuanto a la selección de los recursos, los estudiantes demuestran orientaciones posmodernas y posmaterialistas, dado que las preferencias están sustentadas en valores tales como el deseo por productividad y la autoautorización. Los estudiantes acudieron a recursos que fuesen accesibles y convenientes aun cuando estos no fuesen sugeridos por el docente del curso. Por otra parte, los límites expresados por los estudiantes en cuanto al empleo de soluciones para los exámenes fueron desdibujados ante un escenario de desarrollo de tareas del curso. Por tanto, se evidencia en los estudiantes una falta de adherencia hacia una perspectiva más tradicional de la integridad académica al momento de desarrollar tareas de sus cursos. Desde una mirada más amplia, la autora destaca cómo el lente brindado por la teoría de cambio de valores facilitó un proceso de deconstrucción, en donde las percepciones de los estudiantes pudiesen ser vistas como auténticas y culturalmente relevantes e informar el desarrollo de nuevas prácticas pedagógicas. Desde aquí, Minichiello (2016) propone algunas recomendaciones para quienes enseñan en el ámbito de la Ingeniería. La primera corresponde a abandonar la idea de etiquetar tácitamente el uso de soluciones como trampa. La segunda es que los académicos reconozcan el uso de soluciones por parte de los estudiantes y comuniquen qué formas son aceptables dentro de sus cursos. Por último, quienes educan en Ingeniería tienen el desafío de considerar enfoques pedagógicos alineados con las realidades del siglo XXI.

El estudio de Minichiello (2016) es significativo desde el punto de vista ofrecido por Felten (2013) en relación con la afirmación de la participación de los estudiantes en los procesos de indagación SoTL. Desde la mirada de Felten (2013), existe una necesidad de avanzar hacia un espacio más democrático y de responsabilidad compartida, que en el trabajo de Minichiello (2016) se hace evidente a través del reconocimiento de las perspectivas de los estudiantes como auténticas y culturalmente relevantes y que, a su vez, se constituyen bases para una serie de recomendaciones pedagógicas que se distancian de las visiones más tradicionales que algunos académicos del área de la Ingeniería aún sostienen.

4.6 Acercando Conceptos Abstractos de la Integridad Académica y la Ética a Situaciones de la Vida Real (Kwong et al. 2017)

En tanto, Kwong et al. (2017) permiten vislumbrar que el empleo de aprendizaje situado mediado por realidad aumentada a través de una aplicación instalada en dispositivos móviles facilita el aprendizaje de conceptos abstractos relacionados con la integridad académica y la ética. En esta experiencia, los participantes interactuaron con escenarios que representaban dilemas éticos contenedores de desafíos, elecciones y consecuencias. Dichos escenarios se activaban al momento en que los estudiantes caminaban una ruta que, mediante una activación por código QR y geolocalización, enfrentaba al estudiante a distintas secuencias de actividades. En este estudio, fue posible identificar que los usuarios del juego demostraron un mayor interés en torno a conceptos de integridad académica y ética. Por otra parte, los participantes, quienes además interactuaron con la tecnología en el marco de una actividad de enseñanza y aprendizaje de un curso o en una inducción, identificaron la relevancia de convertirse en modelos a seguir para otros, lo que superó así una visión centrada en el cumplimiento de normas. Las contribuciones de este estudio se encuentran en el plano del aprendizaje de conceptos centrales de la integridad académica a gran escala, con posibilidades de mejora continua mediante el uso de la analítica del aprendizaje. Por otro lado, los aportes de Kwong et al. (2017) se vinculan a lo indicado por Williams et al. (2013), quienes sostienen que la diseminación de evidencia en torno a la eficiencia de métodos, cuando es canalizado de manera adecuada, constituye una oportunidad orientada a fomentar SoTL en las instituciones de educación.

4.7 Examinando la Integridad Académica de los Actuales Estudiantes de Posgrado en Educación (Szabo et al. 2018)

Por otra parte, la indagación de Szabo et al. (2018) muestra que en algunos contextos de enseñanza de posgrado el plagio no ocurre a menudo y que los casos de trampa no necesariamente aumentan por encontrarse los estudiantes en un contexto de aprendizaje en línea. Otros resultados de este estudio ponen sobre la mesa la existencia de contextos en donde los estudiantes identifican claramente qué es el plagio. Por otra parte, desde la percepción de los estudiantes, se apunta a que la carga académica y personal del estudiante y la percepción de no contar con posibilidades de realizar una tarea adecuadamente, constituyen elementos que podrían conducir a malas conductas. Finalmente, Szabo et al. (2018) señalan la existencia de situaciones en las que los estudiantes conocen con claridad las políticas de integridad académica y las consecuencias que podrían enfrentar ellos ante casos de mala conducta académica.

Este estudio permite ampliar la mirada y problematizar la comprensión de los estudiantes sobre la integridad académica, en función del contexto educativo donde el estudio se sitúa. En este aspecto Felten (2013) y Simmons (2016) destacan que el desarrollo de la indagación SoTL debe situarse en contexto, por tanto, las estrategias deben necesariamente alinearse con la cultura institucional. Simmons (2016) extiende este punto al anticipar que aquellas estrategias que sean exitosas en algunas instituciones deben ser adaptadas antes de ser empleadas en otros contextos.

4.8 Uso de Turnitin® en una Universidad Canadiense (Zaza y McKenzie, 2018)

En el caso de Zaza y McKenzie (2018), se buscó identificar la satisfacción general hacia una aplicación informática de comparación de textos, desde la perspectiva de académicos, ayudantes y estudiantes. Los resultados muestran que aún persisten algunas dificultades por parte de los académicos por familiarizarse con la aplicación, utilizar recursos de apoyo generados institucionalmente para su implementación y emplear la aplicación para procesos de evaluación formativa. Ante esto, Zaza y McKenzie (2018) vislumbran oportunidades para incorporar este tipo de aplicación como un elemento más integral de la formación que facilite el aprendizaje de normas de citación y parafraseo, como también para comunicar de mejor manera los potenciales usos de la aplicación informática. En relación con lo anterior, las autoras reconocen que la información incorporada en las guías de aprendizaje o programa de curso sobre la aplicación es insuficiente para promover su integración en los procesos de enseñanza y aprendizaje.

Las contribuciones de Zaza y McKenzie (2018) destacan, en contexto, la relevancia de considerar un enfoque multiactores al momento de incorporar innovaciones orientadas a construir culturas de integridad académica. De acuerdo con Stoesz y Eaton (2020), la promoción de culturas de integridad requiere de acciones a distintos niveles dentro de las instituciones, que apunten directamente a los valores de la honestidad, la confianza, la responsabilidad, el respeto y el coraje. Al mismo tiempo, se sugiere que las instituciones busquen brindar los apoyos correspondientes para que los docentes accedan a experiencias de desarrollo profesional que expandan sus habilidades docentes y faciliten los procesos de rediseño de sus prácticas docentes y de evaluación (Stoesz & Eaton, 2020).

4.9 Perspectivas Interinstitucionales del Contrato de Trampa: Una Exploración Cualitativa Narrativa desde Canadá (Eaton et al., 2019)

Desde una mirada interinstitucional, Eaton et al. (2019) presentan cinco temas principales que dan cuenta del proceso de búsqueda de un grupo de investigadores SoTL de tres universidades orientado a expandir el entendimiento de distintos actores educativos sobre el contrato de trampa. Los temas identificados fueron los siguientes: los tipos de contrato de trampa, la motivación por parte de los estudiantes de involucrarse en este tipo de acción, las acciones de difusión para dar cuenta de la existencia del contrato de trampa a distintos actores universitarios, la discusión sobre la evidencia en torno al contrato de trampa para la imposición de sanciones y sobre la base de las políticas de integridad académica institucionales y la formación dirigida a estudiantes y educadores. Dentro de estos temas Eaton et al. (2019) destacan algunos hallazgos. En primer lugar, la presión que los estudiantes enfrentan en su trabajo académico se contempla como un factor condicionante para involucrar a un tercero en la producción de un trabajo. Además, existe un escaso conocimiento sobre la temática de fraude de contrato, tanto por parte de los docentes y de los estudiantes. En términos generales, Eaton et al. (2019) desarrollan una forma de colaboración entre educadores que impacta a diversos niveles organizacionales y que está orientado a construir, en conjunto, mayores entendimientos en torno a una temática emergente que requiere atención urgente. Este estudio representa además un ejemplo de cómo un grupo de agentes de cambio pueden jugar un rol fundamental en integrar culturas SoTL en sus instituciones, aportando además con la fertilización cruzada de ideas que permite sacar a piezas clave del aislamiento (Williams et al., 2013). Por último, esta experiencia responde a la necesidad de brindar soportes SoTL más allá del nivel institucional (Simmons & Poole, 2016).

5 Limitaciones

En este capítulo hemos empleado el marco metodológico de SoTL propuesto por Miller-Young y Yeo (2015) en combinación con el marco 4M (Eaton, 2020; Eaton et al., 2019; Kenny & Eaton, 2021) para mostrar cómo la investigación en integridad académica es metodológicamente diversa y multidisciplinaria. No obstante, reconocemos que la investigación en integridad académica se extiende más allá de SoTL, lo que incluye a otros ámbitos que no fueron discutidos en este capítulo, tales como el análisis de políticas. Por ejemplo, el trabajo de Glendinning (2013) es un excelente ejemplo de investigación de políticas a meganivel y en el ámbito de la integridad académica. El trabajo anteriormente mencionado, y otros, no se ajustan a la figura que hemos construido porque nos hemos concentrado intencionalmente en SoTL. A pesar de lo anterior, de ninguna manera hemos sugerido que otras formas de investigación son menos valiosas.

6 Recomendaciones y Conclusiones

En el horizonte, algunas líneas de desarrollo en torno a la integridad académica desde una mirada SoTL podrían estar asociadas, por ejemplo, a un mayor involucramiento de los estudiantes en roles de investigación y liderazgo en diversas iniciativas (Löfström et al., 2015; Simmons & Poole, 2016), a la realización de indagaciones que consideren en paralelo distintos niveles dentro de las organizaciones (Eaton, 2020a; Eaton et al., 2019; Kenny & Eaton, 2021), al desarrollo de estructuras a nivel nacional (Simmons, 2016) que sostengan la integridad académica desde un lente de la enseñanza y aprendizaje, a profundizar la comprensión sobre las perspectivas de los estudiantes sobre la integridad académica

(Kolb et al., 2015; Minichiello, 2009; Szabo et al., 2018; Taylor et al., 2004), a la exploración de aplicaciones informáticas y otros tipos de tecnología que contribuyan a sostener culturas de integridad académica (Kwong et al., 2017; Zaza & McKenzie, 2018) y a iniciativas que fomenten la rigurosidad metodológica (Felten, 2013; Miller-Young & Yeo, 2015) de este campo de investigación.

Por otra parte, la investigación en integridad académica se extiende a todas las disciplinas, por tanto, existe una variedad de enfoques metodológicos que son apropiados. Es además imperativo que los académicos cuenten con oportunidades de contribuir a la investigación en integridad académica de una manera que les permita basarse en su conocimiento teórico y disciplinar. Además, el trabajo realizado a través de equipos multidisciplinarios puede ayudar a los académicos a extender su conocimiento y experiencia. Considerando los diversos avances en la tecnología, que permiten a los académicos colaborar más fácilmente desde cualquier lugar del mundo, existen muchas oportunidades para que esta área de investigación siga desarrollándose. Aun cuando la carencia de un lenguaje común entre los investigadores y las diferencias de husos horarios se presenten como barreras, existen muchas más oportunidades hoy en día que, a su vez, amplifican la integridad académica como un campo de investigación.

Referencias

Barnes, E. (1904). Student honor: A study in cheating. *The International Journal of Ethics, 14*(4), 481–488. https://doi.org/10.1086/intejethi.14.4.2376257

Bertram Gallant, T. (2008). *Academic integrity in the twenty-first century: A teaching and learning imperative.* Hoboken, NJ: Wiley.

Bertram Gallant, T. (2017). Academic integrity as a teaching & learning issue: From theory to practice. *Theory into Practice, 56*(2), 88–94. https://doi.org/10.1080/00405841.2017.1308173

Bird, C. (1929). An improved method of detecting cheating in objective examinations. *The Journal of Educational Research, 19*(5), 341–348. http://www.jstor.org/stable/27523857

Bowers, W. J. (1964). *Student dishonesty and its control in college.* New York: NY: Bureau of Applied Social Research, Columbia University.

Bowers, W. J. (1966). *Student dishonesty and its control in college.* (Doctor of Philosophy). Columbia University, New York.

Boyer, E. L. (1990). *Scholarship reconsidered: Priorities of the professoriate.* New York: The Carnegie Foundation for the Advancement of Teaching.

Bretag, T. (Ed.) (2016). *Handbook of Academic Integrity.* Singapore: Springer Singapore.

Bretag, T. (2019). From 'perplexities of plagiarism' to 'building cultures of integrity': A reflection on fifteen years of academic integrity research, 2003–2018. *HERDSA Review of Higher Education, 6*. www.herdsa.org.au/herdsa-review-higher-education-vol-6/5-35

Bretag, T. (Ed.) (2020). *A research agenda for academic integrity.* Cheltenham, UK: Edward Elgar Publishing.

Bretag, T., Horrocks, S., & Smith, J. (2002). Developing classroom practices to support NESB students in information systems courses: Some preliminary findings. *International Education Journal, 3*(4), 57–69.

Bretag, T., Mahmud, S., East, J., Green, M., & James, C. (2011a). *Academic integrity standards: A preliminary analysis of the Academic integrity policies at Australian Universities.* Paper presented at the Proceedings of AuQF 2011 Demonstrating Quality, Melbourne.

Bretag, T., Mahmud, S., Wallace, M., Walker, R., James, C., Green, M., . . . Partridge, L. (2011b). Core elements of exemplary academic integrity policy in Australian higher education. *International Journal for Educational Integrity, 7*(2), 3–12. https://doi.org/10.21913/IJEI.v7i2.759

Bretag, T., Harper, R., Burton, M., Ellis, C., Newton, P., Rozenberg, P., . . . van Haeringen, K. (2019a). Contract cheating: A survey of Australian university students. *Studies in higher education, 44*(11), 1837–1856. https://doi.org/10.1080/03075079.2018.1462788

Bretag, T., Harper, R., Burton, M., Ellis, C., Newton, P., van Haeringen, K., . . . Rozenberg, P. (2019b). Contract cheating and assessment design: exploring the relationship. *Assessment & Evaluation in Higher Education, 44*(5), 676–691. https://doi.org/10.1080/02602938.2018.1527892

Carroll, J. (2007). *A handbook for deterring plagiarism in higher education* (Second ed.). Headington, UK: Oxford Centre for Staff and Learning Development.

Coiner, G. E. (1932). *An experimental study of the personality of the college cribber.* (Master of Arts). University of Southern California.

Christensen Hughes, J. M., & McCabe, D. L. (2006a). Academic misconduct within higher education in Canada. *The Canadian Journal of Higher Education, 36*(2), 1–21. Retrieved from http://journals.sfu.ca/cjhe/index.php/cjhe/article/view/183537/183482

Christensen Hughes, J. M., & McCabe, D. L. (2006b). Understanding academic misconduct. *Canadian Journal of Higher Education, 36*(1), 49–63. https://journals.sfu.ca/cjhe/index.php/cjhe/article/view/183525

Comas-Forgas, R., Sureda-Negre, J., & Morey-López, M. (2020). Spanish contract cheating website marketing through search engine advertisements.

Assessment & Evaluation in Higher Education, 1–13. https://doi.org/10.1080/02602938.2020.1841091

Clarke, R., & Lancaster, T. (2006). *Eliminating the successor to plagiarism: Identifying the usage of contract cheating sites.* Paper presented at the Second International Plagiarism Conference, The Sage Gateshead, Tyne & Wear, United Kingdom.

Curtis, G. J., & Clare, J. (2017). How prevalent is contract cheating and to what extent are students repeat offenders? *Journal of Academic Ethics, 15*(2), 115–124. https://doi.org/10.1007/s10805-017-9278-x

Curtis, G. J., & Tremayne, K. (2019). Is plagiarism really on the rise? Results from four 5-yearly surveys. *Studies in higher education,* 1–11. https://doi.org/10.1080/03075079.2019.1707792

Dawson, P., & Sutherland-Smith, W. (2018). Can markers detect contract cheating? Results from a pilot study. *Assessment & Evaluation in Higher Education, 43*(2), 286–293. https://doi.org/10.1080/02602938.2017.1336746

Eaton, S. E. (2020a). *Understanding academic integrity from a teaching and learning perspective: Engaging with the 4M framework.* http://hdl.handle.net/1880/112435

Eaton, S. E. (2020b). Academic Integrity: A Systems Approach to Address Contract Cheating. *8th Congress on Academic Integrity.* http://hdl.handle.net/1880/112560

Eaton, S. E. (2021a). Academic integrity and literacy. In L. Hunt & D. Chalmers (Eds.), *University Teaching in Focus* (pp. 163–178). Routledge. https://doi.org/10.4324/9781003008330-9

Eaton, S. E. (2021b). Plagiarism in higher education: Tackling tough topics in academic integrity. Santa Barbara, CA: Libraries Unlimited.

Eaton, S. E., Chibry, N., Toye, M. A., & Rossi, S. (2019). Interinstitutional perspectives on contract cheating: A qualitative narrative exploration from Canada. *International Journal for Educational Integrity, 15*(9). https://doi.org/10.1007/s40979-019-0046-0

Ellis, C., Zucker, I. M., & Randall, D. (2018). The infernal business of contract cheating: Understanding the business processes and models of academic custom writing sites. *International Journal for Educational Integrity, 14*(1), 1–21. doi:10.1007/s40979-017-0024-3

Felten, P. (2013). Principles of good practice in SoTL. *Teaching and Learning Inquiry, 1*(1), 121–125. https://doi.org/10.20343/teachlearninqu.1.1.121

Foltýnek, T., & Králíková, V. (2018). Analysis of the contract cheating market in Czechia. *International Journal for Educational Integrity, 14*(4), 1–15. doi: https://doi.org/10.1007/s40979-018-0027-8

Gallwey, T. (1879). Plagiarism or coincidence: Which? *The Irish monthly, 7,* 312–319.

Glendinning, I. (2013). Comparison of policies for Academic Integrity in Higher Education across the European Union. Retrieved from http://ketlib. lib.unipi.gr/xmlui/bitstream/handle/ket/814/Comparison%20of%20policies %20for%20Academic%20Integrity%20in%20Higher%20Education%20 across%20the%20European%20Union.pdf?sequence=2

Glendinning, I., Orim, S.-M., & King, A. (2019). Policies and actions of accreditation and quality assurance bodies to counter corruption in higher education. Retrieved from

Hubball, H., Pearson, M. L., & Clarke, A. (2013). SoTL inquiry in broader curricular and institutional contexts: Theoretical underpinnings and emerging trends. *Teaching and Learning Inquiry, 1*(1), 41–57. https://doi.org/10.2979/ teachlearninqu.1.1.41

Kenny, N., Watson, G. P. L., & Desmarais, S. (2016). Building sustained action: Supporting an institutional practice of SoTL at the University of Guelph. *New Directions for Teaching and Learning, 146,* 87–94. https://doi. org/10.1002/tl

Kenny, N., & Eaton, S. E. (2021). Academic integrity through a SoTL lens and 4M framework: An institutional self-study. In *Academic integrity in Canada: An enduring and essential challenge.* Springer.

Kolb, K. H., Longest, K., & Singer, A. (2015). Choosing not to cheat: A framework to assess students' rationales for abiding by academic integrity policies. *Georgia Educational Researcher, 9*(1). https://doi.org/10.20429/ijsotl.2015.090109

Kwong, T., Wong, E., & Yue, K. (2017). Bringing abstract academic integrity and ethical concepts into real-life situations. *Technology, Knowledge and Learning, 22*(3), 353–368. https://doi.org/10.1007/s10758-017-9315-2

Lancaster, T. (2020). Commercial contract cheating provision through micro-outsourcing web sites. *International Journal for Educational Integrity, 16*(1), 4. https://doi.org/10.1007/s40979-020-00053-7

Löfström, E., Trotman, T., Furnari, M., & Shephard, K. (2015). Who teaches academic integrity and how do they teach it? *Higher Education, 69,* 435–448. https://doi.org/10.1007/s10734-014-9784-3

Macdonald, R., & Carroll, J. (2006). Plagiarism: A complex issue requiring a holistic institutional approach. *Assessment & Evaluation in Higher Education, 31*(2), 233–245. http://doi.org/10.1080/02602930500262536

McCabe, D. (1992). The influence of situational ethics on cheating among college students. *Sociological Inquiry, 62*(3), 365–374. https://doi.org/10.1111/j.1475-682X.1992.tb00287.x

McCabe, D. L. (1999). Academic dishonesty among high school students. *Adolescence, 34*(136), 681.

McCabe, D. L. (2001). Cheating: Why students do it and how we can help them stop. *American Educator, 25*(4), 38–43.

McCabe, D. L., & Bowers, W. J. (1994). Academic dishonesty among males in college: A thirty year perspective. *Journal of College Student Development, 35*(1), 5–10.

McCabe, D. L., & Makowski, A. L. (2001). Resolving allegations of academic dishonesty: Is there a role for students to play? *About Campus, 6*(1), 17. https://doi.org/10.1177/108648220100600104

McCabe, D. L., Treviño, L. K., & Butterfield, K. D. (2001). Cheating in academic institutions: A decade of research. *Ethics & Behavior, 11*(3), 219–232. doi:10.1207/S15327019EB1103_2

McCabe, D. L., Butterfield, K. D., & Treviño, L. K. (2012). *Cheating in college: Why students do it and what educators can do about it.* Baltimore, MD: Johns Hopkins University Press.

Miller-Young, J., & Yeo, M. (2015). Conceptualizing and communicating SoTL: A framework for the field. *Teaching & Learning Inquiry, 3*(2), 37–53.

Minichiello, A. (2016). Examining academic integrity in the postmodern: Undergraduates' use of solutions to complete textbook-based engineering coursework. In S. Marx (Ed.), Qualitative research in STEM: Studies of equity, access, and innovation (pp. 119–146).

Morris, E. J. (2016). Academic integrity: A teaching and learning approach. In T. Bretag (Ed.), Handbook of Academic Integrity (pp. 1037–1053). Singapore: Springer Singapore.

O'Brien, M. (2008). Navigating the SoTL landscape: A compass, map and some tools for getting started. International Journal for the Scholarship of Teaching and Learning, 2(2). https://doi.org/10.20429/ijsotl.2008.020215

Poole, G., & Simmons, N. (2013). Contributions of the scholarship of teaching and learning to quality enhancement in Canada. In R. Land & G. Gordon (Eds.), Enhancing quality in higher education international perspectives (pp. 278–298). Routledge.

Rettinger, D. (2006). Applying decision theory to academic integrity decisions. In E. M. Anderman & T. B. Murdock (Eds.), *Psychology of Academic Cheating.* San Diego: Elsevier Science & Technology.

Rettinger, D. (2017) The role of emotions and attitudes in causing and preventing cheating, *Theory Into Practice, 56*(2), 103–110, DOI: 10.1080/00405841.2017.1308174

Rogerson, A. M. (2017). Detecting contract cheating in essay and report submissions: Process, patterns, clues and conversations. *International Journal for Educational Integrity, 13*(10), 1–17. doi:10.1007/s40979-017-0021-6

Saltmarsh, S. (2005). 'White pages' in the academy: Plagiarism, consumption and racist rationalities. International Journal for Educational Integrity, 1(1). http://dx.doi.org/10.21913/IJEI.v1i1.17

Simmons, N. (2016). Synthesizing SoTL institutional initiatives toward national impact. New *Directions for Teaching and Learning, 146,* 95–102. https://doi.org/10.1002/tl

Simmons, N., & Poole, G. (2016). The history of SoTL in Canada: Answering calls for action. *New Directions for Teaching and Learning, 146,* 13–22. https://doi.org/10.1002/tl.20182

Stoesz, B. M., & Eaton, S. E. (2020). Academic integrity policies of publicly funded universities in Western Canada. *Educational Policy,* 1–20. https://doi.org/10.1177/0895904820983032

Sutherland-Smith, W. (2008). Plagiarism, the Internet and student learning: Improving academic integrity. New York: Routledge.

Szabo, S., Larkin, C., & Sinclair, B. (2018). Examining the academic integrity of current graduate-level education students. *Delta Kappa Gamma Bulletin, 84*(5), 26. https://www.proquest.com/openview/4b7a4ea765570c0b419798b-f1868c0e2/1.pdf?pq-origsite=gscholar&cbl=47978

Taylor, K. L., Usick, B. L., & Paterson, B. L. (2004). Understanding plagiarism: The intersection of personal, pedagogical, institutional, and social contexts. Journal on Excellence in College Teaching, 15(3), 153–174.

Trigwell, K. (2021). Scholarship of Teaching and Learning. In Lynne Hunt & D. Chalmers (Eds.), *University Teaching in Focus: A Learning-Centred Approach* (pp. 286–303). Routledge. https://doi.org/10.4324/9780203079690

Walshaw, M. (2011, July 8). The concept of identity positioning the self within research. *Paper presented at the ICME 11: International Congress on Mathematical Education,* Monterrey, Mexico.

Williams, A. L., Verwoord, R., Beery, T. A., Dalton, H., McKinnon, J., Strickland, K., Pace, J., & Poole, G. (2013). The power of social networks: A model for weaving the Scholarship of Teaching and Learning into institutional culture. *Teaching and Learning Inquiry, 1*(2), 49–62. https://doi.org/10.20343/teachlearninqu.1.2.49

Zaza, C., & McKenzie, A. (2018). Turnitin® Use at a Canadian University. The Canadian Journal for the Scholarship of Teaching and Learning, 9(2). https://doi.org/10.5206/cjsotl-rcacea.2018.2.4

Mercè Morey López / Carmen Touza Garma

El plagio académico entre el alumnado

Resumen: El plagio académico es un fenómeno abordado por numerosas investigaciones que han analizado esta conducta académicamente deshonesta desde diferentes perspectivas y enfoques. En este trabajo se analizan algunos aspectos relacionados con este fenómeno entre el alumnado de educación secundaria y universidad; además, se hace hincapié en las causas que llevan a incurrir en él, pero acentuándose las interrelaciones entre los diversos factores intervinientes. Para la identificación y el análisis de estos factores se parte de las conclusiones y resultados obtenidos, fundamentalmente, de los estudios sobre plagio académico llevados a cabo por el grupo de investigación Educació i Ciutadania de la Universitat de les Illes Balears. Las conclusiones extraídas permiten definir los niveles de responsabilidad de los agentes implicados en la comisión de este tipo de prácticas y, a su vez, las líneas estratégicas que deben seguirse para la disminución y evitación de las acciones relativas al plagio académico.

Palabras clave: Plagio académico, educación secundaria, universidad, deshonestidad académica, integridad académica, estudiantes.

1 Introducción

A grandes rasgos, puede afirmarse que la literatura sobre el plagio académico entre el alumnado se ha concentrado en cuatro ejes básicos (Ercegovac & Richardson, 2004):

– Análisis y cuantificación de la prevalencia, caracterización y extensión del fenómeno.

– Descripción de las distintas tipologías de plagio, especialmente del ciberplagio (debido, fundamentalmente, a la introducción de las TIC).

– Análisis de las causas (atribuciones sobre los motivos que llevan a los niveles de comisión "detectados").

– Propuesta de soluciones y medidas, centradas, fundamentalmente, en la detección, la regulación y la prevención.

Sin embargo, hay que tener en cuenta dos consideraciones. La primera es que el fenómeno del plagio entre el alumnado solo puede entenderse si se contempla desde una perspectiva amplia y sistémica. La interacción que se produce entre los diversos elementos implicados provoca que su análisis de forma aislada no facilite su adecuado conocimiento. La segunda implica que, cuando nos referimos al plagio como práctica académicamente deshonesta, estamos partiendo del hecho de que la propia deshonestidad académica es un constructo basado en principios ético-morales cuya valoración dependerá de la época, la cultura y la sociedad en las que estos se enmarquen (Comas, 2009).

Este trabajo, partiendo de las acciones relacionadas con el plagio académico llevadas a cabo por alumnado de los niveles de educación secundaria y universidad, responde a una doble finalidad:

a) Analizar los factores que intervienen en la comisión del plagio académico en el marco del modelo de aprendizaje por competencias.

b) Determinar cuáles son los agentes implicados y su nivel de responsabilidad y compromiso en el diseño e implementación de líneas de actuación para la evitación del plagio académico en las diferentes etapas educativas.

Para ello, a continuación, se revisan las principales conclusiones extraídas de la confrontación de estudios de carácter nacional e internacional sobre plagio académico entre alumnado, tanto de educación secundaria como universitaria. Cabe remarcar que este capítulo es fruto de los resultados procedentes de las investigaciones realizadas durante las dos últimas décadas por los miembros del grupo de investigación Educación y Ciudadanía de la Universitat de les Illes Balears. En particular, nuestro análisis se basa en los siguientes estudios, todos ellos subvencionados con fondos públicos en convocatorias competitivas:

– El ciberplagio entre los estudiantes universitarios, proyecto financiado por el Ministerio de Educación y Ciencia (SEJ2006-10413).

– El plagio académico entre el alumnado de Educación Secundaria Obligatoria, financiado por el Ministerio de Ciencia e Innovación (referencia EDU2009-14019-C02-01/02-02).

– La integridad académica entre el alumnado de Postgrado: aproximación empírica y propuestas de intervención, proyecto financiado por el Ministerio de Ciencia, Innovación y Universidades (RTI2018-098314-B-100).

2 Referentes contextuales del fenómeno del plagio académico y su estudio

Tal y como ya se ha señalado en el anterior capítulo, el plagio (o ciberplagio si queremos remarcar el realizado a partir de los recursos y fuentes electrónicas[1])

---

1   En este capítulo se utilizará el término "plagio" con un significado genérico, no se pretenden describir ni caracterizar aquí las diferencias, y únicamente se hará alusión al "ciberplagio" en el caso de que el autor o la fuente originales así lo hayan remarcado.

es una de las diversas prácticas académicamente deshonestas. Estas, definidas a partir de la identificación y catalogación de las tipologías de comportamientos que las conforman (Comas et al., 2011), pueden clasificarse en las siguientes categorías:

1. Acciones y prácticas relativas al desarrollo de exámenes

- Copia de otro alumno durante un examen
- Copia de "chuletas" durante un examen
- Utilización de recursos o medios tecnológicos (MP3, teléfonos móviles, dispositivos electrónicos…) para copiar durante un examen
- Dejarse copiar por otro alumno durante un examen
- Permitir que otra persona suplante su identidad durante un examen
- Realizar un examen suplantando a otro alumno
- Conseguir, de manera fraudulenta, el contenido de un examen antes de realizarlo

2. Conductas y prácticas deshonestas hacia el resto del alumnado

- Provocar daños en los trabajos y/o material de otros alumnos
- Interferir en el trabajo o examen de otro alumno

3. Acciones y prácticas relativas a la elaboración y presentación de trabajos académicos

- Ciberplagio (descarga, copia total o parcial de trabajos a partir de recursos disponibles en la Red)
- Plagio de fuentes impresas (entre otras posibilidades, la copia, total o parcial, de un recurso o documento impreso, y entrega como trabajo propio para una asignatura)
- Elaboración de un trabajo académico con la finalidad de que sea entregado por otra persona (compraventa de trabajos académicos, falseamiento de la bibliografía y/o de los recursos consultados, falseamiento de los datos y resultados obtenidos, etc.)

Este trabajo se centra únicamente en los comportamientos de la tercera tipología; la focalizada en el plagio en diferentes etapas educativas (educación secundaria, bachillerato y universidad).

La comprensión del fenómeno del plagio académico, además, pasa necesariamente por tener en cuenta el nivel de conciencia con el que se comete. En términos generales, cuando se hace referencia al plagio académico se mencionan dos tipos de categorías asociadas a su intencionalidad:

1. Plagio intencional, es decir, presentación consciente de textos, ideas, hipótesis de otros autores como propios.
2. Plagio no intencional o accidental, referido a todo el que se genera por error, por desconocimiento de los sistemas de citación o referenciación (Park, 2003).

De hecho, la identificación del grado de intencionalidad o accidentalidad en la comisión de conductas relacionadas con el plagio afectará en buena medida el éxito o fracaso de las estrategias de evitación que se propongan. Más adelante se revisarán, de hecho, los principales enfoques sobre los que se basan dichas estrategias.

3 Alumnado y plagio académico

Cabe tener presente que el alumnado no es el único protagonista de las conductas deshonestas; por desgracia, estas prácticas también son protagonizadas por docentes y otros colectivos de las instituciones académicas[2]. Se remarca este aspecto antes de que un lector suspicaz pueda lanzar la acusación, como docentes que somos, de ver la paja en el ojo ajeno y no la viga en el propio. Centrar la atención en las prácticas deshonestas de los estudiantes no persigue ninguna fiscalización ni interés por señalar con el dedo la posible falta de principios éticos del alumnado. Bien al contrario, pretende ser, además de un análisis de los diferentes y múltiples factores que pueden llevar a nuestros estudiantes a cometer este tipo de acciones, una invitación a la autoevaluación de la tarea docente y un cuestionamiento sobre qué estamos haciendo mal los docentes para que la práctica del plagio esté tan ampliamente extendida entre el alumnado.

Cabe recordar que, en España, tal y como apuntan los pocos estudios realizados sobre esta temática en nuestro país, más de la mitad (concretamente, el 60 %) de los universitarios reconoce haber incurrido en alguna forma de plagio académico a la hora de elaborar y entregar trabajos de curso (Comas, 2009, y Comas et al., 2011, citados en Sureda-Negre et al., 2016). Este porcentaje de

---

2 Debe remarcarse que en este capítulo se centra la atención solo en uno de los cuatro ámbitos posibles (el aprendizaje) sin que se aborden los otros tres (la gestión, la enseñanza y la investigación); ámbitos todos ellos interrelacionados (Hinman -2002-, recogido en Comas, 2009; Macfarlane et al., 2012). Si se quiere profundizar en una revisión y análisis de casos concretos de deshonestidad académica en la investigación, la gestión y la docencia, es sumamente recomendable el trabajo de Ávalos (2020).

niveles de comisión admitidos alcanza casi el 80 % (el 79 % de hecho) en el caso de acciones como copiar de páginas web fragmentos de texto y, sin citar, pegarlos directamente en un trabajo de una asignatura por parte del alumnado de educación ssecundaria (Morey et al., 2013). Igualmente, cuando se contrastan los datos de carácter internacional, los resultados obtenidos son muy similares (Sureda et al., 2015).

3.1 Plagio y aprendizaje competencial

En el análisis del plagio, a menudo se ha considerado que las características de determinadas etapas educativas requerían un abordaje diferente del fenómeno, ya que la importancia de las acciones deshonestas varía según el ciclo formativo. Así, por ejemplo, Carroll (2016), apunta que en la etapa universitaria el plagio es fundamentalmente un problema vinculado directamente al aprendizaje, puesto que ambos (plagio y aprendizaje) se conjugan de la siguiente manera:

1. La mayoría de las universidades aplican sistemas de aprendizaje constructivistas, es decir, basados en un paradigma que supone que el estudiante no solo aprende encontrando, recogiendo o replicando ideas, sino que aprende cuando las comprende y las domina por sí mismo (es decir, interiorizándolas). Por tanto, es mediante la utilización de las ideas y su transformación como se considera que el alumno aprende y, de hecho, a este también le corresponde aprovechar las ideas de los demás para construir sus argumentos o bien solucionar los problemas o cuestiones que se le planteen. Por lo tanto, el hecho de cometer plagio supone romper la conexión directa entre el esfuerzo y el aprendizaje, pero, a su vez, implica conseguir un beneficio académico sin ninguno de los anteriores.

2. A su llegada a la etapa universitaria, el estudiante debe comprender, valorar y aprender a utilizar las metodologías docentes y los sistemas de evaluación de las instituciones de educación superior. La mayoría de los estudiantes desconocen o no tienen las habilidades necesarias para entender y cumplir con las normas y los requisitos de integridad académica que se les exige.

Sin embargo, en el sistema educativo español, a través de la Ley Orgánica 2/2006 de 3 de mayo de Educación (LOE), la introducción de las competencias básicas como elemento del currículum en las etapas obligatorias (educación primaria y secundaria) es un hecho desde hace casi dos décadas. Por lo tanto, las metodologías docentes, los sistemas de evaluación del alumnado y el aprendizaje experiencial son un elemento común a todas las etapas educativas, no únicamente a la educación superior.

Aun así, la hipótesis de Carroll (2016) no pierde consistencia en lo que se refiere a la vinculación del problema del plagio con el aprendizaje: la principal consecuencia de la comisión de este tipo de acciones por parte del alumnado (independientemente de la etapa educativa en la que se encuentre) es que estas suponen un truncamiento en su proceso de aprendizaje y, por tanto, la no adquisición de las competencias previstas.

De todas maneras, una vez discernido por qué nos interesa tanto, como docentes, el análisis de la comisión de este tipo de acciones académicamente deshonestas, y previamente a la valoración de las consecuencias, a continuación, se repasarán cuáles son los motivos por los que se llevan a cabo prácticas relacionadas con el plagio.

3.2 Determinación de los factores asociados a la comisión del plagio

La consecuente valoración de las consecuencias y las medidas a tomar para la evitación del plagio pasa, inexorablemente, por una profundización en las causas por la que se considera que los estudiantes incurren en este tipo de acciones académicamente deshonestas.

Los motivos que pueden llevar a la comisión del plagio han sido objeto de numerosas investigaciones (Dordoy, 2002; Park, 2003; Sureda et al., 2009; Rebollo-Quintela et al., 2017). Sin embargo, estas no siempre han sido permeables a la determinación de un conjunto de posibilidades, sino que más bien han buscado identificar un factor esencial que induzca a los estudiantes a cometer este tipo de prácticas académicamente deshonestas. Por ejemplo, hay que tener en cuenta que a menudo se ha "culpabilizado" a la facilidad que supone Internet en la copia de contenidos, o simplemente el uso de las TIC para la localización y apropiación de estos. Ello no es más que la simplificación extrema de un fenómeno que, como aquí se pretende mostrar, es mucho más profundo, complejo, y en el que intervienen muchos otros factores igualmente difíciles de diseccionar de manera aislada (Comas & Sureda, 2008).

Por lo tanto, el estudio de las causas por las que se comete el plagio requiere, inexorablemente, de un planteamiento holístico sobre los elementos a tener en cuenta en la comisión de este tipo de acciones académicamente deshonestas.

Precisamente, y a partir de los testimonios y requerimientos de los colectivos implicados (profesorado y alumnado) los factores esenciales han sido tratados por diferentes estudios y la mayoría se dedican a la definición de las motivaciones que conllevan a poner en práctica este tipo de acciones. En síntesis, dichos motivos pueden estructurarse en los siguientes (Sureda et al., 2009):

1. Determinadas características o comportamientos del profesorado

a. Por la saturación de trabajos, clases y exámenes impuestos al alumnado
b. Por no leer en profundidad los trabajos del alumnado
c. Porque hay profesores que no hacen un seguimiento de la evolución de los trabajos
d. Por la tipología de trabajos que se exigen:
    i. Porque se exigen trabajos fundamentalmente prácticos
    ii. Porque se exigen trabajos fundamentalmente teóricos
    iii. Porque se exigen trabajos excesivamente complejos
e. Porque se otorga poco peso al trabajo en la nota final
f. Por el hecho de tener pocas habilidades en el uso de las TIC

2. Determinadas características, creencias o comportamientos del alumnado
    a. Por la falta de tiempo debido a cuestiones personales
    b. Por sensación de impunidad (por creer que el profesor difícilmente podrá averiguar que han copiado)
    c. Mala gestión del tiempo (procrastinación)
    d. Creencia de que todo lo que está en Internet se puede copiar
    e. Creencia de que los trabajos solicitados no aportan nada a su formación
    f. Para obtener mejor calificación
    g. Porque no sabe cómo elaborar trabajos académicos
    h. Por mimetismo
    i. Por comodidad

3. Facilidades proporcionadas por los desarrollos de las TIC

A su vez, los referentes empíricos que han profundizado en el análisis de estas causas también vienen demostrando que el peso y la importancia que se le concede a cada una de ellas también varía en función del colectivo que realiza las atribuciones (propias o ajenas: alumnado/profesorado) y de la etapa educativa (secundaria/universidad). Cabe remarcar que los factores que conducen a la comisión del plagio académico por parte del alumnado se agrupan en dos grandes ejes (Sureda et al., 2009[3]): por una parte, los que se encuentran dentro del propio sistema educativo y, por otra, aquellos que son externos a este.

---

3   Los factores aquí presentados son una actualización de los ya expuestos por los autores en su momento, no se han reproducido miméticamente dada la transformación constante de los elementos analizados. Igualmente, en el trabajo original únicamente se hacía referencia a estos factores para la educación superior; sin embargo, la adaptación de su redacción también ha permitido hacerlos extensivos al resto de etapas educativas.

a) Factores del propio sistema:

- El empobrecimiento de la relación profesorado-alumnado a causa, principalmente, de la masificación de las aulas. Se ha constatado que una mayor y mejor relación interpersonal entre el docente y el alumnado reduce la incidencia del plagio académico (McCabe et al, 2006).
- Las escasas habilidades documentales (tanto de localización como de gestión y citación de recursos) por parte del alumnado. En la mayoría de centros educativos, la alfabetización informacional tiene todavía cierto carácter utópico o de quimera (Sureda & Comas, 2006).
- Las circunstancias que acompañan a la demanda de trabajos y que "incitan" a la comisión de plagio. Por ejemplo: trabajos que el profesorado prescribe de la misma manera durante muchos cursos; no hacer un seguimiento de las tareas que se van desarrollando y solo tener un punto de referencia en el momento en que el alumno entrega el trabajo; pedir trabajos sin explicar el sentido de la tarea (a qué responde la realización del trabajo); no acotar el tema o temas sobre los que se trabaje; no dar indicaciones claras de la estructura de la tarea a entregar; etc.
- La excesiva demanda de trabajos. Los cambios en los procesos de evaluación en las diferentes etapas del sistema educativo en los últimos años han supuesto una acentuada disminución de los exámenes de libro cerrado y, a su vez, un incremento de la evaluación basada en el trabajo de curso. Este aumento en la demanda de trabajos también ha aumentado las "tentaciones" de recurrir al atajo del plagio.
- La mala gestión del tiempo y de los recursos disponibles por parte del alumnado.
- La evaluación de los trabajos del alumnado de forma superficial y poco razonada.
- La inexistencia de una normativa clara que dificulta que los docentes puedan tomar decisiones ante casos probados de plagio. El hecho de que los reglamentos académicos no contemplen de forma explícita el tema del plagio puede contribuir a su proliferación.
- Un sistema educativo que continúa premiando el resultado por encima del proceso; un modelo que deja poco espacio y reconocimiento para el descubrimiento, el pensamiento crítico y la creación de nuevo conocimiento. Resulta cuanto menos chocante que en la era de la economía del conocimiento, en la sociedad de la información y la comunicación, el alumnado se desenvuelva en la esfera del sistema educativo de manera menos creativa, innovadora y dinámica que cuando actúa en otros entornos –incluso

empleando las mismas herramientas o recursos– (Rollnick et al, 2008; Kempkes & Pohl, 2008).

- El cambio de mentalidad sobre el papel del alumnado[4]: el estudiante como cliente-consumidor y el aprendizaje *fast-food* (Harburg, 2006).
- Un exceso de competitividad entre el alumnado que lo lleva a buscar la "mejor" manera para obtener los "mejores" resultados y poder optar a mejores ayudas, becas, posicionamiento en centros educativos de prestigio o en el mercado laboral, etc.
- El predominio del principio de economía de esfuerzos por parte del alumnado, o bien la falta de la cultura del esfuerzo.
- La comodidad, facilidad y anonimato que confieren las TIC a la hora de plagiar.
- La falta de colaboración y coordinación entre los equipos docentes.
- La falta de comprensión por parte del alumnado (y en ciertos casos también del profesorado) de qué es el plagio académico. Se da un gran porcentaje de plagio no intencional, provocado por el desconocimiento de las normas y pautas académicas de elaboración de trabajos.

b) Factores externos al sistema

- La idea, muy arraigada entre las generaciones más jóvenes, de que todo cuanto hay en la Red es de todo el mundo y se puede utilizar, compartir, apropiar y difundir de la manera que se desee.
- Los modelos y esquemas sociales basados en la cultura de la reproducción más que en la reproducción y producción de la cultura.
- Aspectos relativos a la "Generación Z" (Cilliers, 2017; Seemiller & Grace, 2017): una generación que ha nacido en la era digital y que es capaz de ver y hacer diversas cosas en muy poco tiempo, con lo que se amplían los límites de la acción pero se reduce su profundidad.
- Ejemplos casi diarios de fraude y falta de ética en numerosos ámbitos: corrupción política, movimientos especuladores en las finanzas, falsificación de balances en grandes compañías, producción masiva de productos imitando marcas conocidas, etc.

De todas formas, el carácter poliédrico de la deshonestidad académica en general y del plagio en particular determina que se debe realizar un análisis que vaya

---

4   Este factor es mucho más relevante en países anglosajones que en contextos como el español, e iría en la línea de lo que ya señalaba Carroll (2016) cuando en su análisis vinculaba a este directamente con aprendizaje (o más bien con la falta de este último).

más allá de las consideraciones de los colectivos afectados directamente (estudiantes y profesorado) por estos elementos más visibles o "ruidosos", y que no por ello deben ser tratados de manera aislada, con mayor urgencia y, por tanto, sin el correspondiente diseño de medidas estratégicas para combatirlos. A continuación, de hecho, se profundizará en este sentido.

3.3 La conjugación de los factores asociados al plagio

Tal y como se ha apuntado, los elementos relacionados con el fraude más emergentes y que llaman más la atención (por ejemplo, las acciones como el plagio que detecta el profesorado) aparecen y se evidencian únicamente a partir de fenómenos o factores subyacentes que son los que, en realidad, los están generando y provocando. Estos últimos son los que necesitan y exigen de nuestra atención para su correcto abordaje.

En este sentido, y tomando como referente la analogía del iceberg de la cultura de Edward T. Hall (1976), cabe remarcar que, en el caso de las conductas académicamente deshonestas, se llevan a cabo y se identifican acciones como el plagio, la copia en exámenes o la suplantación de la identidad en la realización o entrega de algún elemento de evaluación. Sin embargo, estos son únicamente los componentes más visibles de todo un conjunto de patrones y esquemas subyacentes que influyen (e incluso a veces determinan) la comisión o la evitación de dichas conductas (Fig. 1). Así, elementos como la cultura institucional del centro educativo, la reglamentación académica, las metodologías docentes o incluso los estilos de aprendizaje son factores que, aunque a priori no son tan visibles o evidentes como las acciones o conductas que se llevan a cabo, subyacen a estas y las encauzan.

Así, a la hora de abordar el plagio académico desde una perspectiva educativa es conveniente hacerlo con una visión sistémica, recordando la complejidad del fenómeno y la interrelación entre los diversos elementos que intervienen. Por ello es necesario recalcar una vez más que las causas del plagio (así como de cualquiera de las prácticas consideradas como académicamente deshonestas) pueden deberse a factores relacionados con el alumnado y con el profesorado, pero también pueden ser de carácter institucional y social. De hecho, más que partir o centrarse en alguno o varios de estos factores, en realidad surgen y son fruto de su interrelación: de las fricciones, los intercambios (o la impermeabilidad ante estos) y del carácter y la capacidad de transformación y adaptación de cada uno de ellos. Así, por ejemplo, una concepción estática del rol docente (por parte de cualquiera de los colectivos) influirá y será influida por la percepción del proceso de enseñanza-aprendizaje y, a su vez, tendrá ascendencia y se verá mediada por

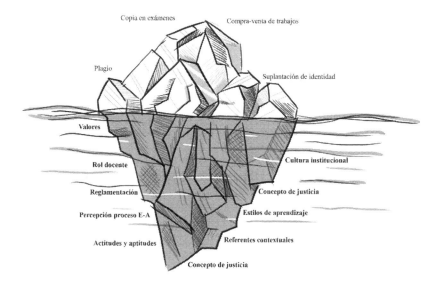

Fig. 1: Carácter iceberg de la deshonestidad académica

Fuente: Elaboración propia a partir de la imagen original de Bks-WMIL (2019) bajo licencia Creative Commons

la copia en los exámenes o el propio plagio del alumnado que, igualmente estará en constante interacción con los valores sociales y culturales del contexto.

En definitiva, para la determinación de las causas del plagio académico y su caracterización deben estudiarse en conjunto los factores que intervienen en la comisión de este tipo de prácticas académicamente deshonestas: los factores situacionales (política y normativa académica del centro, comportamiento de iguales, presión de grupo, etc.); factores intrapersonales (la autoeficacia percibida, la identificación personal con el centro educativo, la actitud hacia el aprendizaje, etc.); factores educativos (metodología docente, interrelación docente-alumnado, sistemas de evaluación, etc.); factores externos (casos de fraude en otros ámbitos de la vida social –política, economía, artes, deporte, etc.–, cultura del "todo gratis" en Internet, cultura del esfuerzo, etc.) (Morey et al., 2013).

3.4 Las líneas estratégicas para combatir el plagio

Ante la comisión de acciones académicamente deshonestas como pueda ser el plagio, y más allá de respuestas institucionales que más adelante se concretarán

RESPUESTA	CAUSA SOBRE LA QUE INCIDE
Punitiva	Sensación de impunidad
	Engaño al docente
Económica	Mayor nota con menor esfuerzo
	Reconocimiento social
Pedagógica	Desconocimiento sobre la realización de trabajos académicos
	Dificultades para comprender la naturaleza y la finalidad del trabajo
	La facilidad para encontrar un exceso de información
	Diferentes percepciones sobre lo que es el plagio
	Presión para producir trabajos

Fig. 2: *Tipologías de respuesta ante las diferentes causas que conducen a la comisión del plagio académico (adaptación de Pinto & Guerrero, 2014)*

a partir de ejes estratégicos de intervención, de manera aislada el profesorado también ha ido respondiendo desde enfoques más o menos proactivos. En este sentido, pueden destacarse desde la respuesta de carácter *punitivo* (consistente en el establecimiento de determinados procedimientos y herramientas para la detección y el castigo del plagio) hasta la respuesta *pedagógica* (centrada en la formación del alumnado en conocimientos básicos que les permitan el reconocimiento del plagio, así como la adquisición de habilidades para la óptima elaboración de trabajos académicos) pasando por lo que se ha venido a denominar como la respuesta *económica*, basada en el establecimiento de medidas que supongan que la comisión del plagio no resulte rentable para el estudiante (Pinto & Guerrero, 2014).

A su vez, y vinculando estas respuestas a las causas del plagio, incluso se ha considerado la viabilidad de ofrecer determinadas tipologías de respuesta ante determinadas causas como estrategia válida para la evitación del primero (Pinto & Guerrero, 2014).

Partiendo de la relación establecida entre las respuestas y las causas, Pinto y Guerrero (2014) también advierten que la eficacia de las medidas punitivas y económicas únicamente puede garantizarse durante el momento en que se aplican, puesto que *a posteriori* dejan de ser eficaces; sin embargo, las medidas pedagógicas sí que son más permanentes y estables en el tiempo, puesto que inciden en las bases del problema.

Sin embargo, cuando se revisa la respuesta institucional ante la problemática que supone el plagio académico se desvela que los ejes sobre los cuales sustentar las medidas de lucha contra el fraude, y más concretamente contra el plagio, hace ya tiempo que se hallan definidos. Las principales líneas de trabajo de los centros educativos (centros de secundaria y universidades) apuntan hacia (Comas, 2009):

a) Medidas punitivas. Numerosos países anglosajones, del norte de Europa y Latinoamérica han optado por el desarrollo de estrictas normativas propias de los centros educativos (reglamentos académicos). Su finalidad no es otra que la de reducir la incidencia del plagio a partir de la definición de códigos éticos y la determinación de sanciones como consecuencia directa de la detección de este tipo de acciones.

b) Medidas de sensibilización. Como segundo conjunto de medidas estarían las dedicadas a la información y la sensibilización sobre la problemática del plagio académico; entre estas se incluirían las campañas informativas de los centros educativos (universidades o centros de secundaria) en las que se explica qué es el plagio y cuáles son las consecuencias de su comisión (no solo a nivel punitivo –más adelante se enfocará esta perspectiva con más profundidad– sino principalmente a nivel formativo –consecuencias en el propio proceso de aprendizaje–).

c) Medidas educativas. En tercer lugar se encontrarían las medidas de carácter formativo, es decir aquellas dedicadas a la educación (tanto del alumnado como del profesorado) en aspectos relacionados con la solicitud y elaboración de trabajos académicos; así, entre otras, las propuestas incluidas en este tipo de medidas abarcarían desde cómo planificar la realización del trabajo académico (evitación de la procrastinación[5], diseño de estrategias de búsqueda de fuentes y recursos), cómo gestionar la información y comunicarla correctamente, hasta qué tipologías de trabajos académicos son las que menos propician la comisión de plagio (es decir, provocar la originalidad a través de la creatividad) o cómo ayudar a nuestros estudiantes a gestionar mejor su tiempo y sus recursos para optimizar sus resultados académicos.

Son numerosos los autores que han coincidido en señalar y definir alguna o varias de estas medidas (McCabe et al., 2003; Devlin, 2006; Coughlin, 2015) pero más allá del consenso que parecía haberse establecido sobre la necesidad de conjugar a la vez estos tres ejes estratégicos, a su vez también se han revelado nuevas evidencias que apuntan hacia la interrelación de estas medidas,

---

5 Puede consultarse la estrecha relación que existe entre la comisión de plagio y las conductas procrastinadoras o de postergación en Sureda-Negre et al. (2015).

pero calibrando en qué momentos diferentes deben aplicarse unas u otras y con qué intencionalidad e intensidad (véase Muñoz et al., 2021) para obtener unos resultados óptimos.

4 La (co)responsabilidad del plagio académico

La adaptación del sistema educativo a las exigencias de un modelo centrado en el aprendizaje por competencias posiblemente no haya sido ni óptima ni suficiente. Tal vez la vertiginosa introducción de este nuevo sistema en los diferentes niveles educativos (educación primaria, secundaria y universidad) haya tenido como principal consecuencia que, ni los estudiantes, ni el profesorado ni la propia administración educativa, hayan podido dotarse de las necesarias habilidades o hayan contado con la suficiente predisposición para hacerlo. Es posible que el hecho de no contar con la adecuada sensibilización hacia las nuevas metodologías docentes, o bien el hecho de no comprender suficientemente la necesidad de transformar o responder a los sistemas de evaluación, hayan sido algunos de los principales motivos que no nos ha permitido alcanzar de manera óptima el reto de implementar y consolidar un modelo educativo centrado en el aprendizaje del estudiante. En este sentido, la acelerada introducción de los sistemas de aprendizaje por competencias no ha permitido que el profesorado ni el alumnado contara con las estrategias ni las habilidades necesarias para adaptarse a los nuevos procesos de enseñanza-aprendizaje que comportaba la inmersión, precisamente, en el propio modelo por competencias. Es decir, la urgencia y la emergencia en la implementación del modelo han provocado las graves deficiencias que ahora venimos adoleciendo. Así, y refiriéndonos a cada uno de los colectivos implicados:

- Los docentes. Su respuesta ante el reto de la transformación del modelo educativo no viene siendo la óptima adaptando correctamente las metodologías docentes y los sistemas de evaluación. Ello se ha traducido, por ejemplo, en el mantenimiento de la figura del profesorado como transmisor de conocimiento sin permitir el análisis crítico del contenido expuesto, o simplemente siendo el equipo docente, una vez más, un conjunto de individuos que aisladamente son el centro de su propio cosmos educativo, pero entre los cuales no existe ningún atisbo de interrelación o de coordinación. De esta manera, para el alumnado, los contenidos trabajados en las diferentes asignaturas continúan siendo elementos segmentados, sin ninguna relación directa con la realidad, y ante los cuales el aprendizaje memorístico parece ser la única vía de adquisición.

- Los estudiantes. Han recibido y continúan recibiendo *inputs* contradictorios por parte de los docentes y, a su vez, tampoco han contado con las habilidades necesarias para responder, por ejemplo, a un nuevo sistema de evaluación. Por una parte, se les transmite que se transforman los procesos de enseñanza-aprendizaje y que ellos pasarán a ser el centro de su propio proceso formativo a través, entre otros, de sistemas de evaluación continua y del aprendizaje basado en la práctica directa mediante la elaboración de trabajos. Sin embargo, por otra parte, ello únicamente se traduce en el mantenimiento de las tradicionales pruebas de evaluación (exámenes) pero a las cuales se les añade una cantidad ingente de trabajos para cada una de las asignaturas (todos ellos inconexos entre sí y sin ningún sentido para el propio estudiante). Esto repercute directamente y de igual manera en el profesorado, ya que le supone la sobrecarga de trabajo derivada de la mala implementación del sistema de enseñanza-aprendizaje por competencias y, a su vez, la concurrencia en aquellos factores que, como hemos visto, intervienen en las causas de comisión del plagio académico: difícilmente el docente podrá detectar que se ha copiado; dada la cantidad de trabajos por corregir el profesor no los puede leer en profundidad; resulta imposible que se pueda llevar un seguimiento periódico de la evolución de cada trabajo por parte del profesor y este tampoco dedica suficiente tiempo a explicar la finalidad de cada trabajo o cómo debe elaborarse correctamente un trabajo académico, etc.

- La administración educativa posee gran parte de responsabilidad en las lagunas que presenta el modelo por competencias (o la mala implementación de este, mejor dicho) y en los problemas y las consecuencias que de aquí se han derivado (entre los que se encuentra el plagio académico) y que, a día de hoy, continúan arrastrando docentes y discentes. Otros autores (Gutiérrez & Gulías, 2010) ya han ido señalando que la introducción de las competencias como eje vertebrador del sistema educativo ha sido excesivamente brusca. Al menos en nuestro país, las prisas por llevar a cabo la transformación educativa[6] ha supuesto que los diferentes colectivos implicados no hayan sabido

---

6   No se pretende en ningún caso cuestionar la necesidad de llevar a cabo dicha transformación, más bien se apunta que esta debería haberse realizado mucho antes (cabe recordar que la contextualización de la necesidad de un nuevo modelo educativo basado en las competencias ya fue subrayado por Delors -1997-). Sin embargo, sí que se considera que era esencial (precisamente para garantizar su óptima implementación) un período de transición que permitiera lo que ya se apuntaba: sensibilizar a los diferentes colectivos implicados (docentes y discentes, pero también a la sociedad en su conjunto) hacia dicha necesidad de cambio, pero también proporcionar las herramientas y dotar de las estrategias necesarias para facilitar esta transformación del modelo educativo.

responder al modelo exigido, pero a ello se le tiene que añadir, además, que la ausencia de directrices claras por parte de la propia administración ha suscitado y generado aún más incertidumbre, confusión y desconfianza, especialmente entre los profesionales educativos.

5 Conclusiones y discusión

Una vez analizados los factores relacionados con la comisión del plagio académico y definidas las principales vías estratégicas por las que se decantan los últimos estudios empíricos, las medidas a tomar o las líneas de actuación para la evitación del plagio académico realmente ya quedan básicamente esbozadas: los diferentes trabajos aquí comentados, así como las investigaciones y la literatura científica internacional, precisamente ya han definido cuáles son las estrategias para combatir esta práctica deshonesta. En conclusión, podríamos conjugarlas en las siguientes:

1. El diseño y el desarrollo de referentes normativos claros y consensuados para la evitación del fraude académico. La comunidad educativa debe contar con un reglamento que sirva de referencia ética para el desarrollo de la actividad académica en cada una de las etapas educativas. Esta normativa deberá ser consensuada y debatida por todos los colectivos implicados (alumnado, profesorado y administración educativa) para garantizar su cumplimiento a partir del respeto y la comprensión. En este sentido, es la administración educativa quien debe velar por la creación de estos referentes normativos en los que se debe incluir la definición clara de las conductas académicamente deshonestas (y en particular el plagio) y cuáles son las consecuencias de su comisión. Igualmente, también es la propia administración educativa quien debe promover la investigación y las buenas prácticas ofreciendo ayudas para el desarrollo de proyectos competitivos, a la vez que articulando vías y estrategias para la transferencia del conocimiento y la práctica entre los centros educativos. Además, las actuaciones ante el fraude no deben dirigirse únicamente hacia los estudiantes infractores, sino que también deben perseguir acabar con la impunidad de cualquier miembro de la comunidad educativa (ya sea personal docente, investigador o bien con cargo administrativo).
2. La sensibilización, formación y apoyo al profesorado en la correcta implementación del modelo basado en competencias. Tal y como hemos venido comentando, la gran cantidad de alumnos en el aula, la escasa supervisión de los procesos de aprendizaje por la falta de tiempo que ello comporta, la interpretación sesgada de lo que deben ser los sistemas de evaluación del

aprendizaje por competencias (excesiva carga de trabajos), la insuficiente coordinación entre el profesorado... todos estos déficits impiden la óptima introducción del modelo educativo que pretendemos desarrollar y el colectivo docente necesita contar con el apoyo de la administración para poder asumir la responsabilidad que se le ha conferido en su cometido de mejorar y asegurar la calidad de la educación. La transformación de las metodologías docentes y los sistemas de evaluación requieren de la adopción de estrategias que, a su vez, exigen una sensibilización y formación adecuadas.

3. La orientación y guía de los estudiantes en su proceso de aprendizaje. Es esencial que el alumnado tome conciencia de su papel como sujeto activo en su propio proceso de aprendizaje y, para ello, se le debe proveer de capacidad crítica, de las herramientas necesarias para desarrollar un aprendizaje autónomo y para desenvolverse en una sociedad en constante cambio con unas exigencias que, a su vez, también se transforman continuamente. Un claro ejemplo de cómo guiar a los estudiantes es precisamente a través de la ejecución de tareas (trabajos académicos) que les permitan acercarse a la realidad a partir de una base teórica que los estimule para el descubrimiento y la creación de conocimiento. Ello pasa, inexorablemente, por una fase previa: la formación del alumnado en la elaboración de trabajos académicos, en la gestión del tiempo y de los recursos disponibles a través de las TIC, pero también requiere de la formación en el desarrollo de valores éticos que le permitan evitar el fraude en los sistemas de evaluación.

De hecho, a lo largo de este capítulo se ha evidenciado que los trabajos empíricos para profundizar en el conocimiento del plagio académico se han centrado en elementos básicos de este: caracterización, causas, agentes implicados, medidas a tomar... pero tal vez la respuesta a los interrogantes no se esté revelando de manera clara porque tampoco se están planteando correctamente las preguntas.

Ante la revisión de los diferentes estudios empíricos centrados en el plagio académico (tanto aquellos focalizados en su caracterización como los orientados a la determinación de las causas que conllevan a su comisión) se evidencia que el fenómeno ha ido sufriendo una evolución cuantitativa pero también cualitativa (muy obvia en la transformación de las fuentes en el caso del plagio al ciberplagio, por ejemplo). En este caso, resulta evidente que una de las conclusiones claras surgida de la determinación de dicha transformación sea plantear la necesidad inaplazable de adaptar los instrumentos a las nuevas realidades, a la evolución constante que acompaña al fenómeno del plagio (en particular) pero también a cómo percibe y se plantea su propio proceso de aprendizaje el alumnado (en general). Si se quiere conocer en profundidad por qué se incurre en este tipo de prácticas y cómo estas pueden prevenirse a diferentes niveles, deben adaptarse los sistemas y herramientas de detección (los niveles de coincidencia entre textos que utilizan, por ejemplo, determinados *softwares*, además de no ser infalibles también requieren de una reinterpretación posterior), pero también los de análisis: continúan siendo numerosos los sesgos en las atribuciones pero también en la admisión o reconocimiento de las prácticas deshonestas llevadas a cabo, por ejemplo.

A su vez, otra conclusión clara que se proyecta de la anterior es la perentoriedad de diseñar y desarrollar estudios basados en enfoques longitudinales que permitan realizar un seguimiento de las consecuencias éticas, pero también profesionales de la comisión de acciones académicamente deshonestas. Es decir, no solo determinar si pueden establecerse relaciones entre la comisión de fraude durante la trayectoria académica y contar con referentes éticos más o menos laxos, por ejemplo, durante el ejercicio profesional –de hecho, así ya lo apuntan numerosos autores desde diversas disciplinas y contextos territoriales: LaDuke (2013), Macale et al. (2017), Alleyne & Thompson (2019), Guerrero-Dib et al. (2020), etc.–, sino cuáles son realmente las repercusiones y las consecuencias en la praxis profesional. Únicamente a través de un seguimiento longitudinal podrán establecerse claramente dichos efectos y, por tanto, definir las estrategias de intervención ante ellos.

Finalmente, y para cerrar el análisis en profundidad del objeto de estudio que aquí nos compete (el plagio académico) la revisión aquí realizada tal vez pueda ayudar a concluir y proponer el diseño de nuevas líneas de investigación. Cabría plantearse, en definitiva: ¿qué estamos evaluando cuando analizamos el fenómeno del plagio académico? Por una parte, a través de los estudios realizados a partir del grado de intencionalidad o no del plagio, realmente se están valorando qué *conocimientos* tiene nuestro alumnado sobre este; por otra, igualmente, mediante las investigaciones centradas en cómo perciben nuestros estudiantes el conjunto de prácticas deshonestas en general, pero a su vez el plagio en particular, aquello que se está analizando realmente son las *actitudes* hacia la comisión de este tipo de prácticas; en último lugar, a su vez, en el caso de los trabajos centrados en las propias frecuencias de comisión y en la caracterización de los distintos tipos de prácticas, aquello que se están valorando realmente son las *habilidades*. Por consiguiente, y ante lo que anteriormente se ha señalado en este trabajo sobre una de las principales causas y, a la vez, consecuencia directa de la comisión del plagio (las lagunas en la implementación de las metodologías basadas en el aprendizaje por competencias y la falta de adquisición de estas respectivamente), ¿no se estaría incurriendo en el mismo error a la hora de analizar el fenómeno del plagio académico que el que se ha llevado a cabo estructuralmente desde el sistema educativo y que ha conllevado a este tipo de prácticas? Es decir, cabría plantearse la posibilidad de estar cometiendo el mismo sesgo en el estudio del fenómeno que el que ha llevado a que este se extendiera: la excesiva compartimentación, segmentación y atomización del objeto de análisis posiblemente no permita su contextualización ni, por ende, la comprensión total de un fenómeno que, tal y como se ha ido desgranando en este capítulo, no está exento de complejidad a la hora de definirlo y caracterizarlo. Posiblemente un enfoque competencial, un análisis transversal del plagio teniendo en cuenta los factores que intervienen y las responsabilidades de los diferentes agentes implicados, pueda ayudar a mejorar la comprensión y determinar las líneas de acción. Únicamente trabajando en la interacción desde y para cada uno de los ejes estratégicos de actuación (sensibilización, regulación y acompañamiento en el proceso de aprendizaje de nuestros estudiantes) podrá avanzarse en la paliación de un fenómeno del cual ya no puede considerarse que no se conocen los vértices que lo conforman.

Agradecimientos

Este capítulo forma parte del proyecto de I+ D+ i IAPOST ayuda RTI2018-098314-B-I00, financiado por MCIN/AEI/10.13039/501100011033/ y FEDER "Una manera de hacer Europa".

Referencias

Alleyne, P., & Thomson, R. (2019). Examining Academic Dishonesty: Implications for Future Accounting Professionals. In D.M. Velliaris, *Prevention and Detection of Academic Misconduct in Higher Education* (pp. 159–183). IGI Global. DOI: 10.4018/978-1-5225-7531-3.ch008

Ávalos, R. A. (2020, August). *La deshonestidad académica: necesidad de políticas institucionales en el ámbito de las universidades públicas estatales en México*. Universidad Autónoma del Estado de Morelos, México. http://riaa.uaem. mx:8080/xmlui/bitstream/handle/20.500.12055/1584/AAVRLS03T.pdf?sequence=1&isAllowed=y

Bks-WMIL (2019). *Iceberg BW illustration Wiki Warsha*. https://commons.wikimedia.org/wiki/File:Iceberg_BW_illustration_Wiki_Warsha.png

Carroll, J. (2016). Para que não se confunda a gestão do plágio estudantil com questões de ética, fraude e ludibrio: o que nos ensina a experiência do ensino superior europeu. In *Fraude e plágio na Universidade: a urgência de uma cultura de integridade no ensino superior*. Universidade de Coimbra. Doi.org/10.14195/978-989-26-1123-5_3

Cilliers, E.J. (2017). The challenge of teaching generation Z. *PEOPLE: International Journal of Social Sciences*, *3*(1), 188–198. https://dx.doi.org/10.20319/pijss.2017.31.1 88198

Comas, R. (2009). *El ciberplagio y otras formas de deshonestidad académica entre los universitarios*. Tesis Doctoral no publicada, Universidad de las Islas Baleares, Palma de Mallorca, España.

Comas, R., & Sureda, J. (2008). El ciberplagi acadèmic: esbrinar-ne les causes per tal d'enllestir les solucions. *Digithum, 10*.

Comas, R., Sureda, J., Casero, A., y Morey, M. (2011). La integridad académica entre el alumnado universitario español. *Estudios pedagógicos*, *37*(1), 207–225. https://dx.doi.org/10.4067/S0718-07052011000100011

Coughlin, P.E. (2015). Plagiarism in five universities in Mozambique: Magnitude, detection techniques, and control measures. *International Journal for Educational Integrity*, *11*(2). https://doi.org/10.1007/s40979-015-0003-5

Delors, J. (1997). *La educación encierra un tesoro*. México: UNESCO.

Devlin, M. (2006). Policy, preparation, and prevention: Proactive minimization of student plagiarism. *Journal of Higher Education Policy and Management*, *28*(1), 45–58. https://doi.org/10.1080/13600800500283791

Dordoy, A. (2002). Cheating and Plagiarism: Student and Staff Perceptions at Northumbria, In *Northumbria Conference. Educating for the Future*. http://online.northumbria.ac.uk/LTA/media/docs/ConferencePublication

Ercegovac, Z., & Richardson, J. (2004). Academic Dishonesty, Plagiarism Included, in the Digital Age: A Literature Review. *College & Research Libraries*, *65*(4), 301–318. doi:https://doi.org/10.5860/crl.65.4.301

Guerrero-Dib, J.G., Portales, L. & Heredia-Escorza, Y. (2020). Impact of academic integrity on workplace ethical behaviour. *International Journal for Educational Integrity*, *16*(2). https://doi.org/10.1007/s40979-020-0051-3

Gutiérrez, D., y Gulías, R. (2010). Modelos de evaluación por competencias. *Multitarea: Revista de didáctica*, *5*, 79-114.

Hall, E.T. (1976). *Beyond culture*. Anchor Books.

Harburg, F. (2006). Fast Food Learning?. *Chief Learning Officer*, *5*(5).

Kempkes, G., & Pohl, C. (2008). Do institutions matter for university cost efficiency? Evidence from Germany. *CESifo economic studies*, *54*(2), 177–203. https://doi.org/10.1093/cesifo/ifn009

LaDuke, R. D. (2013). Academic Dishonesty Today, Unethical Practices Tomorrow? *Journal of Professional Nursing*, *29*(6), 402–406. https://doi.org/10.1016/j.profnurs.2012.10.009

Macale, L., Ghezzi, V., Rocco, G., Fida, R., Vellone, E., & Alvaro, R. (2017). Academic dishonesty among Italian nursing students: A longitudinal study. *Nurse Education Today, 50*, 57–61. https://doi.org/10.1016/j.nedt.2016.12.013

Macfarlane, B., Zhang, J., & Pun, A. (2012). Academic integrity: a review of the literature, *Studies in Higher Education, 39*(2), 339–358. http://dx.doi.org/10.1080/03075079.2012.709495

McCabe, D. L., & Trevino, L. K. (1993). Academic dishonesty: Honor codes and other contextual influences. *The journal of higher education, 64*(5), 522–538. https://doi.org/10.1080/00221546.1993.11778446

McCabe, D., Butterfield, K., & Treviño, L. (2003). Faculty and Acadèmic Integrity: The Influence of Current Honor Codes and Past Honor Code Experiences. *Research in Higher Education, 44*, 367–385. https://doi.org/10.1023/A:1023033916853

Morey, M., Álvarez, O., y Fiorucci, M. (2013). Valoración de las causas de comisión de plagio académico por parte del alumnado y el profesorado de Educación Secundaria Obligatoria. Propuestas de intervención para la evitación de la deshonestidad académica. *Revista Iberoamericana para la Investigación y el Desarrollo Educativo, 10*. http://1-11.ride.org.mx/index.php/RIDESECUN-DARIO/article/view/263/258

Morey, M., Sureda, J., Oliver, M.F., y Comas, R. (2013). Plagio y rendimiento académico entre el alumnado de Educación Secundaria Obligatoria. *Estudios sobre Educación (ESE), 24*, 225–244. https://dadun.unav.edu/bitstream/10171/29571/2/MOREY.pdf

Muñoz-Cantero, J.M., Espiñeira-Bellón, E., y Pérez-Crego, M.C. (2021). Medidas para combatir el plagio en los procesos de aprendizaje. *Educación XXI, 24*(2), 97–120. https://doi.org/10.5944/educxx1.28341

Park, C. (2003). In Other (People's) Words: Plagiarism by university students--literature and lessons. *Assessment & Evaluation in Higher Education, 28*(5), 471–488. https://doi.org/10.1080/02602930301677

Pinto, M., y Guerrero, D. (2014). La importancia de las competencias informacionales para afrontar el plagio académico: estrategias para la alfabetización informacional del alumnado de secundaria y bachillerato. En R. Comas & J. Sureda (Eds.), *El plagio académico en Educación Secundaria: características del fenómeno y estrategias de intervención* (pp. 28–45). Grupo de investigación de la Universidad de las Islas Baleares "Educación y Ciudadanía."

Rebollo-Quintela, N., Espiñeira-Bellón, E.M., y Muñoz-Cantero, J.M. (2017). Atribuciones causales en el plagio académico por parte de los estudiantes universitarios. *Revista de estudios e investigación en Psicología y Educación, 6*, 192-196. https://doi.org/10.17979/reipe.2017.0.06.2453

Rollnick, M., Davidowitz, B., Keane, M., Bapoo, A., & Magadla, L. (2008). Students' learning-approach profiles in relation to their university experience and success. *Teaching in Higher Education, 13*(1), 29–42. https://doi.org/10.1080/13562510701792286

Seemiller, C., & Grace, M. (2017). Generation Z: Educating and Engaging the Next Generation of Students. About Campus: Enriching the Student Learning Experience, *22*(3), 21–26. https://doi.org/10.1002/abc.21293

Sureda, J., y Comas, R. (2006): *Internet como fuente de documentación académica entre estudiantes universitarios.* Palma: Xarxa Segura IB / Fundación Universitat-Empresa de les Illes Balears. https://redined.educacion.gob.es/xmlui/bitstream/handle/11162/7508/01220080000001.pdf?sequence=1&isAllowed=y

Sureda, J., Comas, R., y Morey, M. (2009). Las causas del plagio académico entre el alumnado universitario según el profesorado. *Revista Iberoamericana de Educación, 50,* 197–220. https://doi.org/10.35362/rie500669

Sureda-Negre, J., Comas-Forgas, R., y Oliver-Trobat, M.F. (2015). Plagio académico entre alumnado de secundaria y bachillerato: Diferencias en cuanto al género y la procrastinación. *Comunicar, 22*(44), 103–111. https://doi.org/10.3916/C44-2015-11

Sureda-Negre, J., Reynes-Vives, J., y Comas-Forgas, R. (2016). Reglamentación contra el fraude académico en las universidades españolas. *Revista de la Educación Superior, 45*(178), 31–44. https://doi.org/10.1016/j.resu.2016.03.002

Rubén Comas-Forgas / Jaume Sureda-Negre

El efecto cobra de la lucha contra el plagio

Resumen: Las malas prácticas y la deshonestidad en las actividades académicas, ampliamente documentadas desde hace cientos de años, adoptan múltiples formas, adaptándose a las circunstancias cambiantes de cada contexto. El presente capítulo se centra en los llamados "servicios de escritura académica": empresas o particulares dedicados a la elaboración de trabajos académicos por encargo. Se detalla su evolución a lo largo de los años, se enumeran sus principales características y particularidades y, finalmente, se describen las principales líneas de actuación seguidas a nivel internacional para hacer frente al problema de la compraventa de trabajos académicos.

Palabras clave: integridad académica, evaluación educativa, escritura académica, compraventa de trabajos académicos, deshonestidad académica.

1 Introducción

A pesar de que la integridad, la probidad y la honradez constituyen principios básicos de la vida universitaria, existen considerables evidencias que ponen de manifiesto cómo las prácticas corruptas o fraudulentas están muy presentes en las instituciones de enseñanza superior (Hallak y Poisson, 2007; Sweeney et al., 2013).

La literatura existente sobre el tema define el concepto de integridad u honestidad académica como la defensa, la observancia y el acatamiento de los valores fundamentales de todo proceso académico, entre otros: la honradez, la confianza, la rectitud, la probidad, el respeto, la veracidad y la responsabilidad (Macfarlane et al., 2014). Estos valores se asientan sobre 3 ejes vinculados, respectivamente, con los siguientes ítems: 1) la gestión académica, 2) la docencia e investigación y, finalmente, 3) el aprendizaje y el estudio (Sureda et al., 2020).

Los exámenes, los test de evaluación y los trabajos académicos son los instrumentos más utilizados en los sistemas educativos de todo el mundo para valorar las competencias, habilidades y conocimientos de los estudiantes[1] (Stiggins,

---

1   A lo largo de todo este documento se utilizará, siguiendo las recomendaciones de la Universidad de Valencia (2012), el género gramatical masculino para referirse a colectivos mixtos, como aplicación de la ley lingüística de la economía expresiva. Tan solo cuando la oposición de sexos sea un factor relevante en el contexto se explicitan ambos géneros.

2009; Wiggins, 2011). Los resultados académicos son empleados como indicadores del éxito del alumnado, siendo determinantes para que, por ejemplo: se pueda finalizar un curso; promocionar a un nivel superior del sistema educativo; obtener becas y títulos académicos, etc. Los resultados académicos incluso pueden llegar a ser determinantes para encontrar empleo y para definir el estatus económico y social de las personas (Fontaine et al., 2020). Desgraciadamente, algunos estudiantes toman atajos nada honrosos para superar las pruebas de evaluación: copiar de chuletas en exámenes, plagiar trabajos, copiar de compañeros en el transcurso de pruebas escritas, falsificar datos en trabajos académicos, son solo algunos ejemplos del amplio abanico de conductas deshonestas en las que puede incurrir el alumnado durante el desarrollo de actividades de evaluación (Comas et al., 2011).

La constatación de la alta prevalencia de prácticas fraudulentas en los procesos de evaluación (Brown y McInerney, 2008; Josien et al., 2015; Baran y Jonason, 2020) ha llevado a diversos autores a calificar la situación como de pandemia a nivel global, llegando a convertirse en un comportamiento muy extendido entre el alumnado (Jensen et al., 2002). Esta situación genera interrogantes y cuestiona la validez de las calificaciones y la credibilidad de los certificados y titulaciones académicas, siendo al mismo tiempo un factor generador de descrédito y desconfianza hacia las instituciones educativas (Martin, 2017; Goff et al., 2020). Además, este tipo de comportamientos tiene un potencial riesgo a nivel social ya que se ha constatado la existencia de una fuerte relación entre la deshonestidad en el entorno académico y en el laboral (Nonis y Swift, 2001; Carpenter et al., 2004; Guerrero-Dib et al., 2020): los estudiantes que han actuado fraudulentamente en entornos académicos presentan más posibilidades de llevar a cabo conductas deshonestas en su futuro entorno laboral. Así pues, se puede afirmar que las instituciones educativas son el primer banco de pruebas de la corrupción y los comportamientos deshonestos (Moreno, 1999).

El cuestionamiento de la validez y credibilidad de las instituciones educativas es un tema que en el contexto de COVID-19 cobra especial relevancia; una realidad que ha forzado a la adopción de modelos didácticos basados en la enseñanza y las evaluaciones en línea del alumnado (Crawford et al., 2020; Raje y Stitzel, 2020; White, 2020). En este nuevo marco, las instituciones educativas se han visto impelidas a articular un modelo que garantice que el seguimiento de los estudios en formato digital a distancia no comprometa sus estándares de calidad (Crawford et al., 2020).

2 El "efecto cobra" de la lucha contra el plagio académico

Detectar y demostrar la existencia de situaciones en las que el alumnado no ha elaborado sus propios trabajos o actividades de evaluación es un desafío continuo y creciente para los docentes y las instituciones educativas (Rogerson y McCarthy, 2017). En los últimos años, siguiendo lo que Comas et al. (2021) caracterizan como un *efecto cobra* –concepto que define las consecuencias imprevistas que se dan cuando un intento de solución a un problema en realidad lo empeora (Siebert, 2001)–, han aumentado notablemente los esfuerzos de las universidades y centros educativos a nivel mundial para atajar el grave problema del plagio académico mediante las tres estrategias ya clásicas para abordar el tema: en primer lugar, mediante la compra de licencias para el uso de sistemas informáticos de detección de similitud en textos escritos; en segundo lugar, con el desarrollo e implementación de reglamentaciones estrictas y punitivas ante los casos de plagio y fraude en las evaluaciones; y en tercer lugar, mediante campañas formativas e informativas dirigidas al alumnado y docentes acerca de cómo evitar el plagio académico (Comas, 2009). Estos notables esfuerzos, que suponen una considerable inversión de dinero, tiempo y recursos humanos para las instituciones de educación superior, han generado, a modo de consecuencias imprevistas (*efecto cobra*), la aparición de novedosas formas de defraudar o el reforzamiento de existentes conductas deshonestas en las actividades de evaluación basadas en la entrega de trabajos o actividades escritas.

Existe un cuerpo de evidencias suficientemente sólido que constata el reciente auge de formas de deshonestidad académica como la compraventa de trabajos a través de portales de escritura académica o webs de *marketing* digital (Lancaster y Clarke, 2016; Newton, 2018; Comas et al., 2020); el uso de sistemas de traducción automática para alterar la similitud del texto original con el texto traducido a fin de producir un documento "nuevo" que resulte indetectable para los programas contra el plagio (Akbari, 2021; Jones y Sheridan, 2015) y, también, el uso de parafraseadores *online* que modifican un texto original a fin de reducir los niveles de similitud entre el texto originario y el texto resultante y así poder burlar los sistemas de detección de plagio (Rogerson y McCarthy, 2017). Sobre esta cuestión resultan muy reveladoras las conclusiones del trabajo de Mphahlele y McKenna (2019) acerca del uso que se hace de los programas de detección de plagio por parte de las universidades. Se señala en este trabajo que estos programas se usan más como herramientas de control y punición que como instrumentos pedagógicos, lo que ha provocado que el alumnado explore vías para eludir sus efectos.

3 Los servicios de escritura académica: evolución y características de un fraude

La presentación de trabajos de evaluación realizados por otros y prescritos por los profesores para aprobar una asignatura o curso es una práctica harto conocida en entornos universitarios. Esta conducta fraudulenta se ha incrementado al amparo del desarrollo y penetración de las tecnologías de la información y comunicación hasta el punto de lo que antes era un fraude de características artesanales ha llegado a adquirir dimensiones cuasiindustriales y que va evolucionando de forma acelerada en los últimos años con procesos cada vez más complejos y automatizados.

En trabajos anteriores (Sureda et al., 2008) distinguimos tres etapas en la evolución de la práctica de comprar y vender trabajos académicos: una artesanal anterior a la aparición de Internet; una segunda fase propiciada precisamente por la aparición de la Red y penetración de las TIC y dominada por los portales de intercambio de trabajos ya realizados y, finalmente, un tercer momento en el que, a través de Internet, se compran y venden trabajos académicos bajo demanda, hechos a medida según las necesidades específicas de cada usuario-consumidor-comprador. Sin haber transcurrido quince años de esta clasificación ya es preciso añadir una nueva fase: la de los robots y la inteligencia artificial al servicio del fraude en la elaboración de trabajos académicos.

3.1 La etapa artesanal de la compraventa de trabajos académicos

La etapa que definimos como artesanal la situamos en el periodo anterior a la aparición de Internet. Durante esta fase, quien quería adquirir un trabajo demandado por un profesor tenía que usar sus contactos personales para localizar a alguien que estuviera dispuesto a realizarlo a cambio de percibir una determinada compensación económica. Tenemos constancia documentada de estas prácticas en los años setenta del siglo pasado. Nos lo cuenta C. P., en la actualidad un reputado profesor universitario: "A principios de los años setenta yo estudiaba en la Universidad de Barcelona. Ya estaba en cuarto de carrera y vivía en un pequeño piso con otros estudiantes. Nuestra economía no era precisamente boyante y decidimos ofrecer nuestros servicios para realizar comentarios de texto a alumnos de cursos anteriores. En aquellos años, los comentarios eran unos ejercicios solicitados por muchos profesores. Yo me especialicé en comentarios de textos literarios, mientras que otro compañero hacía los trabajos de Filosofía. Dominábamos a la perfección la mecánica de los comentarios. Casi siempre conocíamos la obra sobre la que se nos pedía realizar un trabajo, pero si era necesario leíamos el libro que teníamos que comentar. En este último caso nuestras tarifas eran un poco más caras. En la memoria me ha quedado fijada la lectura rápida que tuve que hacer de una obra de Galdós; La de Bringas, es el título... Lo nuestra era como una pequeña mafia". A mediados del siglo XIX, en EE. UU., ya se comercializaban trabajos académicos: "Students who were so inclined in the mid-1800s could easily obtain completed papers from fraternity houses or "term-paper mills" that set up shop near many universities". (Hansen, 2003). En el Reino Unido tenemos constancia de que esta mala praxis se daba ya a inicios de siglo XX: Evelyn Waugh señala en su autobiografía que en la escuela Lancing, un centro perteneciente a una fundación de colegios concebidos para inculcar los preceptos de la Iglesia Anglicana y en el que estuvo internado cuando tenía trece años –hablamos pues de 1916– era corriente "que los chicos pequeños, los más listos, se ganasen los favores de los más grandes, y más estúpidos, haciéndoles los ejercicios" (Waugh, 2007).

Por lo que señala Umberto Eco (2014), este tipo de prácticas también se daban en ambientes académicos de la Italia del último tercio de siglo XX. Tal es así, que el propio Eco recomienda a aquellos estudiantes agobiados y desesperados por la necesidad de hacer una tesis que lo mejor que pueden hacer consiste en invertir "una suma razonable para encargar la tesis a otra persona", o que copien un trabajo "hecho unos años antes en otra universidad".

La aparición y universalización del *World Wide Web* que dio comienzo en los años noventa, cambió la forma de intermediación entre los autores (que ganaban en anonimato y aumentaban la potencial demanda de sus servicios) los vendedores (que ganaban en comodidad a la hora de sacar la oferta al mercado y aumentaban su potencial número de clientes) y los compradores (que veían aumentada exponencialmente la oferta, la rapidez en el acceso a esta y la comodidad para hacerse con trabajos elaborados por otros).

3.2 La etapa de los bancos o fábricas de trabajos académicos

En la segunda mitad de los años 90 aparecieron los llamados "bancos o fábricas de trabajos académicos" (Sureda et al., 2008), portales que facilitan el intercambio –ya sea de forma gratuita o mediante pago– de trabajos ya elaborados –en ocasiones ya utilizados y entregados por otros alumnos– y que, en el mejor de los casos, el alumnado, haciendo uso de los comandos "copiar" y "pegar", reelabora de acuerdo con sus intereses o necesidades. En el peor de los casos, simplemente, y siguiendo el modelo de la etapa artesanal, se entregan los trabajos localizados sin cambio significativo alguno como si la autoría fuese suya y haciéndolo pasar como un trabajo nuevo y original. En la actualidad siguen existiendo una gran cantidad de este tipo de portales, sumamente populares entre los estudiantes; en España destacan los portales "El Rincón del Vago" y "Monografías".

La proliferación del uso por parte de los estudiantes de portales que ofrecen el intercambio de trabajos académicos ya realizados se ha visto parcialmente restringido a causa de los mecanismos de control antiplagio que muchos centros educativos, especialmente en sus inicios del entorno cultural anglosajón, han puesto en marcha desde finales de los años 90 y de manera global en los últimos años en gran parte de países a nivel mundial. A lo largo de los 90 y principios de siglo XXI, se llegó a una situación tan escandalosamente preocupante por el uso por parte del alumnado de la información accesible a través de Internet y, sobre todo, por su habilidad en el uso de los comandos "copiar" y "pegar" a la hora de realizar sus trabajos académicos que se tuvieron que buscar remedios. Fue así como aparecieron numerosos programas y servicios de detección del plagio.

3.3 La etapa de las fábricas de trabajos a la carta

Las técnicas defraudadoras, como los virus, se adaptan a las nuevas situaciones y estímulos. Cuando los autores y vendedores encubiertos se plantearon cómo superar la barrera impuesta por los programas detectores de plagio, encontraron una respuesta sencilla: ofrecer trabajos originales capaces de superar la prueba de cualquier programa antiplagio. Es decir, si en la primera etapa, la artesanal, la suplantación era la táctica usada por los defraudadores, como en la segunda lo fue el plagio –ya sea copiando de aquí y de allá o reproduciendo trabajos enteros–, en esta tercera fase se vuelve a recurrir a la suplantación, a la realización de trabajos a la carta; trabajos originales hechos según la demanda y que, al ser originales, pueden superar la prueba de cualquier programa informático detector de la copia. En esta nueva situación, sin embargo, la suplantación adopta un nuevo enfoque: "tecnifica" y en cierta forma formaliza la relación entre la oferta y la demanda mediante la intermediación de portales en Internet. Los pequeños bares de las facultades, que en la etapa que hemos definido como artesanal eran los escenarios en los que los estudiantes buscaban a quién estuviera dispuesto a hacer el trabajo solicitado por un profesor a cambio de una determinada cantidad de dinero, se han visto sustituidos por otros espacios sin fronteras ni límites aparentes: los escenarios que posibilita Internet. En la Red han aparecido gran cantidad de portales –verdaderas fábricas de trabajos académicos– que ofrecen la realización de trabajos de todo tipo. Las reglas son claras: tarifas con precios diferentes dependiendo del encargo –por ejemplo: no se cobra lo mismo por realizar una tesis doctoral que por hacer un trabajo de curso de bachillerato– y garantías de que se entregará un producto de calidad. Evidentemente, todo se rige por las reglas del mercado: el cliente puede elegir diferentes niveles de calidad –no puede valer lo mismo un aprobado que un sobresaliente– y la premura tiene también su precio: no se cobrará lo mismo por un trabajo si se tiene que entregar dentro de dos meses o si se necesita para ser presentado en dos días. La investigación de este fenómeno, las llamadas *fábricas de trabajos académicos*, se desarrolla básicamente en torno a cuatro direcciones: a) análisis de la prevalencia del fenómeno (Curtis y Clare, 2017); b) la búsqueda de líneas de acción para enfrentar la situación (Clare et al., 2017; Draper y Newton, 2017; Dawson y Sutherland-Smith, 2018, 2019); c) el estudio y descripción de las características y *modus operandi* de este mercado; d) la búsqueda de respuestas a los motivos o causas relacionadas con el surgimiento de este fenómeno, tanto desde la perspectiva de los estudiantes (Devlin y Gray, 2007; Gullifer, 2010) como del personal académico (Awdry y Newton, 2019).

Los datos disponibles sobre la compraventa de trabajos académicos en España son escasos, pero existen claros indicios y pistas de que se está produciendo un progresivo aumento de este fenómeno en nuestro país. En cuanto a la evidencia, cabe señalar que en 2007 el porcentaje de estudiantes universitarios españoles que afirmó haber comprado trabajos académicos rondaba el 5 % (Sureda et al., 2008); porcentaje muy inferior al 15,7 % identificado en una reciente revisión exhaustiva de la literatura de 65 estudios realizados con estudiantes de diferentes países entre 1978 y 2017 (Newton, 2018). Se trata sin lugar a duda de un sector de negocios con potenciales pingües beneficios, lo que explica su continuado crecimiento en los últimos años. Un análisis de las operaciones efectuadas por diversas empresas norteamericanas dedicadas a la compraventa de trabajos académicos, realizado por Owings y Nelson (2014), sugirió que, si el 2,3 % de los universitarios estadounidenses compraran solo un trabajo a lo largo de su carrera, la industria de la escritura académica estaría obteniendo más de 50 millones de dólares en ingresos anuales. Aunque las estimaciones parecen sustanciales, se desconoce el costo real y el número real de transacciones completadas, por lo que estas cifras deben considerarse con cautela.

En cuanto a las plataformas y empresas españolas dedicadas a este nicho de negocio, cabe destacar que en una primera investigación realizada por los autores de este capítulo en 2007 se localizaron 519 portales, ninguno de ellos español (Sureda et al, 2008). Si hoy en día realizamos una consulta a través de cualquier buscador con, por ejemplo, las palabras "comprar tesis" o "TFG" (acrónimo de Trabajo de Fin de Grado) encontraremos una gran cantidad de anuncios y portales web de empresas españolas y particulares que ofrecen sus servicios de escritura académica.

Entre los indicadores del progresivo aumento de este fenómeno en España cabe destacar el tratamiento mediático del tema. Ya en 2007, el diario español de mayor circulación tituló uno de sus artículos "La suplantación de identidad en el trabajo académico, un negocio en auge" (Sarriegui, 2007), pero es a partir de mediados de la segunda década de este siglo cuando aumentó la aparición de las noticias en la prensa y los medios de comunicación. Encontramos más de una decena de artículos periodísticos sobre el tema desde 2015 hasta la actualidad (García, 2015; De la Cal, 2016; Martínez, 2016; Zuil, 2017; Solé-Sans, 2017; Montes, 2017; Poncini, 2018; Peñalver, 2018; Zamora, 2018; Gago, 2018; González, 2018; Sevilla-Montero, 2018; Benavides, 2019; Carmona, 2020; Fita, 2020).

Otro indicador especialmente significativo del florecimiento de los servicios de escritura académica son las diversas quejas que se han dirigido a la Organización Española de Consumidores y Usuarios (OCU) por "clientes" que se han sentido defraudados y estafados por empresas a quienes compraron algún trabajo académico. En la base de datos de reclamos públicos de la OCU, desde 2019 se ubican denuncias por "publicidad engañosa", "ensayos desactualizados e inconclusos"; y "fraude en la elaboración de ensayos" perpetrados por estas empresas (pueden acceder a algunas de estas denuncias en los siguientes enlaces: https://bit.ly/3aoq7tm, https://bit.ly/2xozYAU, https://bit.ly/2wD6peT, https://bit.ly/2xm5DTz).

Cabe remarcar que junto a los portales a los que se ha hecho referencia, existen otras dos modalidades de contratación de "servicios de escritura académica" (Comas-Forgas, et al., 2021): la primera es mediante el acceso a los llamados "redactores fantasmas" que ofrecen sus productos a través de páginas o portales de anuncios por palabras. Accediendo a un portal como "Mil Anuncios" y buscando "TFG" se puede comprobar la extensión de esta modalidad. La segunda modalidad consiste en subastas en línea de servicios de escritura académica por parte de autores fantasma o *ghostwriters* (Sivasubramaniam et al., 2016).

3.3.1 Características de los portales españoles de compraventa de trabajos académicos

Los autores de este capítulo llevamos a cabo en 2020 un estudio centrado en analizar las características y el *modus operandi* de los sitios web españoles que ofrecen servicios académicos de "escritura fantasma". Los principales objetivos del trabajo fueron los siguientes: a) identificar los sitios web españoles que ofrecen el servicio de redacción de ensayos académicos a estudiantes universitarios y determinar su evolución en la última década; y b) analizar las principales características de esos sitios web.

Para el estudio se adoptó la metodología de análisis de contenido (Bardin, 1986; Krippendorff, 2004) con un enfoque cualitativo, considerando también aspectos cuantitativos del objeto de análisis (los sitios web compraventa de trabajos académicos). Este método facilita la recolección y análisis de datos de contenido verbal, impreso o electrónico, habiendo sido ampliamente utilizado para el estudio de sitios web (Colbert et al., 2020; Gerodimos, 2008; Grana y Ling, 2014). A continuación, se presentan los resultados más destacables del estudio.

Durante octubre-noviembre de 2020, los investigadores realizaron búsquedas en la web individualmente utilizando diversos descriptores como: "ayuda tesis final de grado", "comprar trabajos", "comprar tesis", "comprar tesis de máster", "ayuda tesis", "obtener tesis", "Tesis final de máster hacer", "comprar tesis", "ayudar tesis", "comprar tfm", "comprar tfg". Se utilizaron tres motores de búsqueda principales (el investigador 1 aplicó los términos de búsqueda en Google mientras que el investigador 2 utilizó Yahoo y Bing). Las primeras 100 recuperaciones para cada ecuación aplicada en cada motor de búsqueda fueron revisadas individualmente por cada investigador responsable de cada motor de búsqueda, identificando: el propósito principal del sitio web y el país de radicación del sitio web. Se recuperaron un total de 102 sitios en Google, 78 sitios web en Yahoo y 92 en Bing. Luego de la búsqueda individual, se juntaron todos los sitios web recuperados eliminando los duplicados y se aplicaron los siguientes criterios de inclusión para determinar la muestra final del estudio: el propósito principal del sitio web debía ser ofrecer la redacción de trabajos académicos, el sitio web o la empresa/propietario debía tener su sede en España y la oferta de trabajos académicos debía estar dirigida a estudiantes españoles.

De los 272 sitios web recuperados, 53 cumplieron con todos los criterios de inclusión y 219 fueron excluidos de la muestra debido a la duplicación o por no cumplir con uno o más criterios de inclusión.

3.3.2 Propiedad, fecha de registro y estándares de seguridad de los sitios web españoles de escritura académica

Al revisar las condiciones legales de los sitios web encontramos que en el 26,4 % no existía información sobre la titularidad o quién es el responsable del sitio. Respecto al resto de webs (73,6 %), en las que se pudieron encontrar datos, es bastante relevante el hecho de que 19 de las webs son propiedad de 6 empresas: "Grupo VNA Levante SL" posee 5 de los sitios web, "Serproyets 2016 SL" posee 4, "Ushuaia Contenidos SL" y "Educación y Asesoramiento Xpert SL" poseen 3 sitios cada uno, "T&C Academic Services SL" y "Edutainment España" poseen 2 sitios cada uno.

Al utilizar los datos anteriores y la información de contacto proporcionada en los sitios (dirección y teléfono), se podía establecer la región en la que se registra la propiedad de los sitios web detectados. En total se pudo determinar la región en la que se encuentran 43 sitios web (en 10 de ellos fue imposible obtener esta información). Más de la mitad de ellos (60,3 % del total de la muestra) tienen su sede en la Comunidad Valenciana y Madrid. Si analizamos los datos por provincias, llama la atención el hecho de que 19 portales (35 % del total de la muestra) están ubicados en la provincia de Alicante.

En cuanto a la fecha de creación de las webs (obtenidas mediante los portales Whois.com y Dominio.es), la mayoría de ellas se crearon 1–3 años antes de que se realizara la investigación (56,6 %), hace más de 5 años un 17 %, entre 3 y 4 años antes el 15,1 % de la muestra y hace menos de un año el 11,3 % de las webs.

También se analizó el nivel de seguridad de las webs españolas de compraventa de trabajos académicos y para ello se utilizó el portal www.ssllabs.com ejecutando la prueba del servidor SSL para cada sitio web de la muestra. La gran mayoría (81,1 %) de los sitios tiene un certificado de seguridad, y de estos la mitad (53,5 %) son de grado B SSL, 41,9 % son de grado A, solo 2,3 % alcanzan el grado A+ que se considera óptimo y un 2,3 % se quedan en el grado F.

3.3.3 Recursos de interacción de los sitios web y redes sociales

La segunda categoría de análisis fueron las herramientas de interacción que brindan los sitios web de compraventa de trabajos académicos y la presencia e impacto en las redes sociales de los mismos. Todos los sitios web analizados tienen un formulario de contacto para las personas interesadas en sus servicios (véase ejemplo en la figura 1). Casi todos facilitan un correo electrónico de contacto (94,3 %) y un teléfono de contacto (90,6 %), y la mayoría son accesibles a través de WhatsApp (60,4 %). Otras herramientas de comunicación menos implantadas son: el chat (24,5 %) y la posibilidad de solicitar una llamada telefónica por parte del responsable del sitio web mediante un *widget* web (13,2 %).

El análisis de presencia e impacto de los sitios web en redes sociales muestra que el 47,2 % tiene presencia en Facebook (con un total de 38 495 seguidores, sumando todos los perfiles, con una media de 1539 seguidores por perfil), 30,2 % tienen perfil de Instagram (un total de 3872 seguidores, sumando todos los perfiles, con una media de 242 seguidores por perfil), el 20,8 % están en Twitter (2006 seguidores en total con una media de 182 seguidores por perfil) y finalmente 9,4 % tienen canal de YouTube (con un total de 14 606 reproducciones de video que suman todos los videos cargados por todos los sitios web, lo que hace un promedio de 2921 reproducciones de video por perfil de YouTube).

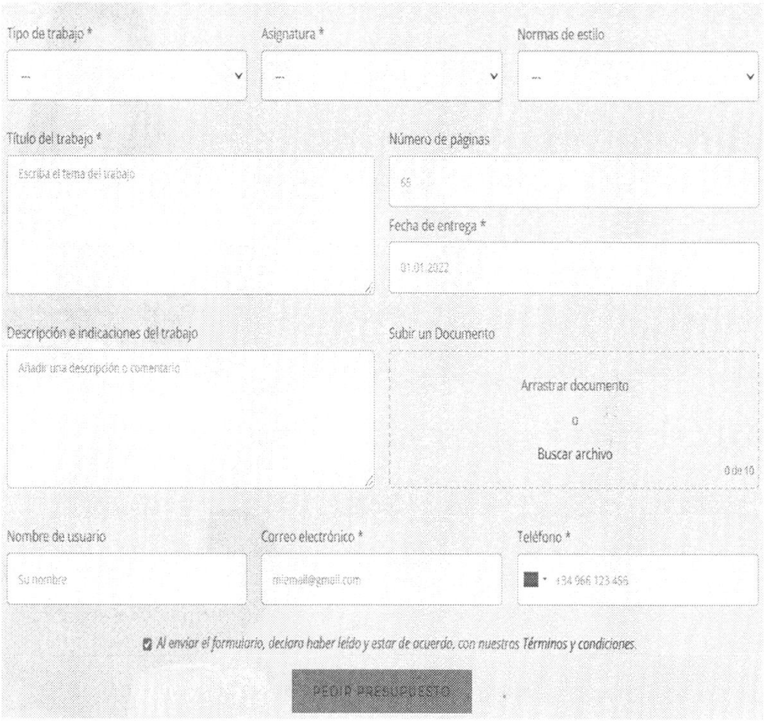

Fig. 1: Captura de pantalla del portal https://hazmitrabajo.es/

3.3.4 Productos ofrecidos, costo de los servicios y métodos de pago

Al analizar los productos ofrecidos por las webs españolas de escritura académica, el primer objetivo fue determinar la prevalencia de webs que venden los tres principales trabajos académicos en el contexto de las universidades españolas: Trabajo Fin de Grado (TFG), Trabajo Fin de Máster (TFM) y Tesis Doctoral (TD). Casi todos los sitios web venden TFG, concretamente el 92,5 % de la muestra; el 88,7 % ofrece TFM; y en el 64,2 % de los casos se puede solicitar una TD. Aparte de estos principales productos académicos, se analizó si estas empresas ofrecen otro tipo de tareas o trabajos académicos y las más frecuentes son las siguientes: preparar una presentación en Power Point o Prezi, procesar y analizar datos estadísticos principalmente mediante el uso de SPSS, redactar resúmenes, redactar artículos académicos y pósteres y ofrecer clases particulares de diversas materias. Todos los sitios web ofrecen ensayos en español y solo en 5 casos se citan otros idiomas (inglés, francés, italiano y catalán).

Otro elemento de análisis fue si los sitios web mencionan la cantidad de ensayos u otros productos que se han producido para así poder tener una estimación general de la magnitud del negocio. En 13 casos (24,5 %) hubo una referencia explícita (ejemplos: "Hemos producido 187 TFG, 139 TFM y 12 Tesis Doctorales", "300 estudiantes están satisfechos con nuestros productos"). Para estimar el volumen de negocio de los sitios web, lo que se hizo fue sumar todos los datos explícitos que ofrecen los portales obteniendo un total de 56 739 productos vendidos, lo que hace un promedio de 4336 productos por cada uno de los 13 sitios web que dan información sobre su volumen de negocio o productos vendidos.

Otra variable de análisis fue cómo los sitios web se definen a sí mismos y a sus productos y servicios. El primer elemento de interés fue el plagio en los ensayos: es claramente un tema clave ya que el 73,6 % de la muestra menciona explícitamente que utilizan *software* para detectar el plagio, por lo que los trabajos académicos proporcionados son, en teoría, originales. A pesar de esto, solo 7 de los sitios web mencionan el nombre del programa que utilizan para la detección del plagio en sus trabajos: 4 Turnitin, 2 Plagscan y 1 Unicheck. A propósito de cómo los sitios web definen sus servicios, estos son los adjetivos más empleados: confidencialidad, originalidad, calidad, profesionalidad, seguridad, garantía y puntualidad.

Gran parte de los sitios web (41,7 %) no especifican las materias o estudios para los que ofrecen sus servicios de escritura académica, el 37,7 % menciona que ofrecen sus servicios a áreas generales (ciencias sociales, ciencias de la salud, humanidades, ingeniería o ciencias) y un 20,8 % define explícitamente en qué áreas o titulaciones se especializan (en algunos casos este dato se evidencia a partir del propio dominio: www.adeyderecho.com, www.pfcarquitectura.com, www.colegiodeingenieria.com, www.colegiodemedicina.es). Las especialidades a las que se dedican estos sitios web son en su mayoría: economía y ADE, formación del profesorado, derecho y enfermería.

Casi 1 de cada 3 sitios web evaluados (32,1 %) dan una orientación del coste de los servicios. Los precios varían con un rango bastante amplio: algunas webs mencionan el costo por página que fluctúa entre 6 € y 21 € (véase ejemplo en la imagen 2) dependiendo de la modalidad de trabajo (más baratos los trabajos de pregrado y más caros el máster y especialmente las tesis doctorales). Como orientación, un TFG de 40 páginas puede costar en torno a 240 € y 840 € (media de 540 €); otras webs publican sus precios para todos los servicios que ofrecen situándose entre los 249 € hasta los 3000 €, nuevamente el costo depende del tipo de trabajo y también del plazo en el que se tiene que presentar. Un poco más del

Fig. 2: Captura de pantalla del portal https://hazmitrabajo.es/

10 % de los sitios web (13,2 %) ofrecen descuentos en el precio en función de diferentes elementos: ya sea el volumen/número de páginas del trabajo a realizar o períodos específicos del año donde a modo de rebajas el encargo sale más barato (véase a modo de ejemplo la figura 3).

De las 53 webs, 12 (22,6 %) cuentan con un sistema de pago seguro, en su mayoría proporcionado por la pasarela de pago Redsys (http://www.redsys.es), el resto no dan suficiente información para determinar si aplican algún sistema de pago seguro. En cuanto al procedimiento de pago: el método más recurrente es la tarjeta de crédito o débito (el 50,9 % ofrece esta posibilidad); en segunda posición el pago mediante cuenta PayPal (el 47,7 % de los sitios web ofrecen esta opción); el 43,4% acepta pagos mediante transferencia bancaria; y las tarjetas prepago son aceptadas por un solo sitio web de los analizados. En 12 de los 53 sitios web, los clientes reciben una propuesta de presupuesto 24/48 horas después de solicitarla.

El pago tiene que hacerse íntegramente antes de recibir el producto comprado en el 13,2 % de los casos, de forma parcial (muchas webs ofrecen la modalidad de compra a plazos o plan a plazos lo que supone abonar una cantidad al inicio del proceso y abonar la totalidad al recibir el producto) se puede pagar en el 30,2 % de la muestra, en el 5,7 % de los casos el pago se realiza en su totalidad al recibir el pedido y en el 50,9 % no hay información suficiente para determinar el

Fig. 3: Captura de pantalla del portal https://hacertfg.com/

procedimiento de pago. En el 30,2 % de los sitios web el comprador puede reclamar la devolución del pago por no conformidad con el producto.

3.3.5 Perfil de los "escritores fantasmas"

Una última categoría de análisis fue la descripción del perfil de los redactores de los trabajos ofrecidos por los sitios web estudiados. La mayor parte de los portales evaluados (50,9 %) ofrecen una descripción o perfil de los redactores de los trabajos académicos que venden, las características más comunes son las siguientes: profesionales con experiencia, profesores universitarios y personal con nivel de posgrado (máster o doctorado). De estos 27 sitios web 15 proporcionan el número de personas que trabajan como redactores de trabajos académicos, fluctuando entre 4 y 750 (una media de 156 personas teniendo en cuenta todos los datos). En 15 de los sitios web existe la posibilidad de presentar un CV para trabajar para la empresa escribiendo trabajos académicos para vender.

3.4 La etapa del uso de la inteligencia artificial o robots

Una de las novedosas modalidades de fraude en la elaboración de trabajos académicos en los últimos años viene representada por el uso de parafraseadores

Fig. 4: Captura de pantalla del portal https://www.paraphraser.io

automáticos, también llamados "automated essay spinning" (Lancaster y Clarke, 2009), para escapar de los sistemas de detección de plagio. Una simple búsqueda en Google con la palabra "paraprhase tool" nos arroja gran número de resultados con sitios web como https://www.paraphrase-online.com, situadas en posiciones altas del buscador, que en su descripción dejan muy a las claras la orientación de su servicio: "Our paraphrasing tool will help you achieve that and rewrite any text in seconds, therefore avoiding plagiarism issues" (Paraphrase Online, 2021). Estos recursos "to create paraphrased material are easily available on the internet and can escape plagiarism software" (Newman, 2019). Como se puede comprobar, se trata de dispositivos facilitadores del fraude académico y lo publicitan abiertamente en las descripciones de sus servicios.

Cabe remarcar que las herramientas de parafraseado automático constituyen un campo de desarrollo tecnológico basado en inteligencia artificial enmarcado dentro de las aplicaciones de procesamiento natural del lenguaje (Chevelu et al., 2009). Se trata de un área de trabajo extensamente abordada desde un perfil tecnológico siendo numerosas las publicaciones científicas con descripciones de experiencias relacionadas con el desarrollo de este tipo de recursos (Gadag y Sagar, 2016; Yang et al., 2019). Las herramientas de procesamiento de texto se fundamentan en el uso de algoritmos para procesar palabras, términos, párrafos o documentos completos para alterar, corregir o resumir el contenido dentro de un mismo idioma o entre idiomas diferentes (Ambati y Vogel, 2010). La generación automática de paráfrasis a partir de una oración determinada es una aplicabilidad enmarcada en el procesamiento del lenguaje natural (PLN), y juega un papel fundamental en una serie de aplicaciones como los sistemas automáticos de respuesta a preguntas y las mejoras y recomendaciones en las búsquedas de información (Li et al., 2018). Los algoritmos que hay detrás de las herramientas de paráfrasis se originaron, inicialmente, con el fin de rediseñar el texto de páginas web para evitar la detección de sitios duplicados y también para mejorar su optimización en los motores de búsqueda (Madera et al., 2014), pero con el tiempo estos se han usado para crear webs donde se alojan herramientas de parafraseo automático que han sido descubiertas por los estudiantes que las emplean para reescribir el contenido de textos que usan para sus trabajos académicos y burlar de esta manera el control de los programas de detección de plagio (Foltynek et al., 2020).

Por tanto, aparte de su claro potencial en muchos ámbitos, estas herramientas también favorecen la comisión de conductas deshonestas en el entorno académico. Reescribir un texto original mediante una herramienta de paráfrasis en línea y presentarlo en un proceso de evaluación como si se tratara de un documento "*original*" es una forma de plagio encubierto o "*facilitated plagiarism*" (Dickerson, 2007) dado que implica el uso de textos y materiales de terceros sin el adecuado reconocimiento. El problema es que aplicar soluciones tecnológicas para identificar cuándo se han utilizado herramientas de parafraseo es complejo, ya que la detección de este tipo de mala praxis tendría que ir más allá de la simple búsqueda de coincidencias entre textos (Hunt et al., 2019).

Desafortunadamente, todavía no se cuenta con evidencias suficientes acerca del uso de estas herramientas por parte del alumnado; sabemos que existen y hay indicios que en los últimos años mejoran en sus prestaciones (Gupta et al., 2018), pero no se sabe hasta qué punto son empleadas por el alumnado, ni las causas asociadas a su uso, ni la frecuencia de detección de este tipo de conductas en entornos universitarios. Los escasos aportes empíricos que existen, vinculados a su uso en el ámbito académico, son de base descriptiva y naturaleza exploratoria. De estos trabajos cabe destacar, en primer lugar, el estudio pionero de Lancaster y Clarke (2009) quienes comprobaron la eficacia de tres programas de detección de plagio en diversos textos reescritos automáticamente mediante herramientas digitales de parafraseo; en segundo lugar, el trabajo de Rogerson y McCarthy (2017), muy similar al anterior, y que se centró en determinar el nivel de similitud, mediante el programa de detección de plagio Turnitin, de dos textos elaborados *ad hoc* usando parafraseadores; en tercer lugar, el estudio de Foltynek et al. (2020) orientado a estudiar la capacidad de reconocer similitudes a través de programas de detección de plagio en textos parafraseados. Señalar, finalmente, el trabajo de Prentice y Kinden (2018) que, a diferencia de los anteriores, analizaron el uso de los parafraseadores en situaciones no recreadas. Concretamente, se centraron en tres trabajos de alumnado de grados de ciencias de la salud sospechosos de haber empleado parafraseadores automáticos para su elaboración.

4 Cómo luchar frente al fenómeno de los servicios de escritura académica

Los peligros de estos portales van más allá del ámbito académico ya que se han documentado frecuentes casos en los que los alumnos una vez efectuados el pago por la compra de un trabajo descubren que el portal donde realizaron la compra ha desaparecido y no tienen manera de reclamar el fraude, o casos en los que la calidad del producto entregado deja mucho que desear y la empresa o particular contratado no atiende las reclamaciones que se le hacen (Yorke et al., 2020). Aparte de estas formas de estafa comienza a evidenciarse un nuevo peligro que corre el alumnado que encarga trabajos a estos portales: la extorsión y el chantaje. Se han dado casos de alumnos que han comprado sus tesis y al cabo de años ocupan un puesto de trabajo relevante y son extorsionados por estas empresas bajo amenazas de poner en conocimiento el fraude (Yorke et al., 2020).

El fraude en la compraventa de trabajos académicos es muy difícil de detectar, ya que requiere una doble validación: tanto de la identidad del alumnado como de la autoría de la obra. Hallar estrategias que brinden garantía de identidad y autoría es fundamental para encarar con acierto el problema de los servicios de escritura académica (Amigud et al., 2017). Las prácticas de evaluación y revisión de los trabajos académicos no suelen detectar el fraude cometido mediante la compraventa de tareas evaluables (Lines 2016; Medway et al., 2018), e incluso cuando los docentes detectan o dudan de algún caso sospechoso, a menudo lo pasan por alto (Amigud et al. 2017; Dawson y Sutherland-Smith 2018). Para empeorar las cosas, muchos docentes se muestran renuentes a denunciar los casos sobre los que tienen sospechas, y las razones más comunes son que es "imposible o muy difícil de probar" o que denunciar estas infracciones "consume demasiado tiempo" (Harper et al., 2021).

En respuesta a los desafíos de identificar el fraude académico relacionado con la compraventa de trabajos, varios países han abogado por generar jurisdicciones en las que queda legislado que la prestación de servicios de escritura académica es ilegal. En el momento actual existen una veintena de jurisdicciones que cuentan con legislación para abordar el fraude derivado de los servicios de escritura académica (McCormick y Whaley 2014). La razón y valor fundamental detrás del enfoque legal fue explicada por Draper y Newton (2017), quienes argumentaron que muchas empresas operan a plena vista en países donde, en caso de que se promulguen leyes, podrían ser disuadidas de operar (por ejemplo, Australia, Reino Unido, EE. UU., Canadá, etc.). La promulgación de leyes, junto con el enjuiciamiento exitoso de las empresas que operan actualmente en esos países, es, a buen seguro, una mejora significativa en la situación, sin embargo, la literatura sobre su eficacia como elemento disuasorio es escasa de momento.

Por extraño que nos pueda parecer a los profanos en temas jurídicos, estas plataformas operan dentro de un limbo legal sin certeza de que su actividad sea delictiva (Fita, 2020) y esto ocurre muy claramente en entornos como el español. Parece pues necesaria una nueva legislación que no deje dudas de la ilegalidad de este tipo de actividades. En esta perspectiva sería conveniente valorar la experiencia de otros países que, con muchas dificultades, han iniciado el abordaje de esta línea de actuación (Draper y Newton, 2017; Tauginiene y Jurkevicius, 2017), siendo especialmente destacable la iniciativa del gobierno australiano en su pretensión de enmendar una ley para que el proporcionar o anunciar servicios que constituyan fraude académico (*Academic cheating services*) sea delito (The Parliament of the Commonwealth of Australia, 2020).

Entre las actuaciones de presión puede servir de ejemplo la iniciativa de la UK's Quality Assurance Agency for Higher Education (QAA) dirigiéndose, en Noviembre de 2018, a Bing, Yahoo, Facebook, Google y YouTube solicitándoles que rechazaran anuncios de plataformas de realización de trabajos académicos (QAA, 2020) y a PayPal que dejara de procesar los pagos relacionados con la compraventa de trabajos académicos.

Entre las medidas educativas, que afectan especialmente a las autoridades académicas, remarcamos dos. Las primeras orientadas a la puesta en marcha de buenas prácticas en los campus universitarios que contribuyan a la formación del alumnado en el ámbito de la integridad académica. Las segundas orientadas a la creación de un entorno académico que facilite una relación profesorado-alumnado más personalizada; una relación de este tipo es del todo incompatible con determinadas ratios profesorado-alumnado para la dirección de TFM y TFG y en general para las tareas académicas demandadas.

Se sugieren estrategias tales como alentar el pensamiento crítico en los estudiantes y atraer a los que tengan una mayor motivación intrínseca en sus estudios. Compartimos la opinión expresada por la Ethics Education Task Force (2004) quien aconseja "Renovar y revitalizar el compromiso de la universidad con la responsabilidad ética tanto a nivel individual como corporativo en la preparación de líderes para el siglo veintiuno".

5 Conclusiones

En todo caso, y en forma de secuencia circular, a lo largo del presente capítulo se ha podido comprobar cómo el sistema de fraude académico pasó de la suplantación documentada desde mediados del siglo XIX al plagio e intercambio de trabajos académicos que se dio a partir de los años noventa del siglo XX y, poco a poco, parece estar pasando nuevamente del plagio a la suplantación. Las transición de la primera a la segunda etapa ha sido posible, en gran medida, gracias al desarrollo, penetración e implantación de las TIC; este hecho es evidente a la hora de encontrar explicaciones al paso de la etapa "artesanal" –basada en la búsqueda de *"ghostwriters"* anónimos en entornos próximos y conocidos– a la de los portales de trabajos "precocinados" que en la mayoría de casos eran usados varias veces por más de un alumno –los "bancos de trabajos académicos"–, que provocaron la eclosión de la práctica basada en el plagio mediante el uso de los comandos de los editores de texto "copiar" y "pegar". Distinto ha sido el origen y causas de la transición de la etapa del plagio e intercambio de trabajos, a la de la nueva suplantación basada en portales de Internet y la compraventa de trabajos realizados a medida. En este caso la causa principal ha sido la necesidad de eludir los sistemas de control antiplagio instaurados en muchos centros educativos.

La utilización de programas informáticos puestos en marcha para detectar el plagio, así como la instauración de otros sistemas de control y el desarrollo de reglamentos académicos más estrictos, han provocado que la suplantación dura y pura volviese a adquirir carta de naturaleza en las aulas. Suplantación, que, enmarcada en coordenadas específicas propias de la sociedad de la información, adquiere en estos momentos descomunales dimensiones. Enfrentarse a la nueva suplantación supondrá poner en marcha nuevas estrategias basadas en conocer el qué, el por qué y el cómo de la situación originada.

Consideramos que las instituciones educativas deberían trabajar para abordar el problema desde la posición del estudiante. Deben centrarse en la educación en integridad académica y en las estrategias de integridad académica en el empleo que validen tanto la identidad como la autoría del trabajo del estudiantado (Amigud et al., 2018). También debe reservarse algún papel para el diseño de la evaluación, ya que está demostrado que la tipología de tareas encomendadas y el tipo de evaluación aplicada guarda relación con los comportamientos deshonestos en el entorno académico (Bretag et al., 2019). Además, conviene mejorar las estrategias de detección y es fundamental comprender el problema subyacente: por qué algunos estudiantes sienten la necesidad de defraudar y engañar en el desarrollo de sus estudios y cómo disuadirlos de no tomar dichos atajos.

Centrando la atención en los portales españoles dedicados a la compraventa de trabajos académicos, es necesario comentar que buena parte de ellos usan los servicios de publicidad de Google. Este hecho constituye una situación indeseada cuya denuncia creemos que debería ser escuchada por el propio buscador. Al publicar anuncios de webs de escritura fantasma, Google infringe abiertamente su propia política de publicidad; una política que en lo relativo a "Posibilitar el comportamiento fraudulento" señala: "Valoramos la honestidad y la justicia, de manera que no permitimos que se promocionen productos o servicios diseñados para admitir un comportamiento deshonesto. Ejemplos de productos o servicios que posibilitan un comportamiento fraudulento: software o instrucciones de piratería; servicios diseñados para aumentar artificialmente el tráfico del anuncio o del sitio web; documentos falsos; servicios de fraudes académicos" (Google Ads, 2020).

Consideramos que el buscador debería tomar buena nota de esta situación y ajustarse a su política de publicidad y no anunciar unos servicios que claramente contravienen sus propias normas. Este ejercicio de coherencia supondría para Google renunciar a unos ingresos que como evidenciaron Comas et al. (2021) alcanzan algo más de 140 000 € anuales (solo contabilizando los datos del tráfico de pago de escritorio) para el contexto español.

Por otra parte, las administraciones competentes deberían encarar el desafío que plantea la publicidad de los servicios de escritura académica y apostar por su prohibición, como se ha hecho en Irlanda, Nueva Zelanda y Australia (Bretag et al., 2019). Cabe remarcar, sin embargo, que incluso en estos países con legislaciones coercitivas, los enjuiciamientos son poco frecuentes, en gran parte debido a lagunas de las disposiciones legales. Probablemente, el caso más conocido se dio en Nueva Zelanda, que en 2018 procesó con éxito el servicio comercial *Assignments4U*, que acabó pagando 1.3 millones de dólares estadounidenses en un acuerdo extrajudicial y el posterior cierre del portal (Owen, 2018).

Hay que tener en cuenta que la prohibición de este tipo de portales por parte de un Estado no necesariamente supondrá su desaparición; lo más probable es que, como se ha producido con el negocio de la piratería digital (Juez, 2018), cambien el dominio y el emplazamiento de la empresa, radicándose en países con legislaciones más laxas o inexistentes. Y es que como ya avanzábamos en anteriores secciones del capítulo: "Las técnicas defraudadoras, como los virus, se adaptan a las nuevas situaciones y estímulos".

Agradecimientos

Este capítulo forma parte del proyecto de I+D+i IAPOST ayuda RTI2018-098314-B-I00, financiado por MCIN/AEI/10.13039/501100011033/ y FEDER "Una manera de hacer Europa".

Referencias

Akbari, A. (2021). Spinning-translation and the act of plagiarising: how to avoid and resist. *Journal of Further and Higher Education, 45*(1), 49–64. https://doi.org/10.1080/0309877X.2019.1709629

Ambati, V., & Vogel, S. (2010). Can crowds build parallel corpora for machine translation systems? En *Proceedings of the NAACL HLT 2010 workshop on creating speech and language data with Amazon's mechanical turk* (pp. 62–65). https://cutt.ly/sWPsRqq

Amigud, A., Arnedo-Moreno, J., Daradoumis, T., & Guerrero-Roldan, A. E. (2018). An integrative review of security and integrity strategies in an academic environment: Current understanding and emerging perspectives. *Computers & Security, 76*, 50–70. https://doi.org/10.1016/j.cose.2018.02.021

Awdry, R. & Newton, P.M. (2019). Staff views on commercial contract cheating in higher education: a survey study in Australia and the UK. *Higher Education. 78*, 593–610 https://doi.org/10.1007/s10734-019-00360-0

Baran, L., & Jonason, P. K. (2020). Academic dishonesty among university students: The roles of the psychopathy, motivation, and self-efficacy. *Plos one, 15*(8), e0238141. https://doi.org/10.1371/journal.pone.0238141

Bardin, L. (1986). *Análisis de contenido*. Akal.

Benavides, L. (2019). El último fraude académico: webs que te hacen el trabajo de la universidad. *El Periódico*. https://bit.ly/2J2ib5i

Bretag, T., Harper, R., Burton, M., Ellis, C., Newton, P., Rozenberg, P., ... & van Haeringen, K. (2019). Contract cheating: a survey of Australian university students. *Studies in Higher Education, 44*(11), 1837–1856. https://doi.org/10.1080/03075079.2018.1462788

Brown, B. S., & McInerney, M. (2008). Changes in academic dishonesty among business students in the United States, 1999–2006. *International Journal of Management, 25*(4), 621–640.

Carmona, J. (2020). El mercado negro universitario: hasta 1.200 euros por un trabajo de fin de grado. *Público*. https://bit.ly/2IY1Uyd

Carpenter, D.D., Harding, T.S., Finelli, C.J., & Passow, H.J. (2004). Does academic dishonesty relate to unethical behaviour in professional practice? An exploratory study. *Science and engineering ethics, 10*(2), 311–324. https://doi.org/10.1007/s11948-004-0027-3

Chevelu, J., Lavergne, T., Lepage, Y., & Moudenc, T. (2009). Introduction of a new paraphrase generation tool based on Monte-Carlo sampling. En *Proceedings of the ACL-IJCNLP 2009 Conference Short Papers* (pp. 249–252). https://doi.org/10.3115/1667583.1667660

Clare, J., Walker, S., & Hobson, J. (2017). Can we detect contract cheating using existing assessment data? Applying crime prevention theory to an academic integrity issue. *International Journal for Educational Integrity*, 13(1). https://doi.org/10.1007/s40979-017-0015-4

Colbert, S., Thornton, L., & Richmond, R. (2020). Content analysis of websites selling alcohol online in Australia. Drug and alcohol review, 39(2), 162–169. https://doi.org/10.1111/dar.13025

Comas, R. (2009). *El ciberplagio y otras formas de deshonestidad académica entre el alumnado universitario* (Tesis Doctoral). Palma de Mallorca: Universidad de las Islas Baleares (España). https://dspace.uib.es/xmlui/handle/11201/153195

Comas, R., et al. (2021). El efecto cobra de la lucha contra el plagio: las fábricas de trabajos académicos. En *II Congreso iberoamericano de docentes 2021 docentes frente a la pandemia* (Congreso Virtual). Del 5 al 16 de julio de 2021. https://cutt.ly/1WYh1Cq

Comas, R., Morey, M., y Sureda, J. (2021). La publicidad en buscadores de las plataformas españolas de compraventa de trabajos académicos: análisis del tráfico, costes y palabras clave. *Revista Española de Documentación Científica*, 44(3), e298–e298. https://doi.org/10.3989/redc.2021.3.1767

Comas, R., Sureda, J., & Morey, M. (2020). Spanish contract cheating website marketing through search engine advertisements. *Assessment & Evaluation in Higher Education*, 1–13. https://doi.org/10.1080/02602938.2020.1841091

Comas, R., Sureda, J., Casero, A., y Morey, M. (2011). La integridad académica entre el alumnado universitario español. *Estudios pedagógicos (Valdivia)*, 37(1), 207–225. http://doi.org/10.4067/S0718-07052011000100011

Crawford, J., Butler-Henderson, K., Rudolph, J., Malkawi, B., Glowatz, M., Burton, R., ... & Lam, S. (2020). COVID-19: 20 countries' higher education intra-period digital pedagogy responses. *Journal of Applied Learning & Teaching*, 3(1), 1–20. https://doi.org/10.37074/jalt.2020.3.1.7

Curtis, G.J., & Clare, J. (2017). How Prevalent is Contract Cheating and to What Extent are Students Repeat Offenders? Journal of Academic Ethics, 15(2), 115–124. https://doi.org/10.1007/s10805-017-9278-x

Dawson, P., & Sutherland-Smith, W. (2018). Can markers detect contract cheating? Results from a pilot study. *Assessment and Evaluation in Higher Education*, 43(2), 286–293. https://doi.org/10.1080/02602938.2017.1336746

Dawson, P., & Sutherland-Smith, W. (2019). Can training improve marker accuracy at detecting contract cheating? A multi-disciplinary pre-post study. *Assessment and Evaluation in Higher Education*, 44(5), 715–725. https://doi.org/10.1080/02602938.2018.1531109

De la Cal, L. (2016). El mercado negro del TFG. *El Mundo*. https://bit.ly/2J3hecU

Devlin, M., & Gray, K. (2007). In Their Own Words: A Qualitative Study of the Reasons Australian University Students Plagiarize. *Higher Education Research and Development, 26*(2), 181–198. https://doi.org/10.1080/07294360701310805

Dickerson, D. (2007). Facilitated plagiarism: The saga of term-paper mills and the failure of legislation and litigation to control them. *Villanova Law Review, 52*, 21. https://cutt.ly/iWPgHgj

Draper, M. J., & Newton, P. M. (2017). A legal approach to tackling contract cheating? *International Journal for Educational Integrity, 13*(1). https://doi.org/10.1007/s40979-017-0022-5

Eco, U. (2014). *Cómo se hace una tesis.* Editorial Gedisa.

Ethics Education Task Force. (2004). *Ethics Education in Business Schools.* The Association to Advance Collegiate Schools of Business. https://cutt.ly/JWPuj5N

Fita, J. (2020). El boom de las webs que venden trabajos de fin de grado y de máster. *La Vanguardia.* https://bit.ly/3dhvEEb

Foltynek, T., Ruas, T., Scharpf, P., Meuschke, N., Schubotz, M., Grosky, W., & Gipp, B. (2020). Detecting Machine-obfuscated Plagiarism. En *International Conference on Information* (pp. 816–827). Springer. https://doi.org/10.1007/978-3-030-43687-2_68

Fontaine, S., Frenette, E., & Hébert, M. H. (2020). Exam cheating among Quebec's preservice teachers: the influencing factors. *International Journal for Educational Integrity, 16*(1), 1–18. https://doi.org/10.1007/s40979-020-00062-6

Gadag, A. I., & Sagar, B. M. (2016). N-gram based paraphrase generator from large text document. In 2016 International Conference on Computation System and Information Technology for Sustainable Solutions (CSITSS) (pp. 91–94). IEEE. https://doi.org/10.1109/csitss.2016.7779447

Gago, J. (2018). Un fraude al alza: así funciona el mercado negro de los trabajos de fin de grado. *El Economista.* https://bit.ly/2WwkBRo

García, C. (2020). ¿Cuáles son los trucos del alumnado para copiar en un examen online? *El Economista.* https://cutt.ly/xWYc1qA

Gerodimos, R. (2008). Mobilising young citizens in the UK: A content analysis of youth and issue websites. Information, *Communication & Society, 11*(7), 964–988. https://doi.org/10.1080/13691180802109014

Goff, D., Johnston, J., & Bouboulis, B.S. (2020). Maintaining Academic Standards and Integrity in Online Business Courses. *International Journal of Higher Education, 9*(2), 248–257. https://doi.org/10.5430/ijhe.v9n2p248

González, P. (2018). Encargar un proyecto con un par de clics y diez minutos navegando. *Información.* https://bit.ly/2J3Kv74

Google Ads. (2020). *Políticas de Google Ads*. https://bit.ly/3ass5cg

Grana, R. A., & Ling, P. M. (2014). "Smoking revolution": a content analysis of electronic cigarette retail websites. *American Journal of Preventive Medicine, 46*(4), 395–403. https://doi.org/10.1016/j.amepre.2013.12.010

Guerrero-Dib, J. G., Portales, L., & Heredia-Escorza, Y. (2020). Impact of academic integrity on workplace ethical behaviour. *International Journal for Educational Integrity, 16*(1), 1–18. https://doi.org/10.1007/s40979-020-0051-3

Gullifer, J. (2010). Exploring university students' perceptions of plagiarism: A focus group study. *Studies in Higher Education, 35*(4), 463–481. https://doi.org/10.1080/03075070903096508

Gupta, A., Agarwal, A., Singh, P., & Rai, P. (2018). A deep generative framework for paraphrase generation. En *Proceedings of the AAAI Conference on Artificial Intelligence*. https://cutt.ly/kWPgOcC

Hallak, J., & Poisson, M. (2007). *Academic fraud, accreditation and quality assurance: learning from the past and challenges for the future*. Report: Higher Education in the World 2007: Accreditation for Quality Assurance: What is at Stake? https://cutt.ly/vWTQvuU

Hansen, B. (2003). Combating plagiarism. *The CQ Researcher, 13*(32), 775–792. https://cutt.ly/aWYzzSV

Harper, R., Bretag, T., & Rundle, K. (2021). Detecting contract cheating: examining the role of assessment type. *Higher Education Research & Development, 40*(2), 263–278. https://doi.org/10.1080/07294360.2020.1724899

Hunt, E., Janamsetty, R., Kinares, C., Koh, C., Sanchez, A., Zhan, F., ... & Oh, P. (2019). Machine learning models for paraphrase identification and its applications on plagiarism detection. En *2019 IEEE International Conference on Big Knowledge (ICBK)* (pp. 97–104). IEEE. https://doi.org/10.1109/icbk.2019.00021

Jensen, L. A., Arnett, J. J., Feldman, S. S., & Cauffman, E. (2002). It's wrong, but everybody does it: Academic dishonesty among high school and college students. *Contemporary educational psychology, 27*(2), 209–228. https://doi.org/10.1006/ceps.2001.1088

Jones, M., & Sheridan, L. (2015). Back translation: an emerging sophisticated cyber strategy to subvert advances in 'digital age'plagiarism detection and prevention. *Assessment & Evaluation in Higher Education, 40*(5), 712–724. https://doi.org/10.1080/02602938.2014.950553

Josien, L., Seeley, E., Csipak, J., & Rampal, R. (2015). Cheating: Students and faculty's perception on potential cheating activity. *Journal of Legal, Ethical and Regulatory Issues, 18*(2), 21–33.

Juez, I. (2018). ¿Cómo logran las webs de descargas ilegales burlar a la Policía?, *El Correo*. https://bit.ly/39qlDBf

Krippendorff, K. (2004). *Content Analysis. An Introduction to Its Methodology*. SAGE.

Lancaster, T., & Clarke, R. (2009). *Automated essay spinning–an initial investigation*. In 10 th Annual Conference of the Subject Centre for Information and Computer Sciences (p. 25). https://bit.ly/3CT4Jdn

Lancaster, T., & Clarke, R. (2016). Contract cheating: the outsourcing of assessed student work. En Bretag, T. *Handbook of Academic Integrity*, 639–654. Springer. https://doi.org/10.1007/978-981-287-079-7_17-1

Li, Z., Jiang, X., Shang, L., & Li, H. (2018). Paraphrase Generation with Deep Reinforcement Learning. En *Proceedings of the 2018 Conference on Empirical Methods in Natural Language Processing* (pp. 3865–3878). https://doi.org/10.18653/v1/d18-1421

Lines, L. (2016). Ghostwriters guaranteeing grades? The quality of online ghostwriting services available to tertiary students in Australia. *Teaching in Higher Education, 21*(8), 889–914. https://doi.org/10.1080/13562517.2016.1198759

Macfarlane, B., Zhang, J., & Pun, A. (2014). Academic integrity: a review of the literature. *Studies in higher education, 39*(2), 339–358. https://doi.org/10.1080/03075079.2012.709495

Madera, Q., García-Valdez, M., & Mancilla, A. (2014). Ad text optimization using interactive evolutionary computation techniques. En: Castillo, O., Melin, P., Pedrycz, W., Kacprzyk, J. (eds.) *Recent Advances on Hybrid Approaches for Designing Intelligent Systems*. SCI, vol. 547, pp. 671–680. Springer, Cham. https://doi.org/10.1007/978-3-319-05170-3_47

Martin, B. (2017). Defending university integrity. *International Journal for Educational Integrity, 13*(1), 1–14. https://doi.org/10.1007/s40979-016-0012-z

Martínez, E.J. (2016, Octubre). Tesis a la carta: de 3.000 a 5.000 euros. *El Mundo*. https://bit.ly/33yZL5s

McCormick, M., & Whaley, H. (2014). *Term paper mills: Statutes and legislative information*. Florida State University College of Law Research Center. https://guides.law.fsu.edu/termpapermills

Medway, D., Roper, S., & Gillooly, L. (2018). Contract cheating in UK higher education: A covert investigation of essay mills. *British Educational Research Journal, 44*(3), 393–418. https://doi.org/10.1002/berj.3335

Montes, P. (2017). "Puedo ganar hasta 1000 euros al mes haciendo trabajos de fin de Grado", *Cadena Ser*. https://bit.ly/3a86rtA

Moreno, J. M. (1999). Con trampa y con cartón: el fraude en la educación, o cómo la corrupción también se aprende. *Cuadernos de pedagogía, 283*, 71–77.

Mphahlele, A., & McKenna, S. (2019). The use of turnitin in the higher education sector: Decoding the myth. *Assessment & Evaluation in Higher Education, 44*(7), 1079–1089. https://doi.org/10.1080/02602938.2019.1573971

Newman, A. B. (2019). Plagiarism: policy and practice. The Journals of Gerontology, 70(4). https://cutt.ly/DWPpqDr

Newton, P.M. (2018). How common is commercial contract cheating in higher education and is it increasing? A systematic review. *Frontiers in Education, 3.* https://doi.org/10.3389/feduc.2018.00067

Nonis, S., & Swift, C.O. (2001). An examination of the relationship between academic dishonesty and workplace dishonesty: A multicampus investigation. *Journal of Education for business, 77*(2), 69–77. https://doi.org/10.1080/08832320109599052

Owen (2018). *Multi-million dollar university 'assignment cheating' business in court.* https://bit.ly/3bG2ddj

Owings, S., & Nelson, J. (2014). The essay industry. Mountain Plains *Journal of Business and Technology, 15*(1). https://cutt.ly/cWYcU3V

Paraphrase Online (2021). *Paraphrase Online Paraphrasing Tool - The Best Free Article, Sentence and Paragraph Rephrasing Software!* https://bit.ly/3CU3hY3

Peñalver, V. (2018). "Hago trabajos universitarios para otras personas para ganar algo de dinero", *El Diario.* https://bit.ly/2QvOnSm

Poncini, H. (2018). Se vende proyecto de fin de carrera, *El País.* https://bit.ly/3a7GA57

Prentice, F. M., & Kinden, C. E. (2018). Paraphrasing tools, language translation tools and plagiarism: an exploratory study. *International Journal for Educational Integrity, 14*(1), 1–16. https://doi.org/10.1007/s40979-018-0036-7

Raje, S., & Stitzel, S. (2020). Strategies for effective assessments while ensuring academic integrity in general chemistry courses during COVID-19. *Journal of Chemical Education, 97*(9), 3436–3440. https://doi.org/10.1021/acs.jchemed.0c00797

Rogerson, A. M., & McCarthy, G. (2017). Using Internet based paraphrasing tools: Original work, patchwriting or facilitated plagiarism?. *International Journal for Educational Integrity, 13*(1), 2. https://doi.org/10.1007/s40979-016-0013-y

Sarriegui, J.M. (2007). La suplantación en los trabajos académicos, un negocio en auge. *El País.* https://bit.ly/38YPhgQ

Sevilla, A. & Montero, T (2018). Se compran y se venden trabajos, *La Voz de Galicia.* https://bit.ly/2QyEbIZ

Siebert, H. (2001). *Der Kobra-Effekt: Wie man Irrwege der Wirtschaftspolitik vermeidet*. Verlag-Anst.

Sivasubramaniam, S., Kostelidou, K., & Ramachandran, S. (2016). A close encounter with ghost-writers: an initial exploration study on background, strategies and attitudes of independent essay providers. *International Journal for Educational Integrity, 12*(1), 1–14. https://doi.org/10.1007/s40979-016-0007-9

Solé-Sans, A. (2017). Cómo comprar una tesis doctoral a medida, *El Español*. https://bit.ly/3dgsBvS

Stiggins, R. (2009). Assessment for learning in upper elementary grades. *Phi Delta Kappan, 90*(6), 419–421. https://doi.org/10.1177/003172170909000608

Sureda, J., Cerdá, A., Calvo A., & Comas, R. (2020). Las conductas fraudulentas del alumnado universitario español en las evaluaciones: valoración de su gravedad y propuestas de sanciones a partir de un panel de expertos. *Revista de Investigación Educativa, 38*(1), 201–219. https://doi.org/10.6018/rie.358781

Sureda, J., Mut, B. & Comas, R. (2008). El intercambio y compra-venta de trabajos académicos a través de Internet. Edutec. *Revista Electrónica de Tecnología Educativa, 26*, a094–a094. https://doi.org/10.21556/edutec.2008.26.466

Sweeney, G., Despota, K., & Lindner, S. (2013). *Transparency international global corruption report: Education*. Routlegde.

Tauginienė, L., & Jurkevičius, V. (2017). Ethical and legal observations on contract cheating services as an agreement. International Journal for Educational Integrity, 13(1), 1–10. https://doi.org/10.1007/s40979-017-0020-7

The Parliament of the Commonwealth of Australia. (2020). *Tertiary Education Quality and Standards Agency Amendment (Prohibiting Academic Cheating Services) Bill 2019*. https://cutt.ly/rWPyUIf

UK's Quality Assurance Agency for Higher Education (QAA) (2020). *Contracting to Cheat in Higher Education*. QAA. https://bit.ly/32pFfYo

Universidad de Valencia. (2012). *Guía de uso para un lenguaje igualitario*. Universidad de Valencia. https://cutt.ly/uWAaRbj

Waugh, E. (2007). *Una Educación Incompleta*. Libros del Asteroide.

White, A. (2020). May you live in interesting times: a reflection on academic integrity and accounting assessment during COVID19 and online learning. *Accounting Research Journal, 34*(3), 304–312. https://doi.org/10.1108/ARJ-09-2020-0317

Wiggins, G. (2011). A true test: Toward more authentic and equitable assessment. *Phi Delta Kappan, 92*(7), 81–93. https://doi.org/10.1177/003172171109200721

Yang, Q., Shen, D., Cheng, Y., Wang, W., Wang, G., & Carin, L. (2019). An end-to-end generative architecture for paraphrase generation. En *Proceedings of the 2019 Conference on Empirical Methods in Natural Language Processing and the 9th International Joint Conference on Natural Language Processing* (EMNLP-IJCNLP) (pp. 3123–3133). https://doi.org/10.18653/v1/d19-1309

Yorke, J., Sefcik, L., & Veeran-Colton, T. (2020). Contract cheating and blackmail: a risky business?. *Studies in higher education*, 1–14. https://doi.org/10.1080/03075079.2020.1730313

Zamora, S. (2018). El negocio de los másteres y trabajos universitarios en España, *La Verdad*. https://bit.ly/2Wu310h

Zuil, M. (2017). Ganaba dos mil euros por hacer el trabajo final de carrera de otros, *El Confidencial*. https://bit.ly/2Wub9OA

Ana M.ª Porto Castro / M.ª Josefa Mosteiro García

Conductas Deshonestas y Género en el Contexto Universitario

Resumen: Este capítulo se ocupa de las prácticas deshonestas en la realización de los trabajos académicos y, más concretamente, del plagio y las causas que lo producen, todo ello contemplando el género como una de las variables que interviene en la comisión del plagio. La primera parte sirve de marco de referencia para situar una investigación realizada en tres universidades públicas españolas, cuyos datos y resultados constituyen la segunda parte del capítulo en la que se analizan las causas que llevan al alumnado universitario a cometer plagio y se exploran posibles diferencias en función del género, a través de las respuestas de una muestra de alumnado de grado y máster del Sistema Universitario de Galicia. El estudio empírico realizado, de carácter descriptivo, pone de manifiesto que en la realización de sus trabajos académicos el alumnado universitario comete plagio entre otras razones, porque el profesorado no le proporciona las instrucciones precisas para llevar a cabo la tarea, porque no tiene tiempo suficiente, y porque las sanciones no son graves; también revela la existencia de diferencias en las causas señaladas por las alumnas y los alumnos para cometer plagio.

Palabras clave: deshonestidad académica, plagio, género, universidad.

1 Introducción

La deshonestidad académica es una práctica habitual entre el alumnado universitario y su estudio se ha convertido en un tema recurrente en la literatura científica actual. Las investigaciones sobre el tema se han centrado principalmente en el estudio de su prevalencia y las causas de este tipo de conductas, dedicando menor atención a la relación entre la deshonestidad académica y el género como categoría de análisis de las diferentes prácticas de mujeres y hombres universitarios en la comisión de plagio.

En este capítulo se estudian las prácticas deshonestas en la realización de los trabajos académicos y, más concretamente, el plagio y las causas que lo producen desde la perspectiva de género. La primera parte comienza con un acercamiento y delimitación conceptual de la deshonestidad académica y una de las prácticas en la que se concreta, el plagio académico, para a continuación analizar y estudiar los factores individuales y contextuales que están en el origen de esta práctica académica no ética y presentar una breve aproximación a las teorías que tratan de explicar las causas que llevan a realizar este tipo de conducta. Se abordan también los factores y las variables en los que se apoyan los distintos autores para explicar las causas del plagio académico (demográficos, psicológicos…), dedicando un apartado específico al estudio del género y a comentar algunos de los recientes hallazgos de investigación relacionados con sus efectos a la hora de explicar las causas del plagio.

Es precisamente el género el eje central del capítulo y sirve de marco de referencia para situar una investigación en la que se analizan las causas que llevan a una muestra de alumnado de grado y máster del Sistema Universitario de Galicia a cometer plagio y explorar posibles diferencias en función del género. Se exponen los rasgos definitorios del estudio empírico realizado, es decir, la muestra y sus características principales, la técnica de recogida de información utilizada, un cuestionario, el procedimiento de recogida y de análisis de datos seguido y los principales hallazgos que apuntan que en la realización de sus trabajos académicos el alumnado universitario comete plagio entre otras razones, porque el profesorado no le proporciona las instrucciones precisas para llevar a cabo la tarea, porque no tiene tiempo suficiente debido a la cantidad de trabajos que se le exigen y porque la existencia de normativa y las sanciones no disuaden al alumnado de cometer plagio; revelan también la existencia de diferencias en las causas del plagio señaladas por las alumnas y los alumnos, derivadas principalmente de la socialización diferencial de género.

Para finalizar el capítulo se recogen las principales conclusiones y algunas medidas a adoptar para evitar este tipo de conductas deshonestas.

2 La deshonestidad académica y el plagio

La abundante literatura de los últimos años relacionada con la deshonestidad académica demuestra la preocupación que suscita esta cuestión en los distintos niveles educativos y muy especialmente en la universidad, donde se enmarca la mayor parte de las investigaciones realizadas hasta el momento. En este sentido, un elevado número de universidades han hecho esfuerzos importantes por desarrollar y adoptar medidas que tratan de evitar, o al menos mitigar, este tipo de prácticas entre el alumnado, aunque no resulte tarea fácil pues intervienen en ellas cuestiones éticas y morales (Alemán et al., 2016).

Para entender el alcance de esta problemática conviene acercarnos al estudio y delimitación tanto del concepto en sí, como de las distintas conductas que se engloban bajo este fenómeno que Hensley et al. (2013) califican de constructo multidimensional.

El estudio sistemático de la deshonestidad académica se remonta a la década de 1990 cuando se desarrollan los primeros trabajos sobre el tema con el "objetivo de combatir el fenómeno del plagio académico" (Sureda et al., 2009, p.198). Vaamonde y Omar (2008) señalan que la deshonestidad académica "constituye una violación a reglas o normas prescritas por las instituciones educativas" (p. 11), y se puede clasificar en cuatro tipos: la copia de exámenes; el plagio; las excusas falsas y el ciberplagio. Las prácticas deshonestas en los exámenes incluirían, según estos autores, diversas acciones fraudulentas como por ejemplo, usar "chuletas", copiar a un compañero o dejarle copiar, hacer el examen por otra persona o suplantar la identidad en un examen; el plagio incluye la copia de ideas o partes de texto sin citar la fuente bibliográfica correspondiente; el empleo de excusas inventadas o falsas para eludir una responsabilidad académica constituye otro tipo de conducta académica deshonesta al igual que el ciberplagio, que supone el uso de las tecnologías para la realización de tareas académicas.

Para Tayán (2017), las conductas académicas deshonestas son intentos deliberados de fabricar, falsificar o participar en conductas no autorizadas en los trabajos académicos, y se pueden clasificar en tres categorías: el plagio o acto de imitar ideas, pensamientos y lenguaje sin permiso ni reconocimiento del autor; el engaño o las trampas en los resultados; y, otras malas conductas académicas como la falsificación, fabricación, distorsión o invención de datos relevantes.

A la vista de estas aportaciones, parece claro que la deshonestidad académica implica un rango de conductas que varían en función de su importancia, ejecución, propósito y del ámbito social (Athanasou y Olasehinde, 2002). Uno de los principales tipos de conducta académica deshonesta que contribuye a generar comportamientos no éticos es el plagio (Alimorad, 2020).

De acuerdo con la Real Academia Española de la Lengua (2014), el término plagio alude a la "acción y efecto de plagiar" y define plagiar como "copiar en lo sustancial obras ajenas, dándolas como propias".

En la literatura sobre el tema se recogen distintas aproximaciones a la delimitación del concepto. En este sentido, cabe citar algunas de las definiciones más actuales como la propuesta por Saldaña-Gastulo et al. (2010), Alemán et al. (2016) o Nakandakari (2016).

Así Saldaña-Gastulo et al. (2010) identifican el plagio con "la apropiación de las ideas, procesos o resultados, presentados en una publicación sin dar crédito al autor de la misma" (p. 64). Por su parte, Alemán et al. (2016, p. 12) definen el plagio en su sentido más restringido como "citar íntegro algo ajeno, de preferencia escrito, y ocultar la fuente".

En la misma línea de los autores anteriores, Nakandakari (2016) afirma que el plagio es "la práctica de tomar ideas, trabajos y/o procesos generados por otras personas, [adueñándose] de ellas como si fueran propias, sin citar ni reconocer en ningún momento la propiedad intelectual" (p. 2), mientras la definición propuesta por Gallent y Tello (2017) añade la dimensión sancionadora del acto de plagiar al señalar que "plagiar implica presentar una obra –o un texto en el sentido más amplio del término– de la que no se es autor, sin contar con la autorización de su creador original, lo que supone un atentado a los derechos de propiedad intelectual y, por lo tanto, podría ser penado" (p. 94).

En otras palabras, plagiar supone apropiarse indebidamente de la propiedad intelectual de los demás, conducta deshonesta que es constitutiva de delito, tal y como se recoge en Ley Orgánica 10/1995, de 23 de noviembre, del Código Penal: constituye delito "la reproducción, distribución, comunicación pública o plagio, de obras protegidas por la propiedad intelectual, con ánimo de lucro y en perjuicio de terceros, sin autorización de sus legítimos titulares" (artículo 270).

El plagio se trata de un comportamiento no ético que en función de su naturaleza puede ser intencional, cuando las ideas y textos de otros son presentadas como propias y, no intencional, si se parafrasea o no se cita la referencia porque no se sabe cómo hacerlo (Dumitrina et al., 2019).

3 Causas que producen el plagio

Uno de los aspectos en los que se han centrado gran parte de las investigaciones sobre el plagio es el análisis y estudio de las causas que llevan a realizar esta práctica académica deshonesta.

En este sentido, son varios los autores que han elaborado diferentes taxonomías entre las que cabe citar las propuestas por McCabe et al. (2001), o Mejía y Ordóñez (2004), para quienes las causas del plagio pueden ser debidas a factores individuales y contextuales o socioinstitucionales.

Los factores individuales aluden a los aspectos de la personalidad y del comportamiento mientras que los factores contextuales o socioinstitucionales se refieren a aquellos factores académicos, docentes o de la propia institución universitaria que pueden influir en la realización de prácticas deshonestas por parte del alumnado.

Aunque ambos factores explican las conductas de plagio, según Alimorad (2020), los factores individuales, esto es, las cuestiones personales y las características actitudinales son las más importantes a la hora de explicar las causas que llevan al alumnado a cometer plagio, mientras que los factores contextuales, tales como la falta de destrezas y competencias, las características del contexto y las características del profesorado son causas que contribuyen en menor medida a explicar este tipo de conductas. Por el contrario, McCabe et al. (2001), sugieren que son los factores contextuales y los socioinstitucionales los de mayor relevancia.

Entre los factores individuales, Vaamonde y Omar (2008) señalan la edad, el sexo, el bajo rendimiento académico, las actitudes y creencias hacia el plagio, la búsqueda de satisfacciones sociales, el uso activo de Internet, la búsqueda de sensaciones y la baja autoestima y autoconcepto como los de mayor relevancia según las investigaciones sobre el tema.

Respecto a los factores contextuales y socioinstitucionales, autores como Alemán et al. (2016); Dumitrina et al. (2019); Tayán, (2017); Ruiz (2016) o Sureda et al. (2009) identifican los siguientes: la falta de información; la escasa o nula formación para la selección, tratamiento de la información y normas de citación; la percepción de la inutilidad de las citas; la sobrecarga de trabajo; la creencia de impunidad ante estas prácticas y la facilidad de acceso a la información gracias a internet.

Algunos factores socioinstitucionales son inherentes a la propia institución educativa o intrasistema; entre ellos cabe citar la escasa relación entre profesorado-alumnado; la falta de habilidades documentales, la repetición de los mismos tipos de tareas a lo largo de los estudios; la excesiva sobrecarga de trabajos; la mala gestión y aprovechamiento del tiempo por parte del alumnado; las evaluaciones poco profundas; una normativa poco clara; la comodidad y, la escasa coordinación y colaboración docente; otros factores son externos a la institución, tales como la idea de que todo lo que está disponible en la red se puede utilizar, compartir y difundir sin limitación, o la influencia de los modelos sociales basados en una cultura de reproducción más que de producción de cultura (Porto-Castro et al., 2019)

Comas-Forgas y Sureda-Negre (2010) al hablar de factores socioinstitucionales diferencian, por un lado, los de las propias instituciones (existencia de normativas académicas que aborden el tema del plagio, la cultura ética del centro, la existencia y uso de programas de detección, etc.) y, por otro lado, los ligados a la docencia (tipos de trabajos que prescribe el profesorado, el número de trabajos demandados, así como el seguimiento de los trabajos por parte del docente).

De acuerdo con Sureda et al. (2009), el plagio es un fenómeno poliédrico cuya explicación se asienta en múltiples causas que de un modo holístico determinan su realización. En este sentido, autores como Alemán et al. (2016), Sureda et al. (2009), Ruiz (2016), Dias et al. (2013) o Tayán (2017) identifican distintas causas que provocan el plagio, entre las que señalan:

- Un ambiente institucional permisivo, con escasos elementos sancionadores.
- La falta de información.

- La falta de formación en el tratamiento y selección de la información.
- La sobrecarga de trabajo.
- El tipo de trabajo solicitado.
- La valía que se le atribuye al trabajo.
- La percepción de que citar es algo inútil.
- La impunidad ante este delito.
- La facilidad de acceso a la información gracias a Internet.
- Considerar el plagio como un atajo.
- La influencia social.

En suma, la multiplicidad de factores que están detrás de las conductas académicas deshonestas revela que el plagio "es un fenómeno pluricausal que abarca desde la ausencia de sanciones hasta las presiones para lograr buenos resultados académicos", (Dumitrina et al., 2019, p. 114).

4 Teorías explicativas de la Deshonestidad Académica

Cuando se alude al plagio académico, es necesario abordar las teorías que se ocupan de los actos de deshonestidad académica. No es pretensión de este apartado exponer de forma exhaustiva cada una de ellas, pero si llevar a cabo una breve aproximación a las mismas que permita explicar las causas que llevan a realizar este tipo de conducta no ética.

De acuerdo con Vaamonde y Omar (2008, pp.17–20), la deshonestidad académica puede ser explicada a partir de diversas teorías: la teoría del aprendizaje social, la teoría de la socialización diferencial de los géneros, la teoría de la desviación, la teoría actitudinal, la teoría motivacional y la teoría del desarrollo moral.

- *Teoría del aprendizaje social*: Bandura (1987) explica el funcionamiento psicológico humano mediante un modelo de reciprocidad triádica en el que la conducta, los factores personales y los acontecimientos ambientales actúan entre sí como determinantes interactivos. Las personas aprenden gracias a la capacidad de ensayar simbólicamente situaciones (capacidad simbólica), la anticipación de los efectos de las conductas (capacidad de previsión) a partir de la reflexión de sus propias experiencias (capacidad de autorreflexión), el control sobre su propia conducta (capacidad de autorregulación), o bien a través de la observación de las conductas de los demás (capacidad vicaria). Por tanto, el alumnado llevaría a cabo conductas deshonestas por imitación, puesto que las personas aprenden a través de la observación de las conductas de los demás.

- *La teoría de la socialización diferencial de los géneros*: las personas, a través de la influencia de los agentes de socialización, van conformando una identidad de género determinada y aprenden conductas, normas, costumbres, estereotipos y roles a partir de los patrones que dicta la cultura a cada sexo. Así, las mujeres llevarían a cabo en menor medida prácticas deshonestas que los hombres ya que han sido educadas para ser más dependientes y obedientes, mientras que a los hombres se les educa para ser más independientes y transgresores.

- *Teoría de la desviación*: la deshonestidad académica es entendida como una conducta desviada, puesto que es un comportamiento individual que no se ajusta a la norma establecida en el ámbito académico.

- *Teoría actitudinal*: las conductas deshonestas tendrían su explicación en las actitudes del alumnado hacia este tipo de prácticas, entendiendo por actitud la predisposición aprendida a responder de una manera consistente favorable o desfavorable a un objeto dado (Fishbein y Ajzen, 1975). Ello supone que una actitud favorable hacia la realización de conductas deshonestas facilita la realización de este tipo de prácticas y, al contrario, una actitud desfavorable evitaría su realización.

- *Teoría motivacional*: según esta teoría, las conductas deshonestas tendrían un componente motivacional, es decir, supondrían satisfacer una necesidad que en el contexto académico vendría dada por el alcance de una determinada meta académica.

- *Teoría del desarrollo moral*: para esta teoría la moral obedece a un conjunto de reglas sobre lo que resulta o no aceptable en la sociedad y que se van desarrollando a lo largo de la vida de las personas. En este sentido, las conductas deshonestas estarían al margen de lo que se considera moral pues irían en contra de lo permitido en el ámbito académico.

Estas teorías han tratado de buscar una explicación al fenómeno del plagio académico y han permitido conocer la influencia que ciertas variables tienen en la ocurrencia de este fenómeno. De todas las teorías existentes, es la teoría de la socialización diferencial de los géneros la que muestra una mayor capacidad explicativa de los diferentes comportamientos de hombres y mujeres ante este tipo de prácticas.

5 Socialización de Género y Plagio Académico

Tal y como se indicó anteriormente, son múltiples los factores y variables que pueden explicar las causas del plagio académico. Algunas de esas variables han sido objeto de mayor atención en la investigación, por ejemplo, las demográficas y las características psicológicas (Cuadrado, 2018), mientras otras como el género y su relación con el plagio académico, han comenzado a ser foco de estudio sobre todo en los últimos años.

Gran parte de los estudios que analizan los efectos del género en relación con las conductas académicas deshonestas y, en particular, respecto a la existencia de posibles diferencias entre hombres y mujeres ante la comisión de plagio no son del todo concluyentes. En unos casos se observa una mayor prevalencia de plagio entre los estudiantes universitarios varones (Athanasou y Olasehinde, 2002; Becker y Ulstad, 2007; McCabe, Ingram y Dato-on, 2006; Nonis y Swift, 2001; Whitley, 2011), pero en otros no se observan esas diferencias (Alimorad, 2020; Kayışoğlu y Temel, 2017; Salehi y Gholampour, 2021).

Vaamonde y Omar (2008) señalan que la divergencia en los resultados de las investigaciones podría ser atribuida "tanto al tipo de metodología empleada, como a la cultura particular donde se han llevado a cabo las investigaciones" (p. 14).

Los estudios en los que se ha comprobado la existencia de diferencias entre hombres y mujeres en la conducta de plagio señalan como base del comportamiento diferencial de uno y otro sexo la socialización de género, proceso a través del cual las personas interiorizan las normas que son propias de su sexo.

Mediante la socialización de género, las personas van conformando una identidad de género determinada y aprenden conductas, normas, costumbres, estereotipos y roles a partir de los patrones que dicta la cultura según sean de un sexo u otro.

Este conjunto de creencias lleva implícito la existencia de una dicotomía de rasgos de personalidad, roles, características físicas y ocupaciones que se asocian tradicionalmente a hombres y mujeres, creencias que tienen una gran influencia en el individuo, en su percepción del mundo y de sí mismo y en su conducta. Esto es, la interiorización de las diferencias de género juega un papel básico en las formas de pensar, interpretar y actuar de los sujetos, así como de relacionarse con los otros.

La socialización de género se entiende como un *continuum* que tiene lugar a lo largo de toda la vida del ser humano. El papel de los principales agentes de socialización es fundamental en la interiorización de las normas diferenciadas socialmente para cada sexo. Es a través de la educación proporcionada por la familia y la escuela, como instancias de socialización fundamentales, "donde las personas pueden llegar a descubrir, conocer y reconocer sus recursos personales y los que les proporcionan las demás personas, la naturaleza, la cultura y sus instituciones, para llevar a cabo con eficacia una transformación personal y social que conlleve el crecimiento y desarrollo de las potencialidades personales y sociales" (Buxarrais, 2008, p. 96).

Los roles y normas de género transmitidos a través de los principales agentes socializadores son utilizados, como señala Díaz-Aguado (2009), "para dar significado al mundo social y emocional propio y ajeno, incluirse o excluirse de actividades, cualidades o escenarios. También sirven para interpretar las semejanzas y diferencias entre personas y grupos y para juzgar como adecuado o inadecuado el comportamiento de los individuos que a ellos pertenecen" (p.32).

Sin embargo, es en la socialización primaria, en el entorno familiar y social más cercano cuando tiene lugar la adquisición de los elementos básicos de la identidad de género, donde la educación diferenciada de hombres y mujeres lleva a adoptar en la vida adulta actitudes distintas ante determinados tipos de conductas, como por ejemplo plagiar. Así, Nonis y Swift (2001) y también Whitley (2001) sostienen que la menor prevalencia de plagio en las mujeres es debida a que han sido educadas para obedecer y para actuar conforme a las normas.

En esta misma línea, Becker y Ulstad (2007) señalan que el condicionamiento social puede llevar a los hombres a realizar acciones poco éticas con más frecuencia, mientras que, por el contrario, las mujeres suelen ser más propensas a obedecer las reglas sociales, siempre que no tengan una justificación para actuar de manera poco ética.

También, McCabe et al. (2006), sostienen que las mujeres rechazan realizar conductas deshonestas porque han sido educadas para emprender acciones que requieren de la aprobación de los demás, mientras que los hombres han sido educados para ser más agresivos y competitivos y para asumir riesgos.

La socialización secundaria, en la que tiene lugar la interacción del individuo con las instituciones, a través de la enseñanza, los medios de comunicación, etc., confirma y legitima la asunción de la identidad y la adscripción a los roles preestablecidos en función del género (Brullet, 1996).

La escuela también tiene su papel en la reproducción de los esquemas de comportamiento de género ajustados al modelo de la masculinidad y feminidad considerados socialmente correctos, comportamientos que son transmitidos de forma sutil a través del currículo oculto. En este sentido, desde las primeras etapas educativas se debería poner en valor la importancia de la honestidad académica y educar a niños y niñas en el respeto a la propiedad intelectual y en la integridad pues algunos estudios (Bacha et al., 2012; Sureda et al., 2015) aluden a que las diferencias entre mujeres y hombres en la comisión de plagio es también una realidad en las etapas educativas previas a la universitaria, siendo los hombres los que en mayor medida cometen este tipo de conductas.

Por tanto, a pesar de que los estudios que han tratado de comprobar la existencia de diferencias por sexo en la comisión de plagio son divergentes en los resultados, en la mayoría de los casos son coincidentes en lo que respecta a la socialización de género como posible explicación del comportamiento diferencial de hombres y mujeres en este tipo de conductas.

6 Plagio Académico y Género en alumnado universitario

El estudio de las diferencias por sexo en las causas atribuidas por el alumnado universitario a las conductas de plagio académico es escaso en comparación con las investigaciones que sobre la temática en general se han desarrollado en los últimos años.

Con el fin de contribuir a incrementar el conocimiento de este fenómeno, en el contexto español se han presentado dos estudios en los cursos 2018–2019 y 2019–2020 (Muñoz-Cantero, 2019, 2020) que han tratado de identificar y analizar las causas que el alumnado universitario de grado y máster del Sistema Universitario de Galicia aduce para cometer plagio en la elaboración de trabajos académicos.

En el marco de ambas investigaciones, se presenta a continuación la metodología y los resultados y conclusiones derivadas del análisis de las variaciones en función del sexo en la percepción de plagio y sus causas por el alumnado universitario.

6.1 Metodología

Para poder dar respuesta al propósito del estudio se procedió, a partir de la población de estudiantes universitarios/as de la Comunidad Autónoma de Galicia, noroeste de España, a la selección de la muestra mediante un muestro no probabilístico e intencional, quedando configurada por un total de 10 850 alumnos/as de tres universidades públicas: Santiago de Compostela (34.4 %), A Coruña (40.8 %) y Vigo (24.5 %).

El alumnado participante en el estudio tiene una edad media aproximada de 21 años ($M = 21.50$, $DT = 4.20$); un 64.5 % son mujeres y el 34.6 % hombres, estudiantes de grado o máster (89.1 % y 10.9 % respectivamente), de 1.º (36.7 %), 2.º (25.5 %), 3.º (20.8 %), 4.º (18.7 %) o 5.º curso (0.2 %), en titulaciones de las ramas de conocimiento de Ciencias Sociales y Jurídicas (52.2 %), Ingeniería y Arquitectura (14.0 %), Ciencias de la Salud (13.8 %), Artes y Humanidades (11.1 %) y Ciencias (8.9 %).

Casi la totalidad de la muestra dice disponer de un dispositivo electrónico con conexión a Internet para uso particular (97.6 %); el 2.4 % no cuenta con dicho dispositivo. Además, algo más de la mitad (53.5 %) señala que recibió formación sobre como citar las fuentes bibliográficas y un 96.5 % indica que para la elaboración de sus trabajos académicos buscó información en internet, frente a un 3.5 % que no lo hizo. Por último, como fuente principal para la realización de los trabajos académicos, un 29.0 % informa que utilizó los apuntes del/de la profesor/a, el 24.4 % revistas científicas, el 17.3 % libros y manuales, el 15.6 % proyectos de investigación, y el 12.9 % blogs, wikis y redes sociales; (un 0.8 % no proporciona esta información).

Para la recogida de información se aplicó el "Cuestionario de Atribuciones para la Detección de Coincidencias en Trabajos Académicos (CUDECO)" (Muñoz-Cantero et al., 2019), instrumento con una elevada consistencia interna tanto globalmente (α=.863) como para la dimensión *Causas* objeto de estudio (α=.888).

El cuestionario está formado por un primer bloque de preguntas que recoge los "Datos Personales y Académicos" e incluye cuestiones referidas a las siguientes variables: sexo, acceso a la universidad, grado de dedicación al estudio, compaginar estudios y trabajo, curso, otra titulación, fuente y soporte principal para la elaboración de trabajos y formación sobre citación. El segundo bloque de preguntas, un total de cuarenta y siete alude a cuestiones específicas sobre el plagio académico agrupadas en cinco dimensiones, tal y como se puede ver en la figura 1: Utilidad, Carrera, Causas, Profesorado y Compañeros/as, presentadas en una escala Likert con siete alternativas de respuesta (totalmente en desacuerdo/totalmente de acuerdo). Incluye también una pregunta final de carácter abierto: ¿Cómo crees que se puede evitar el plagio (copiar sin citar)?

Estas dimensiones analizan diferentes aspectos relacionados con la comisión de plagio académico. La primera, "Utilidad", alude a la utilidad que tiene para el alumnado citar. Los ítems referidos a la "Carrera" buscan obtener información acerca de si el alumnado realizó acciones de plagio a lo largo de la carrera. La dimensión "Profesorado" está relacionada con las acciones llevadas a cabo por el profesorado para que el alumnado no cometa plagio y la denominada "Compañeros/as" aborda cuestiones relacionadas con la percepción del alumnado sobre la realización de prácticas deshonestas por parte del grupo de iguales. Finalmente, la dimensión "Causas" engloba los distintos motivos por los que los estudiantes recurren al plagio académico a la hora de elaborar trabajos académicos, y consta de un total de once ítems que se recogen a continuación, en la figura 2.

Fig. 1: Dimensiones del Cuestionario de Atribuciones para la Detección de Coincidencias en Trabajos Académicos (CUDECO)"

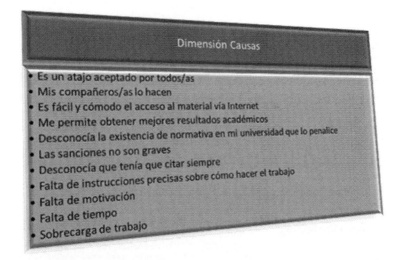

Fig. 2: Ítems que configuran la dimensión "Causas" del Cuestionario de Atribuciones para la Detección de Coincidencias en Trabajos Académicos (CUDECO)

6.2 Principales Resultados

Aunque la realización de conductas deshonestas es una práctica habitual entre el alumnado universitario, existe una baja incidencia en la comisión de plagio en los trabajos académicos, siendo las prácticas más habituales la copia, sin citar la autoría, de fragmentos tanto de páginas web como de fuentes impresas y de los apuntes del profesorado (Muñoz-Cantero, 2019, 2020).

Las principales causas que llevan al alumnado a adoptar este tipo de conductas tal y como se puede observar en la tabla 1 son la "Sobrecarga de trabajo" (*M*= 4.54; *DT*=2.126), "Es fácil y cómodo el acceso al material vía Internet" (*M*= 4.22; *DT*=2.044) y la "Falta de tiempo" (*M*= 4.19; *DT*=2.135). Las razones que menos señala el alumnado están referidas a la gravedad de las sanciones, "Las sanciones no son graves" (*M*= 2.45; *DT*=1.796); al desconocimiento del plagio como una conducta sancionable, "Desconocía la existencia de normativa en mi universidad que lo penalice"; (*M*= 2.61; *DT*=2.011) y al hecho de ser una conducta habitual en el grupo de pares "Mis compañeros/as lo hacen" (*M*= 2.74; *DT*=1.922).

Tab. 1: Descriptivos Dimensión Causas Total alumnado

	N	M	Md	Mo	DT
Es un atajo aceptado por todos/as	10 617	3.13	3	1	1950
Mis compañeros/as lo hacen	10 619	2.74	2	1	1922
Es fácil y cómodo el acceso al material vía Internet	10 611	4.22	4	5	2044
Me permite obtener mejores resultados académicos	10 593	3.25	3	1	1931
Desconocía la existencia de normativa en mi universidad que lo penalice	10 594	2.61	2	1	2011
Las sanciones no son graves	10 530	2.45	2	1	1796
Desconocía que tenía que citar siempre	10 607	3.01	2	1	2116
Falta de instrucciones precisas sobre cómo hacer el trabajo	10 610	3.92	4	1	2092
Falta de motivación	10 603	3.51	3	1	2072
Falta de tiempo	10 615	4.19	4	1	2135
Sobrecarga de trabajo	10 622	4.54	5	7	2126

Si analizamos las causas que llevan a uno y otro sexo a cometer plagio, los hallazgos revelan la existencia de razones diferenciadas. Así, tal y como se recoge en la tabla 2, las causas a las que atribuyen las conductas de plagio los alumnos son las siguientes: "Sobrecarga de trabajo" (*M*= 4.66; *DT*=2.027), "Es fácil y cómodo el acceso al material vía Internet" (*M*= 4.46; *DT*=1.982), "Falta de tiempo" (*M*= 4.40; *DT*=2.056) y "Falta de instrucciones precisas sobre cómo hacer el trabajo" (*M*= 4.06; *DT*=2.056). Por el contrario, a las que menos valoración otorgan son a las siguientes: "Desconocía la existencia de normativa en mi universidad que lo penalice" (*M*= 2.91; *DT*=2.040), y "Las sanciones no son graves" (*M*= 2.81; *DT*=1.856).

Tab. 2: Descriptivos Dimensión Causas Alumnos

	N	M	Md	Mo	DT
Es un atajo aceptado por todos/as	3675	3.40	3	1	1971
Mis compañeros/as lo hacen	3877	3.02	3	1	1963
Es fácil y cómodo el acceso al material vía Internet	3666	4.46	5	5	1982
Me permite obtener mejores resultados académicos	3666	3.56	4	1	1928
Desconocía la existencia de normativa en mi universidad que lo penalice	3656	2.91	2	2	2040
Las sanciones no son graves	3646	2.81	2	2	1856
Desconocía que tenía que citar siempre	3665	3.28	3	1	2099
Falta de instrucciones precisas sobre cómo hacer el trabajo	3669	4.06	3	1	2022
Falta de motivación	3671	3.77	4	1	2056
Falta de tiempo	3671	4.40	4	7	2056
Sobrecarga de trabajo	3673	4.66	5	5	2027

En cuanto a los motivos que llevan a las alumnas a realizar este tipo de prácticas deshonestas, como se puede observar en la tabla 3, los más valorados son los que siguen: "Sobrecarga de trabajo" (*M*= 4.48; *DT*=2.173), "Es fácil y cómodo el acceso al material vía Internet" (*M*= 4.10; *DT*=2.066) y "Falta de tiempo" (*M*= 4.07; *DT*=2.166). Realizan en menor medida este tipo de prácticas por estar condicionadas por sus compañeros/as "Mis compañeros/as lo hacen (*M*= 2.59; *DT*= 1.880) o por el desconocimiento de normativa que las penalicen y sancionen, esto es, "Desconocía la existencia de normativa en mi universidad que lo penalice" (*M*= 2.46; *DT*=1.977) y "Las sanciones no son graves" (*M*= 2.26; *DT*=1.727).

Tab. 3: Descriptivos Dimensión Causas Alumnas

	N	M	Md	Mo	DT
Es un atajo aceptado por todos/as	6854	2.99	3	1	1923
Mis compañeros/as lo hacen	6855	2.59	2	1	1880
Es fácil y cómodo el acceso al material vía Internet	6857	4.10	4	1	2066
Me permite obtener mejores resultados académicos	6838	3.07	3	1	1909
Desconocía la existencia de normativa en mi universidad que lo penalice	6851	2.46	1	1	1977
Las sanciones no son graves	6800	2.26	1	1	1727
Desconocía que tenía que citar siempre	6855	2.87	2	1	2113
Falta de instrucciones precisas sobre cómo hacer el trabajo	6853	3.85	4	1	2123
Falta de motivación	6844	3.37	3	1	2064
Falta de tiempo	6857	4.07	4	1	2166
Sobrecarga de trabajo	6862	4.48	5	7	2173

Finalmente, se comprueba que existen diferencias estadísticamente significativas entre los alumnos y las alumnas en las distintas cuestiones planteadas como posibles causas que llevan a cometer plagio. La tabla 4 recoge estos resultados y permite observar mayores diferencias en todas las causas señaladas por los alumnos frente a las alumnas, y, muy especialmente, en los ítems referidos al desconocimiento de la normativa sobre el plagio en las universidades, en la gravedad de las sanciones y en la posibilidad que Internet ofrece de obtener mejores resultados académicos, lo que pone en evidencia que los alumnos le dan poca importancia al hecho de transgredir las normas si con ello logran tener éxito en la elaboración de los trabajos académicos y mejores resultados académicos.

Tab. 4: Prueba U de Mann-Whitney: diferencias por sexo en la dimensión causas

Ítems dimensión Causas	Sexo	N	Rango	U	Z	p
Es un atajo aceptado por	Hombre	3675	5680.86	1107E7	-10 506	.000
todos/as	Mujer	6854	5042.03			
	Total	10 529				
Mis compañeros/as lo hacen	Hombre	3677	5717.84	1094E7	-11 622	.000
	Mujer	6855	5024.40			
	Total	10 532				
Es fácil y cómodo el acceso al	Hombre	3666	5599.75	1133E7	-8437	.000
material vía Internet	Mujer	6857	5081.43			
	Total	10 523				
Me permite obtener mejores	Hombre	3666	5756.55	1069E7	-12 713	.000
resultados académicos	Mujer	6838	4982.27			
	Total	10 504				
Desconocía la existencia de	Hombre	3656	5744.02	1073E7	-12 895	.000
normativa en mi universidad	Mujer	6851	4992.50			
que lo penalice	Total	10 507				
Las sanciones no son graves	Hombre	3646	5852.61	1010E7	-16 653	.000
	Mujer	6800	4886.18			
	Total	10 446				
Desconocía que tenía que citar	Hombre	3665	5666.59	1107E7	-10 399	.000
siempre	Mujer	6855	5043.39			
	Total	10 520				
Falta de instrucciones precisas	Hombre	3669	5453.68	1187E7	-4805	.002
sobre cómo hacer el trabajo	Mujer	6853	5158.61			
	Total	10 522				
Falta de motivación	Hombre	3671	5643.95	1115E7	-9702	.000
	Mujer	6844	5050.98			
	Total	10 515				
Falta de tiempo	Hombre	3671	5554.70	1152E7	-7258	.000
	Mujer	6857	5109.13			
	Total	10 528				
Sobrecarga de trabajo	Hombre	3673	5392.43	1215E7	-3120	.002
	Mujer	6862	5201.40			
	Total	10 535				

7 Conclusiones

La literatura relacionada con la temática que nos ocupa apunta que las prácticas deshonestas son bastante frecuentes (Salehi y Gholampour, 2021), están arraigadas en el ámbito educativo en general y, en particular, en la universidad, y el plagio académico es una de las acciones más extendidas (Comas-Forgas y Sureda-Negre, 2016; López, 2014), que se puede explicar a través de múltiples factores, tanto de carácter interno como externo a quien lo comete (Porto et al., 2019).

En el estudio realizado se han identificado y analizado las causas que el alumnado universitario señala como origen del plagio. En este sentido, de los resultados se desprende que en la realización de sus trabajos académicos el alumnado universitario comete plagio entre otras razones, porque el profesorado no le proporciona las instrucciones precisas para llevar a cabo la tarea, y porque no tiene tiempo suficiente debido a la cantidad de trabajos que se le exigen; esto le lleva a recurrir a la solución más sencilla para poder acabar con éxito la tarea, acceder al material disponible en Internet.

Se detecta también que la existencia de normativa y de sanciones no supone un motivo para no plagiar. En este sentido, es importante fomentar la conciencia y la conducta honesta en el alumnado, pues los métodos punitivos severos pueden no ser suficientes para frenar las conductas no éticas (Alimorad, 2020).

Asimismo, los datos confirman la existencia de diferencias en las causas del plagio señaladas por las alumnas y los alumnos, lo que lleva a considerar, como en otros estudios (Becker y Ulstad, 2007; McCabe et al., 2006; Nonis y Swift, 2001; Whitley, 2001), que la socialización de género puede estar presente en este tipo de prácticas; los hombres justifican sus actos deshonestos en mayor medida porque tienden más a la transgresión de las normas y a asumir riesgos, mientras las mujeres son educadas para actuar conforme a las reglas y su obediencia.

Se evidencia la necesidad de adoptar medidas de cara a hacer un buen uso de internet como fuente de documentación para la elaboración de los trabajos académicos, formando en competencias informacionales y haciendo hincapié, de modo particular, en cómo hacer un uso ético de la información disponible en la red. También se observa la necesidad de que las autoridades universitarias analicen e identifiquen en profundidad las principales razones que llevan al alumnado a cometer plagio (Alimorad, 2020) y se adopten medidas por parte del profesorado para evitar la sobrecarga de trabajos, una de las principales causas señaladas por el alumnado que conduce a la comisión del plagio.

En síntesis, las razones que llevan a adoptar conductas deshonestas como el plagio a alumnas y alumnos están mediatizadas por las normas de género

aprendidas desde edades tempranas, por ello se debe incidir en que la socialización de ambos sexos se fundamente en la igualdad. Paralelamente, ya en las
primeras etapas escolares se ha de atender a la educación ética, proporcionando
al alumnado las claves necesarias para diferenciar lo que es ético de lo que no
es, abogando por una educación centrada no solo en la transmisión de conocimientos y competencias académicas, sino también en la sensibilización hacia los
problemas éticos.

Uno de los grandes retos que han de afrontar las universidades es analizar en
profundidad e identificar las principales causas que llevan al alumnado a cometer
plagio. En este sentido, la institución universitaria como espacio de formación
de futuros profesionales debería ocuparse de las cuestiones éticas y desarrollar
en el alumnado las competencias informacionales necesarias para realizar sus
trabajos académicos, haciendo hincapié de un modo particular, en un uso ético
de la información disponible en la red. Esa formación debería ser paralela a la
información dirigida al alumnado sobre las consecuencias que conlleva este tipo
de conductas deshonestas.

En este entramado, el papel del profesorado para prevenir el plagio entre el
alumnado es fundamental. Al respecto, según Alimorad (2020), los y las docentes deben adoptar medidas para evitar la sobrecarga de trabajos, una de las principales causas señaladas por el alumnado que conduce a la comisión del plagio.
Del mismo modo, deben también replantear los sistemas de evaluación y el tipo
de trabajos exigidos al alumnado para evitar la realización de prácticas como el
plagio.

Referencias

Alemán, A., Castillo, R., Quezada, F., y Rueda, H. (2016). Plagio electrónico: la
otra cara del APA. *Revista Humanismo y Cambio Social*, 7 (3), 8–18. https://
doi.org/10.5377/hcs.v0i7.3505

Alimorad, Z. (2020). Examining the Effect of Gender and Educational Level on
Iranian EFL Graduate Students' Perceived Reasons for Committing Plagiarism. *Gist Education and Learning Research Journal*, 20, 109–133. https://doi.
org/10.26817/16925777.769

Athanasou, J. A., y Olasehinde, O. (2002). Male and female differences in self-
report cheating. *Practical Assessment, Research and Evaluation*, 8 (5). https://
doi.org/10.7275/b4te-5z13

Bacha, N., Bahous, R., y Nabhani, M. (2012). High Schoolers views on Academic Integrity. *Research Papers in Education*, 27 (3), 365–381. https://doi.org/
10.1080/02671522.2010.550010

Bandura (1987). *Teoría del aprendizaje social.* Espasa-Calpe.

Becker, D.A., y Ulstad, I. (2007). Gender differences in student ethics: Are females really more ethical? *Plagiary: Cross-Disciplinary Studies in Plagiarism, Fabrication, and Falsification,* 2, 77–91. https://quod.lib.umich.edu/p/plag/5240451.0002.009?view=text;rgn=main

Brullet, C. (1996). Roles e identidades de género: una construcción social. En M.ª A. García de León, M. García de Cortázar y F. Ortega (Coords.), *Sociología de las mujeres españolas* (pp. 273–308). Editorial Complutense.

Buxarrais, R. M.ª (2008). La perspectiva de género en los curricula: hacia la igualdad en la educación. En Aznar Minguet, P. y Paz Cánovas, L (Eds.), *Educación, Género y Políticas de Igualdad* (pp. 95–121). Universitat de Valencia

Comas-Forgas, R., y Sureda-Negre, J. (2010). Academic Plagiarism: Explanatory Factors from Students' Perspective. *Journal of Academic Ethics,* 8, 217–232. https://doi.org/10.1007/s10805-010-9121-0

Comás-Forgas, R., y Sureda-Negre, J. (2016). Prevalencia y capacidad de reconocimiento del plagio académico entre el alumnado del área de economía. *El profesional de la información,* 25(4), 616–622. http://dx.doi.org/10.3145/epi.2016.jul.11

Cuadrado, D. (2018). Deshonestidad académica, desempeño y diferencias individuales. [Tesis de Doctorado, Universidad de Santiago]. https://minerva.usc.es/xmlui/bitstream/handle/10347/17425/rep_1634.pdf?sequence=1&isAllowed=y

Días, P., Bastos, A., Gandra, M., y Díaz, J. (2013). Genius, ¿plagio o creatividad? Aportes para una discusión sobre las prácticas pedagógicas. *Bordón,* 65(3), 9–23. https://recyt.fecyt.es/index.php/BORDON/article/view/23154#:~:text=https%3A//recyt.fecyt.es/index.php/BORDON/article/view/23154

Díaz-Aguado, M.ª J. (2009). Prevenir la violencia de género desde la escuela. *Revista de estudios de juventud,* 86, 31–46.

Dumitrina, N, Casanovas, M., y Capdevila, Y. (2019). Academic writing and the internet: cyber-plagiarism amongst University students. *Journal of new approaches in educational research,* 8 (2), 112–125. https://doi.org/10.7821/naer.2019.7.407

Fishbein, M.A., y Ajzen, I. (1975). *Belief, attitude, intention and behaviour: An introduction to theory and research.* Reading, MA: Addison-Wesley.

Gallent, C., y Tello, I. (2017). Percepción del alumnado de traducción de la Universidad Internacional de Valencia (VIU) sobre el ciberplagio académico. *Revista Digital de Investigación en Docencia Universitaria,* 11 (2), 90–117. http://dx.doi.org/10.19083/ridu.11.563

Hensley, L.C., Kirkpatrick, K-M., y Burgoon (2013). Relation of gender, course enrollment, and grades to distinct forms of academic dishonesty. *Teaching in Higher Education*, 18, 895–907. https://doi.org/10.1080/13562517.2013.827641

Kayışoğlu, N. B., y Temel, C. (2017). An examination of attitudes towards cheating in exams by physical and education and sports high school students. *Universal Journal of Educational Research*, 5(8),1396–1402. https://doi.org/10.1177%2F21582440211004156

Ley Orgánica 10/1995, de 23 de noviembre, del Código Penal. Boletín Oficial del Estado, 24 de noviembre de 1995, núm.281, pp. 33987–34058. https://www.boe.es/eli/es/lo/1995/11/23/10

López Puga, J. (2014). Analyzing and reducing plagiarism at university. *European Journal of Education and Psychology*, 7 (2), 131–140. http://dx.doi.org/10.1989/ejep.v7i2.186

McCabe, D.L., Treviño, L.K., y Butterfield, K. (2001). Cheating in Academic Institutions: A Decade of Research. *Ethics & Behavior*, 11 (3), 219–232 http://dx.doi.org/10.1207/S15327019EB1103_2

McCabe, A.C., Ingram, R., y Dato-on, M.C. (2006). The Business of Ethics and Gender. *Journal of Business Ethics*, 64, 101–116. https://doi.org/10.1007/s10551-005-3327-x

Mejía, J. F., y Ordóñez, C. L. (2004). El fraude académico en la Universidad de los Andes. ¿Qué, Qué tanto y Por qué? *Revista de Estudios Sociales*, 18, 13–25. https://doi.org/10.7440/res18.2004.01

Muñoz-Cantero, J. M., Rebollo-Quintela, N., Mosteiro-García, J., y Ocampo-Gómez, C. I. (2019). Validación del cuestionario de atribuciones para la detección de coincidencias en trabajos académicos. Revista Electrónica de Investigación y Evaluación Educativa, 25(1), art. 4. https://doi.org/10.7203/relieve.25.1.13599

Muñoz Cantero, J. M., Porto Castro, A. M.ª, Ocampo Gómez, C. I., Mosteiro García, M.ª J., y Espiñeira Bellón, E. M.ª (2019). *Informe técnico sobre o plaxio académico no sistema universitario de Galicia*. A Coruña: Grupo GITIAES e GIACE da UDC, IDEA da USC y GIA da UVigo. ISBN: 978-84-16294-91-6

Muñoz Cantero, J.M., Porto Castro, A. M.ª, Ocampo Gómez, C.I., Mosteiro García, M.ª J., y Espiñeira Bellón, E. M.ª (2020). *Informe técnico sobre o plaxio académico de grao e mestrado do sistema universitario de Galicia*. Vol.1. A Coruña: Grupo GITIAES e GIACE da UDC, IDEA da USC y GIA da UVigo. ISBN: 978-84-18291-09-8

Nakandakari, M. D. (2016). Plagio: ¿Qué es? ¿Qué hacer para evitarlo? Y ¿cuál es su implicancia científico-profesional? *Revista Ciencia e Investigación Médico Estudiantil Latinoamericana (CIMEL)*, 21(1), 2–4. https://doi.org/10.23961/cimel.v21i1

Nonis, S., y Swift, C. O. (2001). An examination of the relationship between academic dishonesty and workplace dishonesty: A multicampus investigation. *Journal of Education for Business*, 77, 69–77. https://doi.org/10.1080/08832320109599052

Porto-Castro, A.M., Mosteiro-García, M.J., y Gerpe-Pérez, E.M. (2019). Las causas del plagio académico en estudiantes de Pedagogía. *Actas XIX Congreso Internacional de Investigación Educativa: Investigación Comprometida para la Transformación Social*, vol. I, 451–456. https://aidipe2019.aidipe.org/files/2019/07/Actas_AIDIPE2019_Vol_I.pdf

Real Academia Española (2014). *Diccionario de la Lengua Española*. Real Academia Española.

Ruiz, A. M (2016). Fuentes digitales y fuentes impresas. Prácticas letradas y plagio en el marco universitario. *Revista Chilena de Literatura*, 94, 215–230. http://www.redalyc.org/articulo.oa?id=360249875011

Saldaña-Gastulo, J. J., Quezada-Osoria, C., Peña-Oscuvilca, A., y Mayta-Tristan, P. (2010). Alta frecuencia de plagio en tesis de medicina de una universidad pública peruana. *Revista Peruana de Medicina Experimental y Salud Pública*, 27(1), 63–67.

Salehi, M., y Gholampour, S. (2021). Cheating on exams: Investigating Reasons, Attitudes, and the Role of Demographic Variables. *SAGE Open*, 1–9. https://doi.org/10.1177%2F21582440211004156

Sureda, J., Comas, R., y Morey, M. (2009). Las causas del plagio académico entre el alumnado universitario según el profesorado. *Revista Iberoamericana de Educación*, 50, 197–220. https://rieoei.org/historico/documentos/rie50a10.pdf

Sureda-Negre, J., Comas-Forgas, R. y Oliver-Trobat, M. F. (2015). Plagio académico entre alumnado de secundaria y bachillerato: Diferencias en cuanto al género y la procrastinación. *Comunicar*, 44, 103–111. https://doi.org/10.3916/C44-2015-11

Tayán, B. M. (2017). Academic misconduct: An investigation into male students´ perceptions, experiences & attitudes towards cheating and plagiarism in a Middle Eastern University context. *Journal of Education and learning*, 6 (1), 156–166. https://doi.org/10.5539/jel.v6n1p158

Vaamonde, J. D., y Omar, A. (2008). La deshonestidad académica como un constructo multidimensional. *Revista Latinoamericana de Estudios Educativos*, XXXVIII (3–4), 7–27. http://www.redalyc.org/articulo.oa?id=27012440002

Whitley, B.E. (2001). Gender differences in affective responses to having cheated: The mediating role of attitudes. *Ethics & Behavior*, 11 (3), 249–259. https://doi.org/10.1207/S15327019EB1103_4

Camilo Isaac Ocampo Gómez / José Antonio Sarmiento Campos

Patrones de conducta en el plagio del alumnado universitario

Resumen: En este capítulo se expone un estudio que acaba de realizarse sobre patrones de conducta en el plagio del alumnado universitario. Se parte de que las evidencias y estudios al efecto nos muestran el plagio como un hecho complejo y axiológicamente opuesto a la integridad que ha de caracterizar una vida universitaria realmente formativa. Sin embargo, se expresa en acciones cuya frecuencia entre el alumnado es mayor de lo que cabría esperar en las instituciones académicas. Para evitarlo y corregirlo, en su caso, se necesitan medidas de diversa índole que requieren un adecuado conocimiento del hecho en sí. El análisis de regresión categórica nos permite profundizar en el estudio de patrones de comportamiento de plagio a partir de los datos obtenidos en dos investigaciones realizadas en las universidades públicas de Galicia. La muestra es de 10 850 estudiantes universitarios. Respondieron a más del medio centenar de ítems sobre las causas del plagio académico planteadas en el Cuestionario para la detección de coincidencias en trabajos académicos (Cudeco) (Muñoz Cantero et al. 2019). Los resultados obtenidos en esta investigación indican que se identifican tres patrones de comportamiento del alumnado a partir de sus respuestas: patrón de probidad académica (abarca el 48 % de la muestra), patrón de conducta procrastinadora (integra al 44 % de la muestra) y patrón de desvinculación moral (constituye un 8 % de la muestra).

Palabras clave: alumnado universitario, análisis de regresión categórica, espectro del plagio, plagio académico, patrones de conducta en el plagio.

1 Introducción

La palabra "plagio", según la Real Academia de la Lengua Española (RAE) en la 23.ª edición de su diccionario, procede del latín "plagiare" (comprar a un hombre libre y, sabiendo que lo era, retenerlo como esclavo; también, utilizar un siervo ajeno como si fuera propio). En la actualidad tiene el siguiente significado: "Copiar en lo sustancial obras ajenas dándolas como propias". Esta acción en inglés se designa normalmente con la palabra "plagiarism", en francés y alemán "plagiat".

Se trata, pues, desde sus mismos orígenes, de una conducta engañosa realizada con la intención de obtener beneficio propio. Ello nos sitúa ante un comportamiento fraudulento relacionado con la falta de respeto a la propiedad intelectual de los demás. Ahora bien, debido a la variedad de hechos que cabe significar con esta palabra y su relación con lo que estos pueden representar en las distintas culturas existentes, no resulta fácil delimitar el concepto de plagio, por lo que su estudio exige abordarlo desde la complejidad que acompaña a este tipo de acciones.

Así, este capítulo, tras la presente introducción, comienza con una breve referencia a las prácticas poco honestas que tienen lugar en la institución universitaria de los distintos países. Son actos que proliferan cada vez más debido, en gran parte, al fácil acceso a la información permitida por las actuales Tecnologías de la Información y Comunicación (TIC), lo cual plantea la necesidad de hacer frente a estos comportamientos deshonestos desde los órganos de decisión correspondientes.

Hacerlo exige entrar en el estudio del plagio académico teniendo en cuenta que, como se verá, nos hallamos ante una realidad compleja, multicausal, multicultural, polimórfica y en cuyo estudio confluyen distintas disciplinas, lo que resulta difícilmente delimitable. En esta situación es importante disponer de un espectro que permita, dentro de un cierto consenso, ordenar los posibles comportamientos de plagio en relación a sus causas, por lo que se expone una de las aportaciones más recientes al respecto.

El concepto de patrón de conducta, dado el desarrollo actual de la Inteligencia Artificial (IA), resulta apropiado para afrontar el estudio del plagio a partir de los datos obtenidos en los dos estudios realizados en Galicia con una muestra de 10 850 estudiantes universitarios que respondieron a más de medio centenar de ítems del Cudeco sobre las causas del plagio académico. Así, nos referimos a la conceptualización de los patrones de conducta en un apartado que antecede al planteamiento de la cuestión que se aborda. E igualmente dedicamos otro apartado a la revisión de algunos trabajos que en cierto modo se aproximan al estudio de patrones: relación entre plagio académico y ramas de conocimiento.

La cuestión que se plantea, el análisis estadístico correspondiente y los resultados de este permiten establecer algunas conclusiones que se sitúan en el contexto de las aportaciones de otras investigaciones realizadas al respecto y, previa discusión, se abren a líneas de trabajo para el futuro.

2 Prácticas poco honestas en la institución universitaria

Las instituciones académicas tienen como fin la formación de personas comprometidas con valores como la verdad, la justicia, la honradez y el respeto a los demás, en definitiva, con los valores éticos. Ello requiere que sean espacios donde se desarrollen hábitos y prácticas honestas, lo cual se reconoce en las legislaciones y reglamentaciones correspondientes. En el caso de España, constituye una buena muestra de ello, el Real Decreto 1791/2010, por el que se aprueba el Estatuto del Estudiante Universitario, así como la Directiva 2014/26/UE del Parlamento Europeo del Consejo de Europa del 13/09/2017 que se incorporó a la legislación española en materia de reconocimiento de autorías una vez que fue promulgada. Estas directivas afectaron parcialmente a la normativa existente, porque en algún caso, como ocurre con el decreto que establece el Reglamento de Disciplina Académica de los Centros Oficiales de Enseñanza Superior y de Enseñanza Técnica, es de setiembre de 1954 y, basada en principios no constitucionales, es una normativa difícilmente aplicable en el presente.

En España, una vez aprobada por las Cortes, se publicó en el Boletín Oficial del Estado (B. O. E.) de 25 de febrero de 2022 la Ley de convivencia universitaria. En su artículo 11.g se establece como falta muy grave:

"Plagiar total o parcialmente una obra, o cometer fraude académico en la elaboración del Trabajo de Fin de Grado, el Trabajo de Fin de Máster o la Tesis Doctoral. Se entenderá como fraude académico cualquier comportamiento premeditado tendente a falsear los resultados de un examen o trabajo, propio o ajeno, realizado como requisito para superar una asignatura o acreditar el rendimiento académico".

Es evidente que se trata de dar una respuesta actualizada a determinados hechos que ocurren en la universidad, donde tienen lugar una serie de prácticas que son contrarias a la honestidad y a la ética como valores que han de guiar la educación. Entre ellas podemos citar las de aquel alumnado que en una situación de examen, copia respuestas de un compañero o bien de otra fuente; entrega un trabajo de asignatura, grado, máster o tesis como si fuese propio, aunque haya sido hecho total o parcialmente por otras personas a quien, incluso, pudo habérsele pagado por ello; o se presenta a una prueba suplantando la identidad de alguien. Son prácticas todas ellas relacionadas de algún modo con el plagio académico, desde luego perjudiciales para el desarrollo de la integridad, en el sentido de rectitud, probidad e intachabilidad, que debe de caracterizar la vida universitaria. Además, son prácticas que tienen presencia en las universidades de los distintos países (Chapman y Lindner, 2016; Comas y Sureda, 2016; Council of Europe Platform on Ethics, Transparency and Integrity in Education (ETINED), 2018; Denisova-Schmidt, 2017; Mohamedbhai, 2016).

En la actualidad, estas acciones encuentran un recurso efectivo en las Tecnologías de la Información y la Comunicación (TIC) cuyo desarrollo nos permite un fácil y rápido acceso a la información (Jaramillo y Rincón, 2014, Boillos, 2020; Singh, 2017), lo que hace que cada vez puedan extenderse y generalizarse más.

En consecuencia, estamos ante un tipo de prácticas que deben ser objeto de atención por parte de los organismos internacionales y las administraciones de los estados, así como de los órganos de gobierno y de docencia en las universidades. Porque, ¿cómo puede entenderse que en una institución donde se proclama el valor de la integridad como rector de la convivencia en ella su alumnado tenga estos comportamientos tan faltos de probidad? ¿Debe limitarse la acción de la universidad con relación al plagio académico a la aplicación de programas de detección de coincidencias como: ArticleChecker, Dupli Checker, Plagiarism, Plagium, Plagscam, Playaware, Turnitin, Urkund, Viper…?

Atender a esta necesidad requiere profundizar en el concepto de plagio académico a partir del cual diseñar, poner en práctica y evaluar medidas de detección (Kumar, & Tripathi, 2017; Youmans, 2011) y corrección (Sureda, Reynés, y Comas, 2016). Unas y otras fundadas y organizadas en torno a la formación desde los primeros cursos como el mejor modo de prevención (Cebrián-Robles, Raposo-Rivas, y Ruíz-Rey, 2020; Estow, Lawrence, & Adams, 2011), tal como corresponde a una institución pedagógica que, como la universitaria, deberá desarrollar la competencia de saber citar y referenciar a partir de la identificación con valores científicos y éticos, los que, en último término, proporcionan fundamento y explicación a las medidas de detección y corrección. Es decir, la *competencia de saber hacer un uso ético y científico de la información.*

3 El plagio académico: un hecho complejo

De acuerdo con la primera aproximación realizada en la introducción del capítulo, los términos "plagio académico" se refieren en general a una serie de acciones que forman parte de las posibles conductas fraudulentas que cabe realizar, y se realizan, con respecto a la propiedad intelectual, en un espacio de formación, normalmente el universitario.

Se trata de un fenómeno de gran complejidad debido a su universalidad, ya que, como se ha indicado en el punto anterior, tiene lugar en la práctica totalidad de los países y, precisamente por ello, la multiplicidad de factores culturales que pueden determinarlo en cada contexto ayudan a incrementarla.

Asimismo, como indican Muñoz-Cantero et al. (2019) y Rebollo-Quintela, Espiñeira- Bellón, y Muñoz-Cantero (2017), lo hacen complejo su multicausalidad, demostrada en las distintas investigaciones realizadas y que apuntan a la existencia de múltiples factores externos e internos relacionados con el contexto sociocultural, académico-formativo y ético del alumnado, coadyuvando a esta complejidad el hecho de que el plagio sea objeto de estudio en distintos

ámbitos de conocimiento: Ética, Derecho, Sociología, Psicología, Pedagogía.
Bellas Artes...

De igual modo es necesario referirse a su polimorfismo, es decir, a las distintas formas en que pueden presentarse las acciones de plagio académico entre las que cabe diferenciar, según Walker, las siguientes: reproducción de un texto palabra por palabra sin indicación de su verdadera autoría; copia sin más (literal) de otro trabajo que no se indica; reproducción de una parte o de todo un trabajo presentándolo como propio; utilización con algunas modificaciones de la información recogida en una fuente original sin la citación pertinente (Walker, 2010). Al respecto resulta interesante la línea de investigación iniciada por Turnitin (2012), sobre la cual se volverá en el punto dedicado al espectro del plagio, en la que se intenta una sistematización por categorías y la correspondencia de estas con las correspondientes causas.

Ello hace que la delimitación de los conceptos plagio y honestidad académica, muy importante por sus implicaciones éticas, tenga serias dificultades, porque se trata de conceptos sin una forma sólida, sino líquida, como lo es la modernidad, que diría Bauman (2007). Tal vez por eso los expertos no llegan a ponerse de acuerdo sobre cuáles son las fronteras entre ambos conceptos, lo que no ayuda a delimitarlos con la precisión debida (Sureda-Negre et al., 2019; Sureda-Negre et al., 2020). Dificultad importante para conseguir propuestas de medidas preventivas y correctivas fundadas sobre un cierto consenso con respecto a estos conceptos.

Por otra parte, los ámbitos de conocimiento son variables moderadoras o "conformadoras" de los conceptos anteriores, ya que los campos conceptuales relativos al plagio académico son percibidos de diferente forma desde cada una de las áreas de estudio. Al respecto no faltan propuestas de que debería dejarse de aplicar un estándar común y fijo con respecto al plagio y adecuarlo a cada ámbito o área de conocimiento (Helgesson, 2015; Mut-Amengual et al., 2015; Olivia-Dumitrina et al., 2019).

Con relación al alumnado frente al fenómeno del plagio se identifican dos grupos: aquel que plagia de manera no intencionada o/e inconscientemente y otro grupo que lo hace consciente e intencionadamente (Boillos, 2020; Cebrián-Robles et al. 2018; Cebrián- Robles et al., 2020; Comas-Forgas y Sureda-Negre, 2016). De aquí la importancia de las medidas formativas que hayan de llevarse a cabo en el contexto de la universidad centradas en la información y la formación que, con respecto al plagio académico, habrá de realizar profesorado y alumnado (Boillos, 2020; Cebrián-Robles et al., 2020; Goolam et al., 2020; Ormeño, & Rosas, 2019; Porto-Castro et al., 2019; Porto-Castro et al. 2021; Sanches, 2019; Sureda-Negre et al, 2015).

Para una adecuada formación del alumnado con respecto al plagio académico, más allá de los rasgos diferenciales correspondientes a las áreas de conocimiento y materias específicas de que se trate, se hace necesario la distinción entre 2 estructuras subyacentes. La primera, de naturaleza cognoscitiva, correspondería a la comprensión y aplicación a los trabajos del concepto de plagio por parte del alumnado universitario, cuyo comienzo instruccional convendría situar, probablemente, ya en la enseñanza secundaria. Y la segunda, de carácter ético, se orienta a la consecución de una persona íntegra, como corresponde de suyo a la acción académica, a través de la ayuda que el profesorado y la institución en su conjunto habrá de prestar al alumnado para coadyuvar al establecimiento de su estatus axiológico y compromiso con los valores correspondientes. Estas medidas formativas, eminentemente preventivas, son previas a otras que, sin olvidar en cualquier caso su función pedagógica, habrán de contar con un carácter más disuasorio (*software* antiplagio), coercitivo y, en su caso, punitivo (Kokkinaki et al., 2015; Muñoz Cantero et al., 2021).

Estas dos estructuras subyacentes a las que se acaba de aludir se hallan presentes en algunos trabajos actuales orientados a la clasificación de acciones en función de las causas para proponer a partir de aquí los programas adecuados. A continuación, se expone uno de ellos.

4 El espectro del plagio

La introducción del concepto "espectro del plagio" es consecuencia de los resultados de una investigación llevada a cabo por Turnitin (2012) con el profesorado de educación secundaria y universitaria en cuyo informe se identificaban diez tipos de plagio. En los años transcurridos desde entonces se han producido cambios sustanciales en la estructura de dicho espectro hasta llegar a su versión 2.0, que contempla las formas tradicionales del plagio y la conducta académica deshonesta, así como las tendencias de nueva aparición que van aparejadas con un acusado descenso de originalidad (Turnitin, 2021).

El ideal de honestidad y/o probidad académica es el pensamiento original plasmado en los trabajos o ausencia de plagio. A partir de ese nivel comienza el espectro del plagio.

De menor a mayor gravedad se establecen los siguientes grados:

I)   Trabajos individuales, pero realizados en grupo (colusión estudiantil).
II) Plagio no intencional.
III) Plagio palabra por palabra.
IV) Parafraseo de la fuente original sin atribución de su autoría.
V)   Autoplagio.

VI) Plagio de código fuente mediante copia o adaptación sin permiso ni cita de la persona creadora del mismo.

VII) Mosaico en un mismo trabajo realizado con la copia de varias fuentes sin citar o entrecomillar.

VIII) Mosaico basado en fuentes que no pueden encontrarse.

IX) Pasar el texto original por una herramienta *software* (*spinbots*, traductores, …) para hacer el plagio indetectable.

X) Manipulación del texto con el fin de hacer indetectable el plagio.

XI) Mediante contrato a otra persona y hacer pasar ese trabajo por propio.

XII) Fabricar o falsificar datos, o apropiarse del trabajo de otras personas investigadoras, poniendo incluso en peligro su reputación.

Esos son los 12 tipos de plagio recogidos en la guía del instructor elaborada por Turnitin (2021). En ella, las 12 conductas citadas se agrupan en tres categorías:

a) el plagio debido a la falta de habilidades básicas de integridad académica que comprende los 4 primeros grados del espectro;

b) el plagio como una cuestión de comprensión conceptual, a la que pertenecen los 4 grados intermedios del espectro;

c) el plagio como cuestión ética, donde se encuadran los últimos 4 grados del espectro.

De esta forma emerge, a juicio de Turnitin, un nuevo espectro de las causas del plagio que, ordenado de menor a mayor gravedad, da lugar a la siguiente propuesta: La categoría a) se correspondería tangencialmente con I), la falta de habilidades básicas. Las categorías a) y b) con II), las dificultades de comprensión conceptual y falta de habilidades básicas. Las categorías a), b) y c) con III), la carencia de integridad académica, las dificultades de comprensión conceptual y falta de habilidades básicas.

Desde luego, a partir de dicho modelo cabe plantear el diseño fundamentado de programas orientados al logro de las competencias básicas necesarias para citar y referenciar las autorías de un modo correcto, realizar lecturas comprensivas de textos y resumir las ideas que en él se aportan, así como para desarrollar la actitud de respeto y reconocimiento de la propiedad intelectual de las personas cuyos textos se utilicen como fuentes de información con relación a un tema o problema.

5 Patrones de conducta

El término "patrón" procede del latín patrono: defensor, protector, autoridad. La RAE, en la 23.ª edición de su diccionario, entre las varias significaciones que le atribuye, señala algunas cuya semántica guarda relación con la idea de seme-janza. Entre ellas, por su proximidad al tema que nos ocupa, cabe destacar la de modelo (o ejemplar) que sirve de muestra para sacar otra cosa igual. Este sentido es el que nos interesa destacar para concretar a que nos referimos con los térmi-nos "patrón de conducta": aquellos comportamientos de una persona que nor-malmente aparecen en determinadas situaciones. Así, cada persona cuenta con patrones de comportamiento específicos que la distinguen de las demás. Se trata, pues, de formas constantes de pensar, sentir y actuar propios de una persona ante determinadas circunstancias. O como lo plantea la Asociación Americana de Psicología (APA) (2014) un patrón es un modelo que integra rasgos de per-sonalidad, valores, creencias, actitudes, conductas y una determinada activación fisiológica.

Por tanto, puede decirse que la conducta humana es una respuesta prede-cible en función de ciertos patrones memorizados con anterioridad (Hawkins, & Blakeslee, 2004). La conducta humana, como fenómeno, es objeto de bús-queda e indagación para reconocimiento e identificación de patrones subyacen-tes. Esos patrones comportamentales pueden tener naturaleza innata y ser de índole cognoscitiva, conductual o afectivo-motivacional (Moya y García, 1989). Asimismo, pueden ser producto de un proceso de aprendizaje, como ocurre en el caso de la conducta de plagio (Frank, 2017). La identificación de patrones de conducta es previa a cualquier investigación de tipo social, debido a que esta se funda en ideas de coincidencia de patrones (Trochim, 1985), lo que implicaría una correspondencia entre un patrón de expectativa teórico o conceptual y un patrón observado o medido.

Como recogen Theodoridis, & Koutroumbas (2006), el reconocimiento de patrones hasta la década de los 60 del pasado siglo no era más, ni menos, que investigación teórica en el área de la estadística. Es a partir de ese momento y con la aparición de los ordenadores y la subsiguiente emergencia de las Ciencias de la Computación cuando aumenta la demanda, así como las posibilidades de aplicaciones prácticas, en reconocimiento de patrones y desarrollos teóricos más complejos y sofisticados, fundamentalmente en el área de la inteligencia artificial (IA). Y, con este enfoque propiciado por la IA, se define la búsqueda y reconocimiento de patrones de la siguiente forma: "*la ciencia que se ocupa de los procesos sobre ingeniería, computación y matemáticas relacionados con objetos físicos o abstractos, con el propósito de extraer información que permita establecer propiedades de entre conjuntos de dichos objetos*" (Vector [ITC], 2018, p. 43). Se pretende cierta automatización, con o sin supervisión, en la iden-tificación de patrones simples o estructurados con el fin de modelar diversos procesos perceptuales como la visión y la audición (Vector [ITC], 2018) a lo que podríamos añadir otros procesos de tipo conductual como puede ser la integridad académica.

Existen varias técnicas de demostrada utilidad en el reconocimiento de patrones, siendo las más utilizadas, según Gómez (2018), las siguientes:

- En base a modelos paramétricos, partiendo del número de clases supuestas y de funciones de probabilidad conocidas se busca la aproximación del patrón a una determinada clase o frontera de clases.
- En base a modelos no paramétricos. Métodos o técnicas que realizan la clasificación sin asumir el número de clases ni la forma de las distribuciones de probabilidad.
- Métodos estocásticos, que, mediante el uso de funciones aleatorias, diseñan funciones de clasificación.
- Métodos basados en algoritmos de aprendizaje automático, supervisados cuando se conoce de antemano el valor de la clase de pertenencia y no supervisados cuando tal valor es desconocido.

La naturaleza versátil del reconocimiento de patrones, como señalan Duin, & Pekaslka (2015) permite su aplicación a múltiples campos como ya se ha demostrado en biología, sanidad, imaginería médica, psicología, ecología, sísmica, ingeniería espacial, navegación, transporte, visión por computadora o procesamiento del lenguaje natural. Como es lógico, preferentemente en campos en los que se estudien observaciones que puedan representarse de forma numérica o, al menos, transformadas en números.

A la versatilidad anteriormente apuntada se le une, además, la posibilidad de transferencia de esta metodología, ya que puede identificar problemas similares en distintas disciplinas (patrones interdisciplinares) y así propiciar la búsqueda de una solución común a dichos problemas.

¿Cabe aplicar al estudio del plagio académico el reconocimiento de patrones?

6 La relación entre plagio académico y ramas de conocimiento

Una cuestión abierta a análisis y reflexión es la de tratar de hallar algún tipo de relación entre el plagio académico del alumnado y los diferentes centros, titulaciones y ramas de conocimiento en donde cursa los estudios, así como las áreas de pertenencia del profesorado correspondiente y sus publicaciones.

Son pocos los trabajos en los que aparecen referencias que identifiquen patrones de características relativas a la integridad académica o al plagio en función de los diferentes ámbitos de conocimiento. Olivia-Dumitrina et al. (2019) identifican un mayor nivel de reconocimiento de plagio por parte del alumnado en las facultades de enfermería, fisioterapia, educación, psicología y trabajo social. En las facultades de derecho, economía y turismo, así como la de educación física, el reconocimiento es menor. Por otra parte, Ronda-Pérez et al. (2016a; 2016b) encuentran diferencias con respecto al plagio directo, es decir, copia directa de la fuente sin reconocer autor, entre el alumnado de las facultades de ciencias, derecho y educación participante en el estudio.

Por lo que respecta a la relación entre la detección de conductas deshonestas entre el alumnado y la rama de conocimiento a la que pertenece el profesorado, autores como Mut-Amengual et al. (2015) no observan diferencias significativas en las conductas relacionadas con el uso de Internet. No obstante, el profesorado de Humanidades ofrece valores más bajos en la acción de descubrir que un trabajo entregado por un/a alumno/a se trataba de una copia total de otro/a alumno/a realizado en cursos anteriores. En cambio, los docentes de Ciencias Sociales muestran valores elevados en la acción de detectar que un trabajo entregado por un/a alumno/a contiene gran cantidad de fragmentos copiados de recursos impresos (libros, enciclopedias, diarios, artículos de revista, etc.) sin citar la fuente.

Los resultados aportados por Ali (2021) muestran que el profesorado universitario de Ciencias Básicas y Aplicadas mantiene actitudes fuertes contra el plagio del alumnado, mientras que las de los docentes de Ciencias Sociales, Educación y Artes son más suaves. Helgesson (2015) constata la existencia de dos modelos diferentes con respecto a los trabajos de investigación publicados. En el primero de ellos, liderado por las Humanidades y la mayoría de las Ciencias Sociales, es importante el texto íntegro de la publicación, mientras que para el segundo modelo solamente importa la conclusión y, en menor medida, la discusión y el método en el caso de que el objeto del trabajo sea este. Este autor concluye que, con la mejora del progreso científico, sería conveniente diferenciar el concepto de plagio dependiendo de los campos de conocimiento, pues las prácticas deshonestas pueden variar entre diferentes contextos de investigación dependiendo de las expectativas epistémicas de los/las lectores/as.

Por otro lado, desde el punto de vista de las publicaciones, en este caso revistas, parece ser el índice de impacto y no tanto su ámbito de estudio el factor decisivo en la formalización de normas de publicación sobre políticas de conductas deshonestas (Resnik, Patrone, & Peddada, 2010). Posteriormente, en una revisión de las revistas de educación presentes en el *Journal Citation Reports*, del año 2014, Díaz-Campo y Segado-Boj (2016), comparando su trabajo con el anteriormente citado, encuentran que las revistas de educación presentan más orientaciones éticas que el resto.

7 Cuestión que se plantea y diseño metodológico

En los dos últimos años se llevaron a cabo sendas investigaciones sobre el plagio académico del alumnado del sistema universitario existente en Galicia. Diseñadas y realizadas bajo la dirección de Muñoz-Cantero et al. (Coords.) (2019; 2020), contaron con la financiación de la Xunta de Galicia a través de la Consellería de Cultura, Educación e Universidade. Secretaría Xeral de Universidades. Participaron en estos proyectos equipos de investigadores del área de Métodos de Investigación y Diagnóstico en Educación (MIDE) de las tres universidades gallegas (A Coruña, Santiago de Compostela y Vigo).

Estos trabajos de investigación, con una parte cuantitativa y otra cualitativa, contaron con la colaboración del profesorado de los centros correspondientes a la muestra seleccionada para representar las distintas titulaciones en cada una de las ramas de conocimiento existentes en cada universidad (Artes y Humanidades, Ciencias, Ciencias Sociales, Ciencias Sociales y Jurídicas, Ingeniería y Arquitectura).

La muestra con la que se trabajó fue de 10 850 estudiantes y los datos obtenidos permitieron la identificación, análisis e interpretación de las causas que el alumnado del sistema universitario en Galicia percibe/entiende/juzga/estima que están presentes en las acciones de plagio académico en el medio universitario. El instrumento utilizado para encuestar al alumnado es el Cuestionario para la detección de coincidencias en trabajos académicos (Cudeco) (Muñoz Cantero et al. 2019). A continuación, se expone brevemente su contenido.

Cudeco, consta de cuatro partes bien diferenciadas: a) breve introducción motivadora e informativa; b) datos relativos a las variables personales y contextuales de la persona que responde; c) valoración de una serie de variables organizadas en cinco dimensiones; d) una cuestión abierta para responder en el reverso del folio sobre el modo de evitar el plagio. A continuación, se detallan los aspectos contemplados en las partes b) y c) que se acaban de citar.

Datos de identificación: sexo, modalidad de acceso a la universidad, tiempo de dedicación al estudio, edad, universidad y estudios que se cursan, titulación que se posee, principal fuente y soporte utilizados para realizar los trabajos, así como, formación recibida sobre citación de fuentes bibliográficas.

La valoración por cada estudiante, que varía entre 1 y 7 puntos, según el grado de acuerdo con 47 afirmaciones que se presentan clasificadas en cinco subcategorías:

I) Acciones del profesorado con respecto a la evitación y formación del alumnado para una correcta realización de trabajos académicos (contiene 12 ítems).

II) Utilidad que le ve al hecho de citar correctamente las fuentes (8 ítems).

III) Experiencia propia a lo largo de la carrera sobre los trabajos realizados y entregados (7 ítems).

IV) Las causas que han llevado a la persona encuestada a hacer tales acciones a lo largo de la carrera (11 ítems).

V) Las acciones que ha visto llevar a cabo a sus compañeros durante sus estudios (9 ítems).

Ahora bien, la cuestión que se plantea, a la vista de la revisión de la literatura científica realizada en la primera parte de este capítulo y los datos obtenidos con la aplicación del Cudeco a la muestra de alumnado indicada, es la siguiente: *¿Podrían inducirse patrones de conducta del alumnado universitario sobre cómo perciben el plagio a partir de su valoración con respecto a las causas que lo producen?* Para dar respuesta a esta cuestión, partiendo de un absoluto respeto a las dimensiones y elementos constitutivos del Cudeco, se construyó el diseño cuya representación se recoge en el dendograma de la figura 1, y que como puede comprobarse se encuadra dentro de la estrategia combinada de métodos factoriales con análisis de conglomerados jerárquico y K-Medias (Pardo y del Campo, 2007).

8 Resultados del análisis estadístico

Como primer paso del análisis, y con el objetivo de identificar patrones significativamente complejos e informativos, se ha intentado encontrar subdimensiones profundas (latentes) en cada una de las dimensiones originales del cuestionario. Para ello se ha realizado un Análisis Factorial Exploratorio (AFE) en cada dimensión, tomando como variables de entrada aquellos ítems pertenecientes a cada una de ellas.

Los resultados obtenidos para cada una de las dimensiones de Cudeco CUDECO (1.ª parte de la figura 1), después de haber realizado AFE con KMO de Kaiser (1970), son los siguientes:

Dimensión profesorado:
12 ítems, KMO = . 832; Esfericidad de Bartlett: p= .0
Tres factores explican el 56,5% de la varianza: buenas prácticas docentes (ítems 1, 2, 3, 4, 5, 6 y 10), tratamiento del tiempo (ítems 11 y 12) y trabajos académicos (ítems 7, 8 y 9).
Dimensión utilidad:
8 ítems, KMO = . 847; Esfericidad de Bartlett: p=.0
Dos factores dan cuenta del 62% de la varianza: Utilidad externa (ítems 2, 3, 7 y 8) y utilidad interna (ítems 1, 4, 5 y 6).
Dimensión carrera:

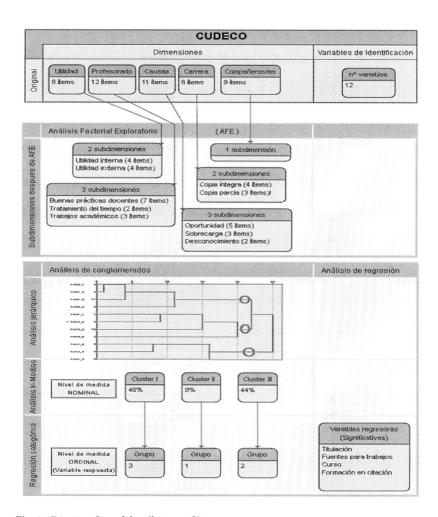

Fig. 1: Diseño y fases del análisis estadístico

8 ítems, KMO = . 803; Esfericidad de Bartlett: p=.0
Dos factores explican el 66,4% de la varianza: copia íntegra (ítems 1, 4, 5 y 6) y copia parcial (ítems 2, 3 y 7).
Dimensión causas:
11 ítems, KMO = . 883; Esfericidad de Bartlett: p=.0
Tres factores explican el 69,4% de la varianza: oportunidad (ítems 1, 2, 4, 4 y 6), sobrecarga (ítems 9, 10 y 11) y desconocimiento (ítems 5 y 7).

Dimensión compañeros/as causas:
9 ítems, KMO = . 901; Esfericidad de Bartlett: p=.0 Un único factor explica el 63,4% de la varianza.

Con la intención de encontrar subdimensiones que de alguna forma fuesen mutuamente excluyentes entre ellas, se ha optado por utilizar el pack "Little Jiffy": Análisis de Componentes Principales (ACP) más Kaiser y más Varimax que, si bien desaconsejado en términos generales (Lloret-Segura et al., 2014), sí tendría justificación de uso en este caso concreto (Ferrando, y Anguiano-Carrasco, 2010).

Así, el siguiente paso, 2.ª parte de la figura 1, consistiría en tomar una decisión justificada sobre el número de patrones de comportamiento que subyace en los datos. Para determinar dicho número se ha recurrido al análisis jerárquico de conglomerados como técnica idónea (Hair et al. 1999).

Los datos de entrada que se toman para el análisis son las once subdimensiones identificadas en el paso anterior. A partir de la opción óptima que parece indicar el dendograma de la figura 1, se toma la decisión de elegir 3 agrupamientos que, en la siguiente fase, se constituirán en los tres patrones de conducta identificados.

Una vez seleccionado el número de patrones a extraer se realiza un análisis de conglomerados K-medias a la muestra de alumnado. El primer grupo (clúster I) está formado por 4434 elementos y representa al 48 % de los datos analizados, el segundo grupo (clúster II) consta de 728 elementos y supone el 8 % y el tercer grupo (clúster III) que representa al 44 % restante tiene 4071 elementos.

La figura 2 contiene la representación de los resultados obtenidos hasta el momento: el perfil de cada uno de los tres patrones de conducta que forman las puntuaciones en cada una de las subdimensiones identificadas, relacionadas con su dimensión original, y la magnitud, en porcentaje y número, de cada uno de los grupos.

El alumnado que perfila el clúster I (48 %) se podría considerar como aquel que declara unas mejores prácticas en lo referente al plagio, el que presenta una mejor sintonía con la actividad docente en cuanto a este tema y que percibe la utilidad de las buenas prácticas en la citación, tanto a nivel personal como de cara a las personas que elaboraron los trabajos que se citan o que se utilizan. Tienen en buena consideración a sus compañeros y no destacan ninguna causa en especial para cometer plagio.

El clúster II (8 %) se define por las siguientes características: alumnado que recurre preferentemente a la copia íntegra de trabajos y no cree que la actividad del profesorado propicie las buenas prácticas a la hora de citar trabajos, no

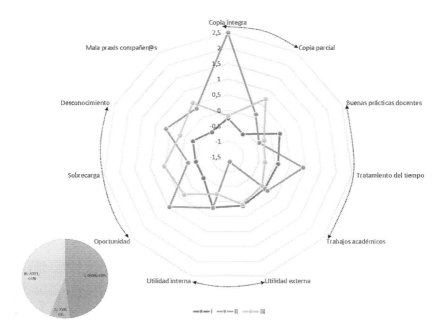

Fig. 2: Patrones de conducta del alumnado con respecto al plagio

obstante, consideran que dicho profesorado gestiona bien el tiempo y se coordina entre sí para beneficiar al alumnado. Considera la utilidad de citar correctamente en clave egocéntrica, utilidad propia, y centra las causas de sus acciones de plagio en la oportunidad y el desconocimiento. Atribuye también mala praxis a sus compañeros y compañeras.

El clúster III (44 %) participa en gran medida de las características del I pero declara acciones de plagio parciales y es más crítico con la actividad del profesorado y su coordinación. Percibe menor utilidad propia de una buena conducta a la hora de citar y aprovecha la oportunidad para cometer el plagio que reconoce, alega desconocimiento y, sobre todo, sobrecarga de trabajo. Es el grupo que indica un mayor grado de mala praxis de sus compañeros.

Ahora bien, una vez identificados tres perfiles en el alumnado con respecto a las conductas de plagio en sus trabajos académicos, conviene seguir profundizando en la cuestión planteada e indagar sobre el grado de influencia de las variables de identificación que forman parte del Cudeco, el instrumento de recogida de datos.

Tabla 1: Resumen del modelo obtenido a través del análisis de regresión categórica

R múltiple	R cuadrado	R cuadrado ajustado	Error de predicción aparente
,370	,137	,120	,863

Se trata de saber en la medida en que influyen en cada uno de los tres perfiles de conducta de plagio identificados variables como las siguientes: la universidad en la cual se realizan los estudios, la rama de conocimiento a la que pertenecen estos, la edad, el sexo y la formación previa del alumnado con respecto al plagio académico...

Se podría dar respuesta a esta cuestión partiendo del análisis de cada una de dichas variables con respecto a cada perfil, comprobando si sus distribuciones son idénticas mediante pruebas de bondad de ajuste. Una vez realizados los cálculos se constata que no existe ajuste en ninguna de las variables estudiadas, pero este resultado no da cuenta de la intensidad del efecto de cada una de estas en los perfiles, únicamente indican que se distribuyen de forma desigual en cada uno.

El empleo de la técnica de regresión categórica con las variables que, exceptuando la edad, son nominales, ofrece un resultado mucho más clarificador en cuanto a varianza explicada (R^2) e importancia de cada una de las variables en los perfiles del alumnado universitario con respecto a la conducta de plagio.

Al modificar el nivel de medida de la variable "clúster" de nominal a ordinal, estableciendo como valor 1 el perfil "más ético" y como valor 3 aquel "menos ético", se obtiene un modelo, véase la tabla 1, que presenta un ajuste pobre (R^2 ajustado = 0,120), pero con significatividad estadística (F=7,98, p value = .0000). Existe diferencia significativa entre los perfiles obtenidos, sin embargo, el modelo solamente explica el 12 % de la varianza, quedando un 88 % sin explicar por las variables estudiadas.

Dentro del modelo obtenido a través de la regresión categórica, la importancia de cada una de las variables que lo integran, como se puede observar en la tabla 2, es muy desigual. La titulación que realiza el alumnado es la variable con mayor grado de importancia (0,441), seguida por la principal fuente utilizada para elaborar los trabajos y el hecho de poseer formación sobre la citación de fuentes bibliográficas. En menor grado, figuran: rama de conocimiento, curso, sexo, campus y edad.

A continuación, la figura 3 da cuenta de la importancia predictiva de las variables regresoras en el patrón de comportamiento del alumnado universitario que podría denominarse "más o menos ético y honesto".

Tabla 2: Coeficientes y significatividad de las variables regresoras

	Coeficiente estandarizado Beta	gl	F	Sig.
Titulación	,252	143	676,294	,000
Rama de conocimiento	,085	4	67,374	,000
Sexo	,054	2	19,077	,000
Grado de dedicación al estudio	,031	2	8,285	,000
Edad	,086	2	31,195	,000
Campus	,081	6	54,985	,000
Acceso a la universidad	,023	4	4,942	,001
Compagino estudios y trabajo	,031	3	8,480	,000
Universidad	,059	2	11,604	,000
Curso	-,107	2	48,143	,000
Principal fuente para la elaboración de trabajos	,148	5	188,572	,000
Formación sobre la citación de fuentes bibliográficas	,102	2	78,634	,000

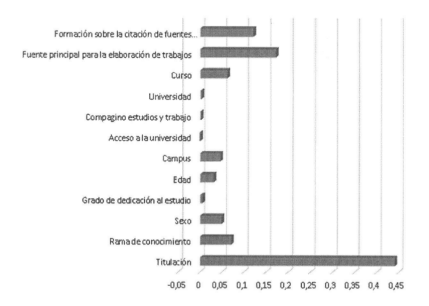

Fig. 3: Coeficientes de las variables regresoras

Al centrar la atención en la probable influencia de las variables de identificación, presentes en Cudeco, sobre los tres patrones de conducta identificados llaman poderosamente la atención las dos cuestiones siguientes: a) la escasa varianza explicada por dichas variables, solo un 12 %; y b) la aparente incongruencia entre los coeficientes obtenidos para cada una de ellas.

La primera cuestión podría deberse a la naturaleza del propio objeto de estudio: la conducta humana. Habitualmente se esperan valores bajos de R^2, coeficiente de determinación, cuando se intenta predecir el comportamiento humano dada su enorme complejidad (Minitab blog editor, 2019). O podría ser una cuestión de diseño del propio instrumento de medida, Cudeco, que no recoge todas las variables moderadoras implicadas en los patrones de comportamiento.

Por otro lado, al analizar la referida incongruencia entre los coeficientes de las variables moderadoras se puede observar que el número de valores de cada variable considerada es dispar: el número de titulaciones es de 144 (la variable con un mayor peso específico); el de las fuentes principales para la elaboración de trabajos es 6; el de valores para la variable sobre formación previa en citación de fuentes es 2; el de ramas de conocimiento es 5; el de los campus posibles es 7; el de las edades diferentes del alumnado, 144; el de los cursos es 5; el de opciones en la cuestión sobre el sexo del alumnado participante es 3.

La regresión categórica transforma los datos mediante la asignación de valores numéricos a las variables categóricas (IBM Corporation, 2017) y realiza el cálculo de la regresión lineal óptima para las variables transformadas, lo que hace más difícil la interpretación de los resultados. No obstante, se puede establecer la influencia concéntrica de "culturas" según la influencia en los patrones de conducta, siendo la primera de titulación que, a su vez, lleva asociadas unas fuentes propias y específicas para la elaboración de trabajos académicos. La segunda se corresponde con la rama de conocimiento, la tercera es la cultura de campus y la cuarta la de universidad. A esta influencia contextual se le suma otra que tiene que ver con la formación del alumnado sobre la citación de fuentes documentales y también aquellas que se relacionan con características personales como sexo o edad.

En cuanto al curso, dado su valor negativo, merece mención aparte. El número de estudiantes que integra cada uno de los patrones identificados varía en función del curso en el que se encuentre. Mientras que el número de estudiantes del grupo I, que podría decirse el menos ético, mantiene una disminución gradual a lo largo de los cursos, los grupos II y III, indicativos de una mayor ética, fluctúan. Así, en el primer curso el grupo III es el más numeroso, pero en segundo curso II y III están igualados, sin embargo, en tercer curso es mayor el grupo II. Hecho que es el causante del valor negativo del coeficiente de la variable curso.

9 Discusión de resultados y conclusiones

La conducta humana, como recogen varias investigaciones, está mediada por la propia personalidad y lo está igualmente la conducta académica deshonesta.

Giluk, & Postlethwaite (2015) efectúan un metaanálisis sobre 17 estudios cuyos criterios de selección fueron los siguientes: una medida explícita de al menos uno de los cinco grandes factores de personalidad (Big Five), una medida como mínimo de deshonestidad académica autoinformada, una muestra de estudiantes de secundaria o universitarios y los datos necesarios para calcular la correlación entre personalidad y deshonestidad académica. En sus conclusiones, establecen que tanto la responsabilidad como la amabilidad son fuertes predictores que se relacionan negativamente con la deshonestidad académica.

En el mismo sentido apunta una investigación realizada sobre estudiantes universitarios de Portugal (Wilks, Cruz, & Sousa, 2016), donde el principal resultado es que la inclinación al plagio se asocia negativamente con la conciencia y la amabilidad.

Ambos trabajos utilizan el modelo Big Five como teoría de la personalidad y el cuestionario NEO_PI, de McRae, y Costa (2007) y sus versiones como instrumento de medida.

En dicho cuestionario las facetas que integran el factor de amabilidad son las siguientes: confianza, franqueza, altruismo, actitud conciliadora, modestia y sensibilidad a los demás. En cuanto a las que componen el factor de responsabilidad podemos mencionar: competencia, orden, sentido del deber, necesidad de logro, autodisciplina y deliberación.

Y si bien no se puede establecer una relación entre todas esas facetas y las subdimensiones identificadas, sí se puede hacer con algunas. En concreto con cuatro pertenecientes al factor amabilidad: confianza, franqueza, actitud conciliadora y sensibilidad con los demás. Igualmente puede hacerse con tres relativas a la responsabilidad: competencia, sentido del deber y autodisciplina.

A la vista de los resultados obtenidos parece que podría establecerse cierta relación entre procrastinación y plagio, apuntada ya por Hafsu (2019) y Sureda et al. (2015), la cual se observa en el grupo III, aquel en el que agrupa el plagio parcial con la sobrecarga de trabajo y las dificultades en el tratamiento del tiempo. Por el contrario, aquel alumnado que realiza el plagio íntegro de los trabajos, presente en el grupo II, no percibe sobrecarga de trabajo ni problemas con respecto al tiempo, lo cual evidencia que la procrastinación no parece una causa significativa de su actitud deshonesta.

Desde una perspectiva ética y en consonancia con el trabajo de Michalska (2014), al analizar el patrón del grupo con mayor "ética académica", grupo I, se observa un reconocimiento de buenas prácticas docentes, lo que podría llevar a pensar en que detrás de una conducta académica "ética" puede estar un patrón de lealtad hacia el profesorado o como ejemplo ético.

La cuestión de la responsabilidad en el plagio académico parece tener, al menos dentro de la comunidad investigadora, una naturaleza dicotómica. Por un lado, están aquellas investigaciones que sitúan la responsabilidad exclusivamente en el alumnado y entre cuyas razones estarían la falta formación en el proceso de citar, la mala gestión del tiempo, el horario apretado, la procrastinación, la deficiencia en la redacción académica, la poca ética académica y la obtención de reconocimiento. Por el otro están aquellas que cargan tintas en las instituciones docentes y la propia comunidad académica (Hafsu, 2019). Los resultados obtenidos en esta investigación, sin entrar en porcentajes, reparten la responsabilidad de la conducta deshonesta a lo largo de los tres patrones identificados tanto en el alumnado, como en la institución educativa y el profesorado.

El comportamiento ético del grupo I tiene influencias positivas del profesorado y el alumnado de este grupo no refiere problemas de desconocimiento, sobrecarga de trabajo ni presenta problemas en el tratamiento del tiempo.

El grupo II, aquel que presenta la conducta más deshonesta y menos ética, además de ser oportunista percibe al profesorado como causa de su conducta.

El grupo III disculpa su comportamiento en sus compañeros y compañeras y en la sobrecarga de trabajo principalmente y, en menor grado, aprovecha la oportunidad para copiar y alega, asimismo, desconocimiento.

En un estudio realizado por Sañudo, y Palifka (2018) sobre la influencia de la deshonestidad académica en la democracia de un país, las autoras llegan a la conclusión de que la deshonestidad moral se va incrementando entre el alumnado a medida que este avanza por el sistema educativo y finalmente *"los alumnos aprenden a dejar a un lado su juicio moral al exponerse a una realidad en que la falta de integridad, lejos de ser castigada, les da una ventaja"* (Sañudo, y Palifka, 2018, p. 24).

Del estudio parece derivarse la existencia de un momento crítico, favorecido por la percepción que el alumnado tiene de la sociedad en la que se desarrolla, a partir del cual se da un proceso de desvinculación moral entre lo que se cree y lo que se hace en la universidad y, por extensión, en la sociedad.

Esta idea puede estar en el origen del comportamiento del grupo II, aquel que presenta la conducta académica menos ética, y que corre un mayor riesgo en un futuro, pues aquel alumnado *"... que completa su socialización aprendiendo diversas técnicas de engaño y adquiriendo confianza en las prácticas corruptas puede trasladar esta actitud a su vida profesional, obstaculizando así el desarrollo económico y social"* (Denisova-Schmidt, Huber, & Leontyeva, 2016, p. 12).

A modo de propuesta en sentido prospectivo, debe apuntarse la conveniencia de que en futuros trabajos se abordase en profundad la cuestión de la relación encontrada entre los patrones resultantes en el presente trabajo y los grados del espectro del plagio de Turnitin (2021).

El patrón configurado por el grupo I, el más ético, se situaría fuera del espectro del plagio o, en menor medida en los primeros 4 grados del mismo, aquellos que relacionan el plagio con la falta de habilidades básicas de integridad académica.

El patrón correspondiente al grupo II comprendería, siempre dependiendo de la gravedad de la conducta, los 8 primeros grados del espectro, que incluyen tanto la falta de habilidades básicas de integridad académica como dificultades de comprensión conceptual.

El patrón que representa el comportamiento del grupo III, la mayor deshonestidad, comprendería todo el espectro, pero con especial énfasis en los últimos cuatro grados, aquellos relacionados con la carencia de integridad académica.

Como conclusión del estudio expuesto en este capítulo, se podría afirmar que, partiendo de los datos recogidos sobre el fenómeno del plagio entre el alumnado universitario a través de un instrumento específico, en este caso el Cuestionario para la detección de coincidencias en trabajos académicos (Cudeco) (Muñoz Cantero et al. 2019), se han identificado tres patrones de conducta que exponemos muy brevemente a continuación.

El primero, el más numeroso ya que supone el 48 % del total, que se podría denominar como el *patrón de probidad académica*. El alumnado que lo compone declara unas mejores prácticas en lo referente al plagio, presenta una mejor sintonía con la actividad docente en cuanto a este aspecto y percibe la utilidad que le supone como discente el conocimiento y aplicación de las normas de citación y referenciación de las fuentes empleadas en sus trabajos académicos; además tienen en buena consideración a sus compañeros y no destacan ninguna causa en especial para cometer plagio.

Un segundo patrón que integra al 44 % de la muestra y podría denominarse como *de conducta procrastinadora* ya que declara acciones de plagio parcial y percibe una menor utilidad propia de la conducta académica honesta, aprovecha la oportunidad para cometer el plagio que reconoce, alega desconocimiento y, sobre todo, sobrecarga de trabajo. Justifica su conducta con la mala praxis que le atribuye a sus compañeros/as y es más crítico con la actividad del profesorado y su coordinación.

El tercer patrón, que constituye el 8 %, perfila a un alumnado que recurre preferentemente a la copia íntegra de trabajos y no cree que la actividad del profesorado propicie las buenas prácticas a la hora de citar trabajos. No obstante, consideran que dicho profesorado gestiona bien el tiempo y se coordina entre sí para beneficiar al alumnado. Centra las causas de sus acciones de plagio en la oportunidad y el desconocimiento. Atribuye también mala praxis a sus compañeros y compañeras. Este último podría denominarse como patrón de *desvinculación moral.*

Referencias

Ali, M.F. (2021). Attitudes towards plagiarism among faculty members in Egypt: a cross- sectional study. Scientometrics 126, pp. 3535–3547. https://doi.org/10.1007/s11192-021-03872-8

American Psychiatric Asociation (2014). DSM-V. Manual diagnóstico y estadístico de los trastornos mentales (5) Porto Alegre: Artmed.

Bauman, Z. (2007). Los retos de la educación en la modernidad líquida. Barcelona: Editorial Gedisa.

Boillos, M. M. (2020). Las caras del plagio inconsciente en la escritura académica. Educación XX1, 23 (2), pp. 211–229, https://doi.org/10.5944/educxx1.25658

Cebrián-Robles, V., Raposo-Rivas, M., y Ruiz-Rey, F. (2020). Conocimiento de los estudiantes universitarios sobre herramientas antiplagio y medidas preventivas. Pixel-Bit. Revista de Medios y Educación, 57, pp. 129–149. https://doi.org/10.12795/pixelbit 2020.i57.05

Cebrián-Robles, V., Raposo-Rivas, M., Cebrián-de-la-Serna, M., y Sarmiento-Campos, J. A. (2018). Percepción sobre el plagio académico de estudiantes universitarios españoles. Educación XX1, 21(2), pp. 105–129, doi: 10.5944/educXX1.20062

Chapman, D. W. & Lindner, S. (2016). Degrees of integrity: the threat of corruption in higher education. Estudies in Higher Educatión, 41 (2), pp. 247–268.

Comas-Forgas, R., y Sureda-Negre, J. (2016). Prevalencia y capacidad de reconocimiento del plagio académico entre el alumnado del área de economía. El profesional de la información, v. 25 (4), pp. 616–622. http://dx.doi.org/10.3145/epi.2016.jul.11

Council of Europe Platform on Ethics, Transparency and Integrity in Education (ETINED) (2018). Volume 5. Sout-East European Project on Policies for Academic Integrity. Strasburg: Council of Europe Publising. https://bit.ly/2FBxxwX

Denisova-Schmidt, E. (2017). The Challenges of Academic Integrity in Higher Education: Current Trends and Prospects. Boston: The Boston College Center for International Higher Education.

Denisova-Schmidt, E., Huber, M., & Leontyeva, E. (2016). On the development of students' attitudes towards corruption and cheating in Russian universities. European Journal of Higher Education, 6(2), pp. 128–143.

Díaz-Campo, J., y Segado-Boj, F. (2016). Indicaciones éticas en las revistas de educación indexadas en la Wos Ethical guidelines in Educacion & Educational Research journals indexed in the WoS - Diaz-Campo Segado-Boj 2016a - Scipedia

Directiva 2014/26/UE del Parlamento Europeo y del Consejo, de 26 de febrero de 2014, relativa a los derechos de autor y derechos afines y a la concesión de licencias multiterritoriales de derechos sobre obras musicales para su utilización en línea en el mercado interior. Diario de la Unión Europea n.º 84, de 20 de marzo de 2014. http://dx.doi.org/10.4067/S0718-09342019000100134.

Estow, S., Lawrence, A. K., & Adams, K. A. (2011). Practice makes perfect: Improving students´ skills in understanding and avoiding plagiarism with a themed methods course. Teaching of Psychology, 38 (4), pp. 255–258.

Ferrando, P. J., y Anguiano-Carrasco, C. (2010). El análisis factorial como técnica de investigación en psicología [Factor analysis as a technique in psychological research]. Papeles del Psicólogo, 31(1), pp. 18–33.

Frank, H. (2017). Plagiarism: A Behavioral Perspective. Project: Contributing Writer for Behavioral Science in the 21st Century. https://www.researchgate.net/publication/334272536_Plagiarism_A_Behavioral_Perspe ctive

Giluk, T. L., & Postlethwaite, B. E. (2015). Big five personality and academic dishonesty: A meta-analytic review. Personality and Individual Differences, 72, pp. 59–67. https://doi.org/10.1016/j.paid.2014.08.027

Gómez, P. (2018). El reconocimiento de patrones y su aplicación a las señales digitales. Academia Mexicana de computación A.C. http://amexcomp.org.mx/files/ReconocimientoPatronesAppSenalesDigitales.pdf

Goolam, S., Mageto, J., & Pisa, N. (2020). Investigating predictors of academic plagiarism among university students. International Journal of Learning, Teaching and Educational Research, 19 (12), pp. 264–280. https://doi.org/10.26803/ijlter.19.12.14

Hair, J. F., Anderson, R. E., Tatham, R. L., & Black, W. C. (1999). Multivariate data analysis. Upper Saddle River, NJ: Prentice-Hall International.

Hawkins, J. & Blakeslee, S. (2004). On Intelligence. New York: Henry Holt and Company.

Helgesson, G. (2015). Time for a change in the understanding of what constitutes text plagiarism? Research Ethics, 10 (4), pp. 187–195. https://doi.org/10.1177%2F1747016114552686

IBM Corporation. (2017). Regresión categórica. CATREG. https://www.ibm. com/docs/es/spss-statistics/25.0.0?topic=SSLVMB_25.0.0/spss/categories/ idh_catr.html

Jaramillo, S. y Rincón, N. (2014). Los estudiantes universitarios y la sociedad de la información: una combinación que ha facilitado el plagio académico en las aulas colombianas. Información, Cultura y Sociedad, 30, pp. 127–137.

Kaiser, H. F. (1970). A second generation Little Jiffy. Psychometrika, 35, 401–415.

Kokkinaki, A. I., Demoliou, C., & Iakovidou, M. (2015). Students' perceptions of plagiarism and relevant policies in Cyprus. International Journal for Educational Integrity, 11 (3), pp. 1–11 https://doi.org/10.1007/s40979-015-0001-7

Kumar, R., & Tripathi, R. C. (2017). An Analysis of the Impact of Introducing the Plagiarism Detection System in an Institute of Higher Education. Journal of Information E Knowledge Management, 16 (2).

Ley 3/2022, de 24 de febrero, de convivencia universitaria. Boletín Oficial del Estado del 25 de febrero de 2022. https://www.boe.es/eli/es/l/2022/02/24/3/ con

Lloret-Segura, S., Ferreres-Traver, A., Hernández-Baeza, A., y Tomás-Marco, I. (2014). El análisis factorial exploratorio de los ítems: una guía práctica, revisada y actualizada. Anales de Psicología / Annals of Psychology, 30 (3), 1151–1169. https://doi.org/10.6018/analesps.30.3.19936

Mattson M. P. (2014). Superior pattern processing is the essence of the evolved human brain. Frontiers in neuroscience, 8, 265. https://doi.org/10.3389/ fnins.2014.00265

McCrae, R., & Costa, P. (2007). Brief Versions of the NEO-PI-3. Journal of Individual Differences 2007 28:3, pp. 116–128.

Minitab Blog Editor (18 abril 2019). Análisis de Regresión: ¿Cómo Puedo Interpretar el R-cuadrado y Evaluar la Bondad de Ajuste? https://blog.minitab. com/es/analisis-de-   regresion-como-puedo-interpretar-el-r-cuadrado-y-evaluar-la-bondad-de-ajuste

Mohamedbhai, G. (2016). The Scourge of Fraud and Corruptión in Higher Education. International Higher Education, 64 (5), pp. 522–538.

Moya, J., y García, L. (1989). Patrones innatos de comportamiento. Revista de historia de la psicología, 10 (14), pp. 75–84.

Muñoz-Cantero, J. M., Porto-Castro, A. M., Ocampo-Gómez, C. I., Mosteiro-García, J., & Espiñeira Bellón, E. (Coords.) (2019). Informe técnico sobre o plaxio académico no sistema universitario de Galicia, ISBN: 978-84-16294-90-9

Muñoz-Cantero, J. M., Porto-Castro, A. M., Ocampo-Gómez, C. I., Mosteiro-García, J., & Espiñeira Bellón, E. (Coords.) (2020). Informe técnico sobre o plaxio nos estudos de grao e mestrado do sistema universitario de Galicia. Volume 1, ISBN: 978-84-18291-09- 8

Muñoz-Cantero, J.M., Espiñeira-Bellón, E.M., y Pérez-Crego, M.C., (2021). Medidas para combatir el plagio en los procesos de aprendizaje. Educación XX1, 24 (2), pp. 97– 120 https://doi.org/10.5944/ educXX1.28341

Muñoz-Cantero, J. M., Rebollo-Quintela, N., Mosteiro-García, J., y Ocampo-Gómez, C. I. (2019). Validación del cuestionario de atribuciones para la detección de coincidencias en trabajos académicos. Revista Electrónica de Investigación y Evaluación Educativa (RELIEVE), 25 (1), art. 4. http://doi.org/10.7203/relieve.25.1.13599

Mut-Amengual, B., Morey-López, M., y Vázquez-Recio, R. (2015). Niveles de detección del plagio académico por el profesorado de educación secundaria: Análisis en función de sus áreas de conocimiento y medidas adoptadas. Estudios pedagógicos, XLI (2), pp. 177–194. https://dx.doi.org/10.4067/ S0718-07052015000200011

Olivia-Dumitrina, N., Casanovas, M., & Capdevila, Y. (2019). Academic Writing and the Internet: Cyber-Plagiarism amongst University Students. Journal of New Approaches in Educational Research, 8 (2), pp. 112–125. https://doi.org/ 10.7821/naer.2019.7.407

Ormeño, V., y Rosas, M. (2019). Influencia de las creencias en la voz del autor en un ensayo argumentativo en L2. Revista Signos. Estudios de Lingüística, 52 (99), pp. 134– 157.

Pardo, C. E., y Del Campo, P.C. (2007). Combinación de métodos factoriales y de análisis de conglomerados en R: el paquete FactoClass. Revista Colombiana de Estadística, 30(2), 231–245. http://www.scielo.org.co/scielo.php?script= sci_arttext&pid=S0120- 17512007000200006&lng=en&tlng=es.

Porto-Castro, A M., Espiñeira-Bellón, E. M., Losada- Puente, L., y Gerpe-Pérez, E. (2019). El alumnado universitario ante políticas institucionales y de aula sobre plagio. Bordón. Revista De Pedagogía, 71 (2), pp. 139–153. https://doi.org/10.13042/Bordon.2019.69104

Porto-Castro, A.M., Pérez-Crego, C., Mosteiro-García, M.J., y Lorenzo-Rey, A. (2021). El proceso formativo de citación y las necesidades del alumnado universitario. Revista Electrónica Interuniversitaria de Formación del Profesorado, 24 (2), pp. 17–33.

Real Academia Española (RAE). Diccionario de la Lengua Española, 23.ª ed. [versión 23.4 en línea]. https://dle.rae.es

Real Decreto 1791/2010, de 30 de diciembre, por el que se aprueba el Estatuto del Estudiante Universitario, Boletín Oficial del Estado 31/12/2010. BOE-A-2010-20147.

Resnik, D., Patrone, D., & Peddada, S. (2010). Research Misconduct Policies of Social Science Journals and Impact Factor. Accountability in Research, 17, 2, pp. 79–84 https://doi.org/10.1080/08989621003641181

Rebollo-Quintela, N., Espiñeira-Bellón, E. M., y Muñoz-Cantero, J. M. (2017). Atribuciones causales en el plagio académico por parte de los estudiantes universitarios. Revista de Estudios e Investigación en Psicología y Educación, Extraordinario 6, pp. 192– 196 https://doi.org/10.17979/reipe.2017.0.06.2453

Ronda-Pérez, E., Seguí-Crespo, M., Cayuela, A., Tauste-Francés, A., y Esteve-Faubel, J.M. (2016a). Plagio académico en el alumnado académico de máster en la universidad de Alicante. REICE. Revista Electrónica Iberoamericana sobre Calidad, Eficacia y Cambio en Educación. 8 (8), pp. 47–73. https://doi.org/10.2775/74083.

Ronda-Pérez, E., Seguí-Crespo, M., Cayuela, A., Tauste-Francés, A., Lumbreras, B., y Esteve-Faubel, J. M. (2016b). RedPlag: El plagio en los trabajos docentes de los estudiantes universitarios. En J. Álvarez, S. Grau, y M. Tortosa (Eds.), Innovaciones metodológicas en docencia universitaria: resultados de investigación pp. 633–648. Alicante: Universidad de Alicante.

Sanches, T. (2019). Citar e referenciar: uma estratégia formativa para o uso ético da informação e prevenção do plágio em meio académico. Perspectivas em Ciência da Informação, 24 (3), pp. 59–72 https://dx.doi.org/10.1590/1981-5344/3214

Sañudo, M., y Palifka, B. J. (2018). Corrupción académica y su influencia en la democracia. Veritas. Revista de Filosofía y Teología, (41), pp. 21–37. https://www.redalyc.org/articulo.oa?id=291157943002

Singh, N. (2017). Level of awareness among veterinary students of GADVASU towards plagiarism: a case study. The Electronic Library, 35 (5), 899–915. doi: 10.1108/EL-06- 2016-0132.

SPSS Statistics (21 agosto, 2021). Regresión categórica (CATREG) https://www.ibm.com/docs/es/spss-statistics/25.0.0?topic=SSLVMB_25.0.0/spss/categories/idh_catr.html

Sureda-Negre, J., Cerdà-Navarro, A., Calvo-Sastre, A., y Comas-Forgas, R. (2020). Las conductas fraudulentas del alumnado universitario español en las evaluaciones: valoración de su gravedad y propuestas de sanciones a partir de un panel de expertos. Revista de Investigación Educativa, 38 (1), pp. 201–219. http://dx.doi.org/10.6018/rie.358781

Sureda-Negre, J., Comas-Forgas, R., y Oliver-Trobat, M. F. (2015). Plagio académico entre alumnado de secundaria y bachillerato: Diferencias en cuanto al género y la procrastinación. Comunicar, 22 (44), pp. 103–111. http://doi.org/10.3916/C44-2015-11

Sureda-Negre, J., Reynés-Vives, J., y Comas-Forgas, R. (2016). Reglamentación contra el fraude académico en las universidades españolas. Revista de la Educación Superior, 22, pp. 31–44.

Theodoridis, S., & Koutroumbas, K. (2006). Pattern Recognition. Academic Press.

Trochim, W. M. K. (1985). Pattern Matching, Validity, and Conceptualization in Program Evaluation. Evaluation Review, 9 (5), pp. 575–604. https://doi.org/10.1177/0193841X8500900503

Turnitin LLC. (2021). Executive guide: plagiarism spectrum 2.0 [Archivo pdf] https://go.turnitin.com/l/45292/2020-07-24/bmqp61/45292/211420/Originality_Plagiarism_Spectrum_2.0_Administrators_Ebook.pdf?_ga=2.331901 42.1555813439.1626942459-1269377846.1626942459

Turnitin White Paper (2012). The Plagiarism Spectrum; Instructor Insights into the 10 Types of Plagiarism. http://pages.turnitin.com/rs/iparadigms/images/Turnitin_WhitePaper_PlagiarismSpectrum.pdf

VectorITC. (2018). Inteligencia artificial: presente, pasado y futuro. [Informe técnico]. Vectoritcgroup. https://www.vectoritcgroup.com/wp-content/uploads/2018/06/IA-Pasado-presente-y-futuro-Vector-ITC.pdf

Walker, J. (2010). Meausring plagiarism: Reserching what students do, not what they do. Studies in Higher Education, 35 (1), pp. 41–59. https://doi.org/10.1080/037507092912994

Wilks, D. C., Cruz, J. N., & Sousa, P. (2016). Personality Traits and Plagiarism: an Empirical Study with Portuguese Undergraduate Students. J Acad Ethics 14, pp. 231– 241. https://doi.org/10.1007/s10805-016-9261-y

Youmans, J. R. (2011). Does the adoption of plagiarism-detection software in higher education, reduce plagiarism? Studies in Higher Education, 36 (7), pp. 749–761. https://doi.org/10.1080/03075079.2010.523457

Eva María Espiñeira Bellón / María Cristina Pérez Crego /
Jesús Miguel Muñoz Cantero

Las causas del plagio académico en el Sistema Universitario de Galicia

Resumen: En este capítulo se presentan los resultados de una investigación financiada por la Xunta de Galicia, desarrollada con el objetivo de conocer las principales causas a las que los agentes universitarios (responsables académicos, alumnado y profesorado) aluden con respecto a la comisión de plagio en relación con los trabajos académicos que el alumnado realiza. Dichos agentes pertenecen a las instituciones universitarias de esta Comunidad Autónoma (Universidad de A Coruña, Universidad de Santiago de Compostela y Universidad de Vigo). Se muestran las percepciones que tienen sobre ello 36 personas participantes en los nueve grupos focales efectuados estableciendo las principales conclusiones a raíz de dichos resultados y confrontándolos con investigaciones relacionadas.

Palabras clave: plagio académico, honestidad académica, integridad académica, grupo focal, causas.

1 Introducción

La comisión de plagio es una práctica cada vez más habitual en el ámbito educativo y que ha alcanzado una elevada repercusión en los medios (López-Puga, 2014). Debido a ello, resulta necesario investigarlo, así como centrarse en las causas que propician que se cometa, teniendo en cuenta las percepciones de los principales agentes implicados, alumnado, profesorado y responsables académicos/as, con el fin de centrarse en el estudio de sus principales causas, consecuencias, etc., y también para poder adoptar medidas de evitación y reducción, ya que su desarrollo atenta contra la propiedad intelectual y vulnera los derechos de autoría, atacando a la vez los principios en los que se asienta el Espacio Europeo de Educación Superior.

El estudio sobre "Plagio académico en el Sistema Universitario de Galicia" subvencionado por la Secretaría General de Universidades, en los cursos 2018/2019 y 2019/2020, se ha centrado en identificar y analizar las causas a las que el alumnado universitario de grado y máster del Sistema Universitario de Galicia (Universidad de A Coruña, Universidad de Santiago de Compostela y Universidad de Vigo) alude para cometer plagio en la elaboración de trabajos académicos.

En este capítulo, se recogen los resultados, atendiendo a una metodología cualitativa a través de grupos focales, sobre la percepción de las causas de plagio por parte del alumnado, del profesorado universitario y de las personas responsables académicamente de los centros (equipos decanales y direcciones), teniendo en cuenta la percepción que tienen estos grupos de interés. Para poder comprender, analizar e interpretar el significado que aportan dichos/as participantes, se muestran sus respuestas partiendo de sus propios discursos y reflexiones.

2 Las causas del plagio académico

Mediante el diseño de investigaciones centradas en el ámbito universitario, cada vez se avanza más en el estudio del plagio con respecto a su repercusión, relevancia y a la necesidad de afrontarlo desde las instituciones universitarias (Duche et al., 2020; Sureda-Negre et al., 2020). No obstante, para dar respuesta a este problema, es necesario tener en cuenta diferentes aspectos, ya que dichas investigaciones recalcan la idea de que los motivos que conllevan al desarrollo del plagio responden a un fenómeno multicausal (Adam et al., 2017; Cebrián-Robles et al., 2016; Comas et al., 2011; Porto-Castro et al., 2019).

De esta forma, la multidimensionalidad del constructo de plagio da lugar a que no exista unanimidad a la hora de esgrimir el motivo que lleva a cometerlo, no siendo habitual la atribución a un único motivo, sino que se trata de un fenómeno que puede ser explicado por múltiples factores tanto internos como externos. Se entiende, por tanto, como un fenómeno poliédrico que no tiene su explicación en una sola causa, sino en múltiples que de un modo holístico determinan la realización de este tipo de prácticas deshonestas (Sureda et al., 2009).

En un afán por determinar los tipos de causas que conllevan al desarrollo del plagio, numerosos/as autores/as han intentado determinar una tipología básica, que normalmente se desglosa en motivos personales, individuales o internos y motivos externos o contextuales.

Entre los principales motivos personales se hace alusión a aspectos que tienen que ver con la propia personalidad del estudiantado (sexo, rendimiento académico, madurez, comodidad, competitividad, motivación, ética, desarrollo moral, autoimagen, autoestima, responsabilidad, formación en el acceso, tratamiento y selección de la información, habilidades documentales, gestión y aprovechamiento del tiempo, práctica en redacción de trabajos científicos, entre otros) (Amiri & Razmjoo, 2016; Cebrián-Robles et al., 2018; Fernando-Mejía y Lucía-Ordóñez, 2004; McCabe et al., 2001; Sureda et al., 2006; Sureda-Negre et al., 2015).

Entre los motivos externos se hace alusión a aspectos que dependen del contexto del estudiantado (comportamientos del grupo de iguales, percepción sobre la severidad de las sanciones, inexistencia de normativa clara, demanda excesiva de trabajos, facilidad de acceso a la información, falta de información, sobrecarga de trabajos, impunidad, escasez de normativa sancionadora, facilidad en el acceso a la información a través de internet, evaluaciones superficiales; premiar el resultado y no el proceso; problemas de coordinación y colaboración entre equipos docentes, etc. (Akbulut, et al., 2008; Alemán et al., 2016; Amiri & Razmjoo, 2016; Cebrián-Robles et al., 2018; Ruiz-Bejarano, 2016; Sureda et al., 2009; Sureda-Negre et al., 2015; Toller, 2011; Zarfsaz & Ahmadi, 2017).

En nuestra opinión, y tomando como base los resultados alcanzados, el proceso de enseñanza-aprendizaje del alumnado universitario ha de responder a ambos tipos de motivos y para ello se ha de determinar el tipo de medidas más eficaces a poner en marcha (Muñoz-Cantero et al., 2021).

3 Las cuestiones metodológicas sobre el estudio efectuado

Con el objetivo de determinar cuáles son las causas que facilitan la comisión de plagio, en la recogida de la información, a través de los grupos focales, han participado docentes, responsables académicos/as y alumnado de las tres universidades: diecisiete docentes, trece responsables académicos y ocho discentes (cuatro de grado y cuatro de máster) de las diferentes ramas de conocimiento:

– Siete docentes pertenecen a la rama de Ciencias Sociales y Jurídicas, tres a la de Ingeniería y Arquitectura, dos a la de Ciencias de la Salud, tres a la de Ciencias y dos a la de Artes y Humanidades.

– Con respecto a los/las responsables académicos/as, la participación ha sido de cinco informantes de Ciencias Sociales y Jurídicas, dos de Artes y Humanidades, dos de Ingeniería y Arquitectura, uno de Ciencias y uno de Ciencias de la Salud.

– De los/las discentes, cinco pertenecen a la rama de Ciencias Sociales y Jurídicas, una a Ciencias de la Salud, uno a Ciencias y uno a Ingeniería y Arquitectura.

El estudio, con metodología cualitativa a través de grupos focales, ha sido formulado con un diseño y desarrollo de carácter inductivo, abierto y emergente, con el fin de favorecer la reflexión sobre el proceso de investigación (Flick, 2012, 2014).

Para generar información en profundidad sobre las cuestiones de interés en la investigación, se ha utilizado la entrevista grupal, empleando un guion de preguntas para conocer y comprender lo que las personas implicadas opinan sobre el objeto de estudio (Prieto & March, 2002). En dicho guion, la información solicitada se organiza en cuatro bloques; un primer bloque de conceptualización del plagio, un segundo bloque de causas, un tercer bloque de consecuencias y finalmente se concluye la entrevista con un cuarto bloque de medidas para evitar el plagio. Las sesiones han contado con una persona como moderadora y con dos personas con perfil de observadoras del desarrollo de las sesiones. La persona moderadora ha sido el motor principal de la participación (Callejo, 2001), promoviendo la expresión de opiniones que podían ser matizadas a partir de la visión de cada participante (Prieto & March, 2002) en un ambiente de interacción (Hamui-Sutton & Varela-Ruiz, 2013). Todas las sesiones fueron grabadas, con la previa autorización de las personas participantes.

La información recogida ha sido transcrita y validada por cada informante, así como convenientemente codificada para proteger la confidencialidad y el anonimato de cada persona, tal y como se puede observar en el apartado de resultados. De esta forma, ha sido tratada con integridad y rigurosidad, siendo empleada únicamente la información que cuenta con la validación de los/las participantes del estudio.

El tratamiento de la información ha sido inductivo, llevado a cabo mediante el programa de análisis cualitativo de datos ATLAS.ti 8, recurso que ha facilitado la organización e interpretación de la información en la asignación de etiquetas a los distintos fragmentos de la información obtenida en los grupos focales, para con ello identificar patrones para la clasificación de la información mediante un sistema de categorías. En este sentido, es necesario indicar que el estudio cumple con los criterios de validez, fiabilidad y triangulación de fuentes de información, propios de la metodología cualitativa (Flick, 2014). Así mismo, el proyecto ha sido aprobado por el Comité de Ética de la Universidad de A Coruña.

En este capítulo se aborda la información relativa a las causas del plagio, por lo que es necesario comentar que, a los diferentes grupos focales se le facilitaron los resultados recogidos mediante el Cuestionario para la Detección de Coincidencias en Trabajos Académicos (CUDECO) (Muñoz-Cantero et al., 2019a) aplicado a 10 850 estudiantes en dos cursos académicos (2018/2019 y 2019/2020) y que se centran básicamente en las siguientes observaciones:

– Con respecto a los/las estudiantes de grado, las causas más valoradas son, en este orden, la sobrecarga de trabajo, las facilidades que ofrece Internet, la falta de tiempo y la falta de instrucciones precisas sobre cómo hacer el trabajo; en término medio establecen la falta de motivación y las puntuaciones más bajas corresponden a que las sanciones no sean graves o al desconocimiento de normativa que lo penalice.

– Con respecto a los/las estudiantes de máster, muestran estar de acuerdo en que la sobrecarga de trabajo y la falta de tiempo son las principales causas de la comisión de plagio. A estas les siguen la facilidad y comodidad en el acceso a material vía Internet y la falta de instrucciones; causas valoradas en torno a la media de la escala empleada. Y, finalmente, están en desacuerdo en que la realización de este tipo de prácticas pueda ser debida a que desconozcan que tienen que citar siempre, a la poca gravedad de las sanciones o a que sus compañeros/as lo hagan.

De acuerdo, con lo anteriormente comentado, es debido a ello que los discursos de las personas participantes se centran en estos aspectos además de las nuevas aportaciones que realizan.

4 Los principales resultados sobre las causas de plagio académico

A continuación, se muestran los resultados de las opiniones de los agentes universitarios sobre las principales causas que favorecen la comisión de plagio en las tres universidades gallegas.

4.1 Las causas desde el punto de vista del alumnado universitario

A partir del análisis realizado, se han puesto de manifiesto una serie de causas generales, desde la percepción del alumnado, percibidas como facilitadoras de comportamientos impropios en el ámbito académico en la elaboración correcta de trabajos. El plagio académico por parte del alumnado se comprende, principalmente, en base a seis: la comodidad del propio acto de comisión de plagio, el tiempo como recurso fundamental en la elaboración de las tareas, la responsabilidad de los/las docentes en la explicación, control y evaluación del proceso de enseñanza-aprendizaje, el tipo de trabajos que se encomiendan, la valoración de acciones de plagio por parte de su grupo de iguales y la falta de gravedad de sanciones, así como la propia consciencia de que tales sanciones existan.

A continuación, en la figura 1, se presenta los conceptos claves emergentes del análisis del discurso del alumnado participante del estudio.

4.1.1 La comodidad: entre la rapidez y la eficacia

La primera causa a la que el alumnado hace referencia es a la propia comodidad de la acción en sí misma, la apropiación de información ajena de una manera rápida y eficaz para conseguir las metas académicas: "Es más rápido y más eficaz copiar que hacerlo por uno mismo y trabajar los textos, pues entiendo que

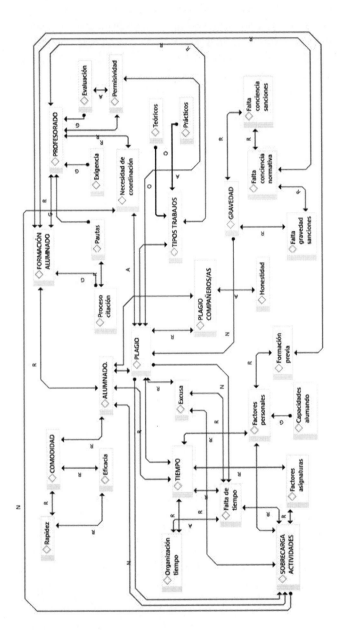

Fig. 1: Causas del plagio académico desde la percepción del alumnado

Nota. Los rectángulos denotan las categorías y códigos de análisis del alumnado. Los conectores entre los rectángulos responden a la siguiente leyenda: N=es causa de, G=es parte de, A=contradice, R=está asociado con y O=es un.

hay muchas personas que sí que copian" (D 14:2 Grupo focal_ Alumnado 5_ H_ Ingeniería y Arquitectura_ Grado Informática, UVigo), "Teniendo en cuenta que al principio nos puede parecer como la solución más fácil y más rápida para conseguir un aprobado o incluso para pasar de curso" (D 9:21 Grupo focal_ Alumnado 2_ H_ Ciencias Sociales y Jurídicas_ Derecho_Máster, USC). Especialmente, se hace hincapié en ello al centrarse en los trabajos que se encuentran en medios digitales: "En cuanto a las prácticas creo que lo más común, cuando más caemos en el plagio, es a la hora de buscar recursos en internet. Porque cuando tú recurres a un libro o a un artículo de revista o así, es más común que cites o referencies, pero creo que cuando haces una búsqueda rápida en internet…, acabas cayendo en el corta y pega… Entonces yo pienso que sí, sobre todo en la búsqueda en internet es cuando más caemos en ese error" (D 8:5 Grupo focal_ Alumnado 1_ M_ Ciencias de la Salud_ Farmacia_Máster, USC).

4.1.2 El tiempo como comodín en la justificación del plagio

Otra de las causas a las que se hace especial alusión, es a la falta de tiempo del que dispone el alumnado como condicionante a la hora de tomar decisiones incorrectas en la elaboración de las tareas académicas: "Yo creo que a veces tenemos que hacer tantas cosas, tan diferentes que pensamos que no nos va a dar tiempo a hacer todo y, en realidad acabamos haciendo todo un poco a medias" (D 8:13 Grupo focal_ Alumnado 1_ M_ Ciencias de la salud_ Farmacia_ Máster, USC). De esta situación emerge una cuestión clave, ¿cuánto tiempo necesita el alumnado para la realización correcta de las encomiendas académicas? El alumnado manifiesta que son varios los factores que condicionan la realización correcta de los trabajos, dependiendo de lo que cada uno/a comprenda como mucho o poco tiempo: "Yo considero que esto es muy subjetivo porque también depende del trabajo o depende de lo que tú consideres mucho" (D 8:12 Grupo focal_ Alumnado 1_ M_ Ciencias de la Salud_ Farmacia_Máster, USC). Entre las cuestiones que se ponen en valor, está el comprender que no es lo mismo la dedicación a un trabajo de aula, de curso o a un Trabajo de Fin de Grado (TFG): "La respuesta sería depende, porque considero que depende de la dificultad del trabajo. Si es un TFG o si es un trabajo de una asignatura. Depende del contexto del alumnado y de sus particularidades para llevar a cabo el trabajo. No puedo poner una franja de tiempo adecuado ya que depende mucho del alumnado. Por eso en educación se habla de personalizar el aprendizaje porque no se pueden poner estándares, por decirlo de alguna forma, para una persona puede ser mucho tiempo en función de su casuística y para otra no" (D 10:8 Grupo focal_ Alumnado 1_ M_ Ciencias Sociales y Jurídicas_ Máster Educación, UVigo).

En este sentido, las capacidades y las propias particularidades del alumnado (donde hay que tener en cuenta las necesidades del propio aprendizaje personalizado) también juegan un papel importante en el desarrollo de las tareas, así como su capacidad de organización: "También depende bastante del alumno, de sus capacidades, porque hay personas que trabajan más rápido y otras más lentas. También de su organización, de su vida, si tiene vida laboral, si solo se dedica a estudiar, eso también quita tiempo. ... También depende de lo que te exija ese trabajo, si es más liviano, de cuántos tengas a mayores, cuántas responsabilidades académicas tengas" (D 10:14 Grupo focal_ Alumnado 3_ M_ Ciencias Sociales y Jurídicas_ Educación_Máster, USC), "Depende más de la propia organización del alumno e incluso si se solapan trabajos que parece que si tienes una carga de trabajo muy alta, y aún te agobias más y empiezas el estrés y ya piensas que no das" (D 9:9 Grupo focal_ Alumnado 2_ H_ Ciencias Sociales y Jurídicas_ Derecho_Máster, USC).

Otra cuestión a tener en cuenta son las propias asignaturas, ya que no todas cuentan con el mismo peso, con la misma dificultad en los contenidos, ni se solicita el mismo número de páginas, etc.: "Yo básicamente es que considero que lo que es el tiempo es bastante subjetivo ¿no? porque para lo que una persona le puede llevar bastante tiempo a otra persona pues poco tiempo, depende... depende de la materia, no es lo mismo hacer un trabajo sobre Derecho Penal ¿no? que sobre, por ejemplo, la época romana... depende del contenido, depende del tiempo, del número de páginas, también depende de qué se quiere hablar por ejemplo en el derecho penal, no es lo mismo hablar de los tipos que, por ejemplo, hablar solamente de la parte general; evidentemente es mucho mayor la parte general porque es algo más subjetivo lo que es en tiempo concreto en mi opinión es muy subjetivo eso tiene que verlo el alumno y en tal sentido yo creo que considero que depende" (D 12:7 Grupo focal_ Alumnado 3_ H_ Ciencias Sociales y Jurídicas_ Grado Derecho, UVigo).

Otro condicionante que es necesario tener en cuenta es la formación previa que el alumnado tenga sobre los conocimientos que se tengan que trabajar; a menores conocimientos previos sobre un tema, resulta un mayor tiempo de dedicación a la tarea encomendada: "No es cuánto tiempo considere, mucho depende de la formación que tengas de antes porque cuando tú llegas de nuevo te puede llevar mucho más trabajo" (D 13:9 Grupo focal_ Alumnado 4_ H_ Ciencias_ Grado CC. Ambientales, UVigo). A esto hay que sumarle que cada asignatura requiere unas determinadas horas de trabajo: "Yo me basaría un poco en que a cada materia hay que dedicarle ocho horas a la semana ...trabajo no presencial pues la diferencia entre ocho menos las clases presenciales y a partir de ahí empezaría a pensar lo que es mucho o poco para un trabajo dependiendo de la carga de trabajo que me dan, además del propio estudio de los contenidos en mi casa, otras prácticas que existan y ver la parte que le quedaría al trabajo académico" (D 14:9 Grupo focal_ Alumnado 5_ H_ Ingeniería y Arquitectura_ Grado Informática, UVigo).

La situación anterior, parece venir condicionada por la carga de trabajo y el esfuerzo que suponga realizar dicha tarea en compensación con la calificación que se le otorgue: "Un trabajo en el que se exige hacer una entrevista a una entidad, cuestionarios en la calle, buscar información teórica, etc., si conlleva todo ese trabajo y después a nivel de puntuación de la materia va a ser muy poca, pues diría que es mucho trabajo para lo que va a valer en puntuación en la materia" (D 11:6 Grupo focal_ Alumnado 2_ M_ Ciencias Sociales y Jurídicas_ Grado Educación, UVigo).

4.1.3 El profesorado como responsable del proceso de enseñanza: explicación, control y evaluación

La primera necesidad que muestra el alumnado se refiere a la carencia de pautas y explicaciones sobre cómo desempeñar las tareas académicas: "Respecto a si estamos suficientemente informados, yo bajo mi experiencia pienso que no. Nos falta información sobre cómo hacerlo, cómo citar bien, porque al final creo que vamos aprendiendo sobre la marcha, sobre nuestra experiencia" (D 8:16 Grupo focal_ Alumnado 1_ M_ Ciencias de la Salud_ Farmacia_Máster, USC).

Se detecta, también, la falta de formación del proceso de citación entre el alumnado: "Está claro que si formas al estudiante en citar y en todos los elementos que son citables, está claro que mejorarías pues el índice de plagio, ¿no?" (D 14:15 Grupo focal_ Alumnado 5_ H_ Ingeniería y Arquitectura_ Grado Informática, UVigo), "Falta o desconocimiento de la normativa, ahí podría, sí, haber una falta de información; es decir, el alumnado a veces viene de diplomatura o licenciatura, no se le exigía ese trabajo de citación y referencias bibliográficas, se le debería dar cierta información de por qué no plagiar y cómo se debería hacer esa citación" (D 10:11 Grupo focal_ Alumnado 1_ M_ Ciencias Sociales y Jurídicas_ Máster Educación, USC).

Además, se considera necesaria la exigencia al alumnado del respeto del proceso de citación en los trabajos que realiza, ya que el hecho de no hacerlo provoca una sensación en el alumnado de falta de valorización de esta cuestión: "Debe haber una exigencia por parte del profesorado, una existencia gradual a la hora de citar o a la hora de referenciar como decían mis compañeros... dedicar ciertas sesiones a la explicación sobre qué normas utilizar y cómo se utilizan y luego exigiendo de forma gradual o a lo largo de los grados y del máster" (D 10:7 Grupo focal_ Alumnado 1_ M_ Ciencias Sociales y Jurídicas_ Máster Educación, UVigo), "No que en tercero se exija, sino trabajarlo e informar y explicar... dedicar ciertas sesiones a la explicación sobre qué normas utilizar y cómo se utilizan" (D 10:7 Grupo focal_ Alumnado 1_ M_ Ciencias Sociales y Jurídicas_ Máster Educación, UVigo).

Esta exigencia, debe venir acompañada de la evaluación y valoración del propio proceso de citación, ya que el alumnado considera que deben ser cuestiones evaluables; el hecho de percibir poca importancia por parte del profesorado es otra de las causas promotoras del plagio: "Yo, bajo mi experiencia, en mi carrera pienso que la mayoría no lo tiene demasiado en cuenta. Hay ciertos profesores que sí le dan importancia y si no va bien hecho pues descuentan de alguna manera, pero creo que no es lo más común, sobre todo, en trabajos de rutina que no le dan la importancia que debería tener. Por eso nosotros, pasamos más del tema, si sabemos que no le van a dar importancia tampoco nos paramos en eso porque al final si no va a ser evaluado, nosotros como que lo dejamos más de lado" (D 8:15 Grupo focal_ Alumnado 1_ M_ Ciencias de la Salud_ Farmacia_ Máster, USC).

El hecho, por parte del profesorado de no otorgar la importancia necesaria al proceso de citación promueve en el alumnado un sentimiento de permisividad: "Permitir ciertas conductas o ciertas entregas de trabajos, o ciertos errores en los trabajos, hace que la conducta se repita y un compañero utiliza trampa o engaño para conseguir una nota, la nota si se consigue se puede generalizar esa conducta a la mayor parte del alumnado, es decir, si funciona el alumnado la repite" (D 10:6 Grupo focal_ Alumnado 1_ M_ Ciencias Sociales y Jurídicas_ Máster Educación, UVigo), "Hay otros que como que les da igual, entonces tú, con esos profesores como que no tienes tanto cuidado de si plagias o no" (D 10:10 Grupo focal_ Alumnado 3_ M_ Ciencias Sociales y Jurídicas_ Educación_ Máster, USC).

En este sentido, el profesorado tiene una parte de responsabilidad en que el alumnado no cometa acciones de plagio, otorgándole la importancia que merece: "Yo pienso que el profesor tiene parte de responsabilidad porque yo hablo desde mi experiencia en Farmacia, quizá porque sea una Ciencia de la Salud se le dé menos importancia a eso, pero sí que no se paran mucho en el tema. Ahora que estoy realizando el TFG sí, pero en trabajos así de rutina como que les dan poca importancia a las referencias, a la bibliografía. Entonces nosotros también lo tomamos más a la ligera, sabemos que no se van a parar tanto en eso como en el contenido y lo hacemos más *light*; o sea sería una responsabilidad mixta" (D 8:6 Grupo focal_ Alumnado 1_ M_ Ciencias de la Salud_ Farmacia_ Máster, USC), "Sí es cierto que es un tema transversal y que deberían actuar todos los profesores pues conjuntamente. Yo me he encontrado a profesores que sí que te advierten ya antes de hacer el trabajo y lo que deriva de no hacerlo, pero hay otros que no lo hacen. Entonces parece que no existe una línea maestra entre el profesorado y eso también hace que el alumno un poco se desoriente" (D 14:6 Grupo focal_ Alumnado 5_ H_ Ingeniería y Arquitectura_ Grado Informática, UVigo).

En este sentido, otra cuestión clave del proceso es la coordinación del profesorado: "Yo hecho un poco de menos que el profesorado trabaje en la misma línea, para que después llegados a un punto no digamos que tal profesor me dijo esto y que tal profesora me dijo aquello... coordinarse un poco más para no encontrarnos con contradicciones. Bueno no es cuestión de ir responsabilizando a una parte o a otra, pero bueno matizando esto" (D 11:4 Grupo focal_ Alumnado 2_ M_ Ciencias Sociales e Jurídicas_ Grado Educación, UVigo).

4.1.4 Trabajos teóricos versus trabajos prácticos

La solicitud de trabajos teóricos, tal y como indica el alumnado, resulta menos motivadora: "A lo mejor si es algo más experimental, más de diseñar, por ejemplo. Este año, que teníamos gestión de una farmacia pues ahí sí que son más nuestros recursos, pero sí, depende de la asignatura; si es más práctica, se presta menos, pero si es teórica entonces al final lo acabamos haciendo, sí. (D 8:11 Grupo focal_ Alumnado 1_ M_ Ciencias de la Salud_ Farmacia_Máster, USC).

Por el contrario, se indica que, en los trabajos más prácticos, se tienen menores opciones para copiar: "En los que hacemos muchos casos clínicos pues ahí no se presta tanto a copiar" (D 8:9 Grupo focal_ Alumnado 1_ M_ Ciencias de la Salud_ Farmacia_Máster, UVigo).

4.1.5 Plagio como una acción en espejo: los/las compañeros/as como referentes

El alumnado afirma que es habitual que los/las compañeros/as plagien, pero indica que él no lo hace. Esta situación promueve sensaciones agridulces al comprobar que resulta fácil señalar a su grupo de iguales, pero no tanto admitir las propias acciones: "Básicamente está afirmación responde a *excusatio non petita accusatio manifesta*. Todo el mundo a lo largo de su vida, todo el mundo copia algo de alguien... Entonces yo no lo hago, pero los compañeros sí, esa es una acusación grave. Moralmente está bastante mal" (D 13:20 Grupo focal_ Alumnado 4_ H_ Ciencias_ Grado CC. Ambientales, UVigo), "Parte de un punto de hipocresía. Y aquel que esté libre de pecado que tire la primera piedra, como se suele decir. Todo el mundo yo creo que en algún momento de su vida se ha equivocado consciente o inconscientemente y la frase pues para mí públicamente no te voy a decir que sí, pero los otros sí" (D 14:20 Grupo focal_Alumnado 5_H_ Ingeniería y Arquitectura_Grado Informática, UVigo), "Todos plagiamos en algún momento consciente o inconscientemente, pero siempre tenemos la concepción de que nosotros hacemos menos que los demás, pero en cuestiones negativas. Pero al final todos plagiamos, puede ser más o menos, pero todos plagiamos alguna vez en nuestra vida académica" (D 10:25 Grupo focal_ Alumnado 3_ M_ Ciencias Sociales y Jurídicas_ Educación_Máster, USC).

Así mismo, debemos indicar, que, ante acciones con intencionalidad de plagiar, se muestra una falta de ética por parte del alumnado vinculada a una falta de honestidad para cometer tales actos: "Se trata, por ejemplo, de un plagio el entregar un trabajo de otra persona o de copiar en un examen; considero que todo el mundo tiene esta información y es socialmente reconocido que esa es una acción deshonesta" (D 10:10 Grupo focal_ Alumnado 1_ M_ Ciencias Sociales y Jurídicas_ Máster Educación, UVigo), "No sólo es que se considere una acción deshonesta, sino que además en mi facultad se sabe que es constitutivo de delito" (D 12:10 Grupo focal_ Alumnado 3_ H_ Ciencias Sociales y Jurídicas_ Grado Derecho, UVigo).

4.1.6 La falta de gravedad de sanciones y de la propia consciencia de que existan consecuencias

Otra de las grandes causas favorecedoras del plagio es la falta de gravedad en las sanciones, por el hecho de realizar este tipo de acciones: "Yo creo, en lo que veo, en mi experiencia, que no se le da importancia, que realmente no se llega a pensar en esa consecuencia de si copiamos, que no pasa nada o no es tan grave, cuando realmente sí lo es" (D 9:14 Grupo focal_ Alumnado 2_ H_ Ciencias Sociales y Jurídicas_ Derecho_Máster, USC).

Por lo que resulta imprescindible trasmitir la importancia de cometer este tipo de acciones y hacer consciente al alumnado de que el plagio trae consigo importantes consecuencias: "Deberían inculcarnos más la idea de referenciar, de atribuir la autoría a las ideas que recogemos y que tuviéramos así más conciencia a la hora de hacerlo" (D 8:7 Grupo focal_ Alumnado 1_ M_ Ciencias de la Salud_ Farmacia_Máster, USC), "Sí que se sabe que plagiar es algo grave, que no está bien hacerlo, pero creo que no somos conscientes en realidad de lo mal que está, que a lo mejor nos tendríamos que poner nosotros mismos en la situación de quien pasa sus horas haciendo una investigación y que al final nosotros cogemos a la ligera unos datos sin darles la importancia que tienen, que sí que sabemos que es algo grave hacerlo pero no le damos el suficiente valor ni percibimos que puede tener consecuencias graves; es decir, que estamos haciendo algo delictivo, por así decirlo" (D 8:17 Grupo focal_ Alumnado 1_ M_ Ciencias de la Salud_ Farmacia_Máster, USC).

Es necesario, por tanto, aportar la información precisa al alumnado para que comprenda la importancia del tema: "No te pones en el lugar de la otra persona; también creo que muchas veces es por falta de formación, y entonces tampoco sabes, piensas que no pasa nada por plagiar, vamos, que no pasa nada, que total tú eres un alumno, que no se va a dar cuenta de que tú plagiaste y que no se van a tomar consecuencias hacia ti. Entonces dices pues nada, pues no pasa nada, entonces yo creo que es eso, sobre todo creo que la base es la falta de formación" (D 10:24 Grupo focal_ Alumnado 3_ M_ Ciencias Sociales y Jurídicas_ Educación_Máster, USC).

Por lo tanto, resulta necesario poner en valor la importancia del plagio y de sus consecuencias, tanto en los Trabajos de Fin de Grado como en los trabajos de aula, especialmente si se tiene en cuenta que el alumnado considera que en los trabajos de grado no es un criterio al que se le conceda gran valor: "He de decir, que desde mi experiencia sí que noté diferencia entre máster y grado en esta cuestión. Sí que de verdad que en el máster es mayor, creo que todos los profesores le dieron bastante importancia. Es un criterio de evaluación siempre el citar bien y el referenciado. Sin embargo, en el grado, incluso en cuarto pues no le dan tanta importancia" (D 10:16 Grupo focal_ Alumnado 3_ M_ Ciencias Sociales y Jurídicas_ Educación_Máster, USC).

4.2 Las causas desde el punto de vista del profesorado universitario

Desde la percepción docente, acciones promotoras o facilitadoras de la ejecución de acciones de plagio académico por parte del alumnado son las siguientes: la accesibilidad y facilidad con la que se accede a la información, la sobrecarga de actividades ligada a la falta de tiempo, la motivación para la realización de las tareas condicionada por el tipo de actividades encomendadas, la responsabilidad docente en el proceso formativo a través de la transmisión de pautas para la elaboración de actividades académicas, el plagio concebido como una práctica social y la (baja) gravedad de las sanciones.

A continuación, se presentan las evidencias proporcionadas por el profesorado que dan soporte a las cuestiones indicadas, de acuerdo con lo representado en la figura 2 que se muestra a continuación. Las citas proporcionadas por los/las docentes se nombran con las siguientes siglas: Universidad de A Coruña (UDC), Universidad de Santiago de Compostela (USC) y Universidad de Vigo (UVigo).

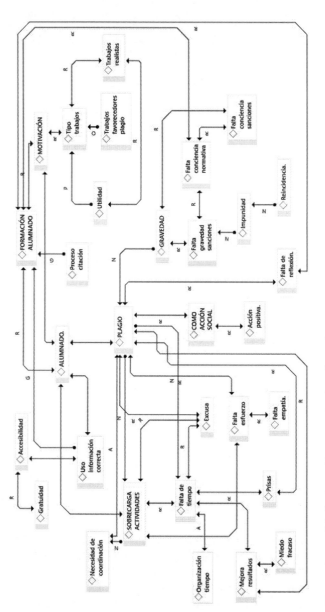

Fig. 2: Causas del plagio académico según el profesorado universitario

Nota. Los rectángulos denotan las categorías y códigos de análisis del profesorado. Los conectores entre los rectángulos responden a la siguiente leyenda: N=es causa de, G=es parte de, P= es una propiedad de, A=contradice, R=está asociado con, O=es un.

4.2.1 El plagio como una acción accesible para el alumnado

La primera cuestión a tener en cuenta como causa de las acciones de plagio que pueda cometer el alumnado es la sencillez con la que estos comportamientos pueden llevarse a cabo, resultando una acción cómoda y de fácil acceso a realizar por el estudiantado en la obtención de información ajena, especialmente de Internet: "Pues simplemente es muy sencillo coger un texto que ya está ordenado, que ya está muy bien redactado y que lo insertas en un papel y lo entregas" (D 2:13 Grupo focal 1_ Docente 2_ H_Ingeniería y Arquitectura_ Ingeniería de Caminos, UDC), "El tema del plagio, una de las consecuencias que ha tenido Internet, es que es tan fácil coger la información" (D 4:13 Grupo focal_ Docente 4_ H_ Ciencias Sociales y Jurídicas_ Económicas, USC).

Otra cuestión destacable se refiere al pensamiento de gratuidad que para el alumnado ofrece la información que se encuentra en la red. Por lo que además de sencillo, su obtención resulta gratuita: "También además en descargo de los que plagian, hay que decir que hoy día se ha instaurado la idea de la gratuidad. No de la gratitud sino de la gratuidad" (D 4:24 Grupo focal 1_ Docente 4_H_ Ciencias Sociales y Jurídicas_ Derecho, UDC), "Ellos creen que coger cosas de Internet es gratuito. Que todo lo que está ahí, sean imágenes, como decía el compañero, o sea texto, está ahí para ser cogido. Y que da igual" (D 6:8 Grupo focal 2_ Docente 1_ M_Ciencias Sociales y Jurídicas_ Educación, UDC).

En este sentido, resulta fundamental, trasmitir al alumnado la forma correcta de utilizar la información que se obtiene de la red, así como dar a conocer cuáles son los espacios más adecuados de búsqueda y análisis de información, para el manejo de estudios de calidad, formando al alumnado en el tratamiento de la información, con el fin de evitar el trabajo de esta de una manera rápida y superficial: "Como hoy en día parece que todo se encuentra en la red, pero que como no busques bien no vas a encontrar lo que quieres, o sea, que cuidado con lo que estamos creando" (D 2:31 Grupo focal_ Docente 2_ M_ Ciencias_ Matemáticas, USC), "Son capaces de ver la información muy rápidamente pero cuando llega la hora de profundizar en ella ahí fallan" (D 4:9 Grupo focal_ Docente 4_ H_ Ciencias Sociales y Jurídicas_ Económicas, USC), "Yo creo que se junta ese exceso de información que nos lleva a ir a los titulares, a no tener una capacidad crítica, a querer hacer los trabajos inmediatos" (D 3:15 Grupo focal_ Docente 3_ M_ Ciencias de la Salud_ Psicología, USC).

4.2.2 La sobrecarga de actividades y falta de tiempo: entre la realidad y la excusa

La segunda cuestión a la que se hace alusión es a la sobrecarga de trabajo. Por un lado, se comprende que este tipo de comportamientos impropios emergen por la sobrecarga de actividades encomendadas por los/las docentes, así como por la coincidencia en el tiempo de la entrega de las actividades y la realización de los exámenes: "Conocimiento, prisas y el nivel de exigencia que es muy alto, entonces al hombre no le queda más remedio que copiar, pegar y modificar un poquito para que no se note mucho que es plagio" (D 2:36 Grupo focal_ Docente 2_ M_ Ciencias_ Matemáticas, USC), "Esa necesidad de hacer un trabajo sí o sí al final que además coincide con los últimos exámenes de las últimas materias de cuarto y entonces a lo mejor con un agobio, con una presión por acabar, quizá relaja de alguna manera las costumbres o las prácticas deshonestas, ilícitas" (D 1:10 Grupo focal_ Docente 1_ M_ Artes y Humanidades_ Bellas Artes, USC).

Por lo que la coordinación entre docentes emerge como una necesidad para abordar el evitar el plagio: "Hay que modular la carga de trabajo y también a lo mejor alguna falta de coordinación" (D 11:20 Grupo focal_ Responsable 2_ M_ Artes y Humanidades_ Filología, UDC)", "Puede ser que les exigimos demasiado y por eso el sistema establecido obliga a los alumnos a que se busquen las castañas" (D 14:17 Grupo focal_ Responsable 5_ H_ Ingeniería y Arquitectura_ Diseño industrial), "No hay tanta coordinación entre materias como debería" (D 3:16 Grupo focal_Docente 3_M_ Ciencias_ Microbiología, UVigo).

Por otro lado, se encuentran los/las docentes que valoran la sobrecarga como una excusa para justificar comportamientos académicos impropios: "Lo de la sobrecarga de trabajo creo que es la excusa que se utiliza siempre. Yo desde que empecé, cada vez me parece que se exige menos" (D 7:20 Grupo focal 2_ Docente 2_ H_Ingeniería y Arquitectura_Arquitectura, UDC)". Resulta en este sentido, importante, trasmitir la importancia de una buena organización del tiempo del que dispone el alumnado: "Y la falta de tiempo más de lo mismo: te matriculas de menos asignaturas si tienes que trabajar para poder hacerlo, no lo sé, pero me parece que son causas desde su punto de vista que no" (D 7:21 Grupo focal 2_ Docente 2_ H_Ingeniería y Arquitectura_Arquitectura, UDC), "¿Por qué en otros países no tienen ese problema de falta de tiempo o de sobrecarga cuando también tienen que trabajar para estudiar?" (D 7:21 Grupo focal 2_ Docente 2_ H_Ingeniería y Arquitectura_Arquitectura, UDC).

Así mismo, la falta de esfuerzo en el alumnado se considera una de las causas que propicia acciones de plagio. El alumnado que no tiene intención de elaborar correctamente un trabajo y cuenta en su haber con el objetivo de realizar las actividades con el menor esfuerzo y tiempo posible, es más propenso a realizar este tipo de comportamientos: "Están en un sistema de: vamos a quitarnos los trabajos, con el menor esfuerzo posible y en el menor tiempo posible" (D 1:13 Grupo focal_Docente 1_H_ Ciencias Sociales y Jurídicas_Empresas, UVigo). "Entonces, es una vida tan llena, que a lo mejor es producto de la edad tan llena de cosas que hay que hacer, que realmente un trabajo de una asignatura es una cosa accidental, y hay que salir como se pueda del paso" (D 3:10 Grupo focal_ Docente 3_M_ Ciencias_ Microbiología, UVigo).

Siendo esta una consecuencia de las prisas de la propia sociedad en la que vivimos: "El alumno quiere llegar muy rápido a todo porque es una sociedad de la ansiedad" (D 2:32 Grupo focal_ Docente 2_ M_ Ciencias_ Matemáticas, USC), "Las prisas todas con las que se escriben y a veces claro un nivel de exigencia que hace que el alumno, pues, como que tengo que rellenar 50 páginas y tengo prisa, pues copio pego y ya está" (D 2:28 Grupo focal_ Docente 2_ M_ Ciencias_ Matemáticas, USC).

Siendo, así mismo, una decisión que algún/a discente toma para alcanzar mejores resultados académicos. Uno de los factores que pueden promover estas acciones es el miedo al fracaso del alumnado: "Lo que buscan es la manera de atajar o aprobar una asignatura. Y por el camino, pues, cuanto más fácil sea hacer los trabajos de las asignaturas, pues mejor que mejor. Y esa es la gran causa" (D 2:12 Grupo focal_Docente 2_H_ Ingeniería y Arquitectura_Informática, UVigo)", "Ese miedo al fracaso, porque lo vemos todo tan bonito, vivimos en una era de la imagen, donde todo tiene que estar perfecto y vemos que la gente escribe cosas maravillosas y de manera casi, bueno, sin esfuerzo, que no, nosotros también queremos ser tan artistas como ellos, y ¿cómo es la forma?, pues acceder a la información, donde primero la pillemos" (D 3:17 Grupo focal_ Docente 3_ M_ Ciencias da Salud_ Psicología, USC).

4.2.3 El tipo de trabajos vinculados a la falta de motivación

La falta de motivación del alumnado ante las tareas encomendadas puede estar motivada por el tipo de trabajos solicitados y por su utilidad: "A veces se hacen trabajos y no se sabe muy bien por qué ni para qué. Entonces le crea al alumno eso de entrego y ya" (D 3:25 Grupo focal 1_ Docente 3_ M_ Ciencias Salud_ Enfermería, UDC), "Ahora obligas a todo el mundo a hacer un trabajo para el que no está motivado, y no le interesa, y solo lo quiere para graduarse; pues, chico, ya llegó hasta aquí, entonces dice: y esto lo saco como sea y es así" (D 2:41 Grupo focal_ Docente 2_ M_ Ciencias_ Matemáticas, USC).

Considerando, además, que existen tipos de trabajos que resultan más favorecedores de este tipo de acciones: "Tal y como defines tú la materia pues, no digo que lo propicie, pero lo hace más fácil o que sea más complicado, por lo tanto, pelean el mecanismo de estímulo y de respuesta" (D 1:16 Grupo focal_Docente 1_H_ Ciencias Sociales y Jurídicas_Empresas, UVigo). Así, también se ha de tener en cuenta que los trabajos que se soliciten han de ser realistas en relación con el tiempo y con la capacidad del alumnado: "Igual hay que exigir menos, que el alumno entienda bien lo que hace y no ser tan estrictos sobre todo en un trabajo de fin de grado, no es un trabajo de investigación, bueno es un trabajo para concluir unos estudios dignamente" (D 2:40 Grupo focal_ Docente 2_ M_ Ciencias_ Matemáticas, USC).

4.2.4 La responsabilidad docente ante las instrucciones aportadas en la materia al alumnado

El desconocimiento que el alumnado presenta sobre la obligación de realizar trabajos respetando el proceso de citación y respeto de autoría, resulta una situación que los/las docentes deben solventar, "Yo en el primer cuatrimestre que estuve en una Facultad de Educación, tuve trescientos alumnos, estaban en cuarto de carrera todos. Y veía las caras que me ponían cuando explicaba lo que era la base de datos Scopus. Veía las caras que ponían cuando les explicaba lo que conllevaba el adueñarse de una idea" (D 7:9 Grupo focal 2_ Docente 2_ H_ Ingeniería y Arquitectura_Arquitectura, UDC).

Resulta fundamental poner en valor la importancia de formar al alumnado sobre cuáles son los procedimientos correctos en la elaboración de trabajos académicos: "No podemos exigirles que hagan buenos documentos si previamente nadie les ha enseñado a hacer bien esos documentos" (D 2:18 Grupo focal_ Docente 2_H_ Ingeniería y Arquitectura_Informática, UVigo)". Así, las pautas establecidas para desarrollar los trabajos académicos deben ser solicitadas permanentemente, a lo largo de los estudios universitarios, con una citación de fuentes correcta; no quedando relegada a una breve formación inicial al acceder a la universidad: "Yo creo que en primero más o menos lo asumen, no lo aplican en esos primeros trabajos que hacen en primero y segundo, y, cuando llegan a cuarto, se les ha olvidado completamente" (D 1:8 Grupo focal_ Docente 1_ M_ Artes y Humanidades_ Bellas Artes, USC).

4.2.5 Plagio aceptado como acción social

El profesorado considera, que una de las causas de que el plagio sea una práctica aceptada en el ámbito académico, es que se ha convertido en una acción que cuenta con aceptación social mostrando una falta de conciencia sobre la propia situación: "Por un lado, ese comportamiento socializado absolutamente de que aquí no pasa nada, aquí copiamos, cortamos, y no importa. Cogemos imágenes, texto, lo que sea. Porque lo vemos, porque los políticos lo hacen, porque en la música también se hace. Hay denuncias, pero no somos conscientes de que haciéndolo nosotros también estamos cometiendo un acto grave. Hay falta de

conciencia" (D 6:13 Grupo focal 2_ Docente 1_ M_Ciencias Sociales y Jurídi-
cas_ Educación, UDC), llegando, incluso, a considerar el plagio como una acción
positiva dentro de las competencias que tienen que alcanzar los/las discentes en
la formación académica: "De manera sorprendente, un número importante –que
podía ser la mitad– consideraban que era una habilidad para el mundo profesional" (D 9:11 Grupo focal 2_ Docente 4_ H_Artes y Humanidades_ Filología, UDC); vinculándose esta situación a una falta de empatía por parte del
alumnado infractor: "Para mí el plagio por una parte es no tener empatía con el
trabajo de los demás. Es no ponerse en el lugar de otro y no valorar el esfuerzo.
No saber lo que es hacer un trabajo" (D 7:1 Grupo focal 2_ Docente 2_ H_Inge-
niería y Arquitectura_Arquitectura) y en una falta de reflexión por parte del
alumnado del significado de plagiar: "Yo de reflexión, no de formación. Saben el
concepto, pero no lo han reflexionado y no lo han aplicado" (D 3:20 Grupo focal
1_ Docente 3_ M_ Ciencias de la Salud_Enfermería, UDC).

4.2.6 La falta de gravedad en las sanciones ante las acciones de plagio

Finalmente, la última causa a la que se hace alusión es a la falta de gravedad de
las sanciones ante la detección de este tipo de prácticas impropias en los trabajos encomendados. A nivel general, el profesorado concuerda en que estas no
son graves: "En mi opinión, la gravedad del hecho no se corresponde con la
magnitud del castigo. En un análisis "coste-beneficio" es claramente "rentable"
el plagio" (D 5:9 Grupo focal 1_ Docente 5_M_ Ciencias Sociales y Jurídicas_
Economía y Empresa, UDC), "Por la poca percepción de la gravedad yo creo
que se plagia" (D 8:9 Grupo focal 2_ Docente 3_ H_ Ciencias_Química, UDC).

Así, esta situación provoca un sentimiento de impunidad en el alumnado para
cometer este tipo de acciones: "Hay otros que utilizan mucho lo que llamamos
en psicología la desconexión moral, utilizan justificaciones para no sentirse mal,
pero saben que no están haciendo el bien, entonces eso va un poco también en
ese sentimiento de impunidad que pueda tener cada alumno o cada alumna" (D
3:18 Grupo focal_ Docente 3_ M_ Ciencias de la Salud_ Psicología, USC).

Ahí está la percepción, muy extendida, de que no pasa nada: "En el peor de los
casos, me pillan. Pues una segunda oportunidad. Después seré más listo e inten-
taré que no me pillen. Creo que la impunidad es la primera de las razones: la
percepción de gozar de impunidad" (D 9:13 Grupo focal 2_ Docente 4_ H_Artes
y Humanidades_ Filología, UDC).

En este sentido emerge la idea de reincidencia en la que el alumnado asume
este tipo de prácticas como habituales a lo largo de los cursos académicos: "Los
estudiantes van serpenteando y se dan cuenta de dónde pueden utilizar las

triquiñuelas" (D 1:7 Grupo focal 1_ Docente 1_ M_Ciencias Sociales y Jurídicas_ Educación, UDC).

Con los comportamientos citados, se pone en evidencia que, para una parte del alumnado, se muestra una falta de conciencia de sanciones y de normativa que regule estas cuestiones: "Creo que la mayor parte de ellos no son conscientes de que no hay ningún tipo de sanción al margen de eso y como ellos no han copiado, sino que han intentado hacer el trabajo lo mejor posible, entonces entiendo que directamente no haya consciencia de sanciones" (D 2:22 Grupo focal_Docente 2_H_ Ingeniería y Arquitectura_Informática, UVigo).

Por lo que resulta fundamental, aportar información necesaria al alumnado para que sea consciente de la existencia de las normas de conducta que la entidad tiene en la elaboración de los trabajos académicos y de las consecuencias que supone la realización de acciones fraudulentas.

4.3 Las causas desde el punto de vista de los/las responsables académicos/as universitarios/as

La percepción de los/las responsables académicos/as en cuanto a las actuaciones promotoras o facilitadoras de la ejecución de acciones de plagio académico por parte del alumnado se centra en la facilidad del propio acto de comisión de plagio, la sobrecarga de actividades solicitadas por el profesorado, la falta de motivación del alumnado ante determinado tipo de trabajos solicitados, la falta de pautas en la elaboración de las actividades académicas, el propio plagio entendido como una cuestión cultural y la escasa gravedad de las sanciones; cuestiones, como se puede apreciar, muy relacionadas con las proporcionadas por el profesorado universitario.

A continuación, en la figura 3, se muestra la representación de las evidencias proporcionadas por los/las responsables académicos/as que dan soporte a las cuestiones indicadas mediante el empleo de las siguientes siglas: Universidad de A Coruña (UDC), Universidad de Santiago de Compostela (USC) y Universidad de Vigo (UVigo).

4.3.1 La comisión de plagio por la facilidad del propio acto

Para los/las responsables de las universidades, la facilidad con la que el alumnado puede conseguir realizar este tipo de acciones, resulta una de las causas que promueve el plagio académico: "Vivimos tiempos en los que los medios son importantes y la información está muy accesible y es fácilmente copiable", (D 10:20 Grupo focal_ Responsable 1_ H_ Ciencias Sociales y Jurídicas_ Educación, UDC), "Ahora es tremendamente sencillo entrar en cualquier buscador, un

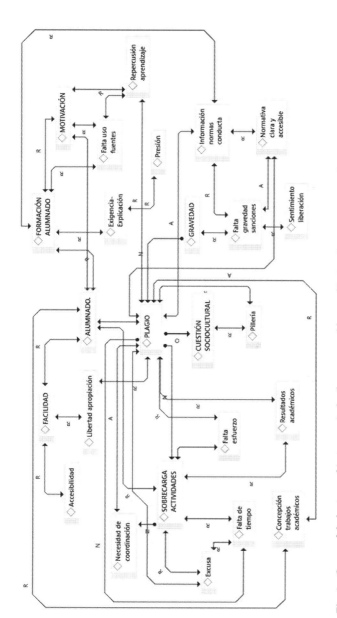

Fig. 3: Causas del plagio académico según los/las responsables académicos/as universitarios/as

Nota. Los rectángulos denotan las categorías y códigos de análisis de responsables académicos. Los conectores entre los rectángulos responden a la siguiente leyenda: N=es causa de, A=contradice, R=está asociado con y O=es un.

tipo Google Académico, o en cualquier página web y copiar textos y pegarlos, es muy, muy sencillo" (D 6:17 Grupo focal_ Responsable 2_ H_ Ciencias Sociales y Jurídicas_ Psicología, USC), "Se copia bastante precisamente por la facilidad, además de que sea deshonesto, por la facilidad con que se copia" (D 5:4 Grupo focal_ Responsable 1_ H_ Ciencias Sociales y Jurídicas_ Ciencias de la Educación y del Deporte, UVigo).

Así mismo, la disponibilidad de la información produce en el alumnado un sentimiento de gratuidad y libertad para su apropiación: "Desde la sociedad de la información, desde la sociedad del conocimiento, no soy experto, pero efectivamente contamos con muchísima información que está a nuestra total disposición" (D 6:18 Grupo focal_ Responsable_2_ H_ Ciencias Sociales y Jurídicas_ Psicología, USC).

4.3.2 La sobrecarga de actividades y la organización docente

Aunque no se descarta que la sobrecarga de actividades sea una realidad, no se acepta como una excusa para llevar a cabo acciones impropias con el fin de superar los trabajos académicos: "Me consta que hay profesores que aún exigen a mayores cosas de las que yo no me entero. Entonces sí que puede haber cierta sobrecarga de trabajo, no digo que no. Pero también es verdad que eso no significa que tengas que hacer plagio, te puedes quejar porque tengas mucho trabajo, pero eso no significa que eso te permita hacer este tipo de cosas" (D 13:2 Grupo focal_ Responsable 4_ M_ Ciencias_Biología, UDC). En este sentido, la falta de organización del profesorado en las encomiendas de las tareas resulta un factor importante que hay que tener en cuenta: "Por desgracia, cada uno nos creemos que nuestra asignatura es la única y la más importante y entonces eso implica que a veces… Yo creo que a veces deberíamos indicar al alumno que es más importante breve y bueno que mucho y malo" (D 7:14 Grupo focal_ Responsable 3_ M_ Ingeniería y Arquitectura_Ingeniería Forestal, UVigo).

Por lo que, la coordinación entre docentes emerge como una necesidad para abordar el evitar el tema del plagio: "Empezar a evitar los compartimentos estancos entre materias y empezar a hacerlo en las clases que se imparten, a ser consciente de las cargas en paralelo que van teniendo otras materias" (D 14:17 Grupo focal_ Responsable 5_ H_ Ingeniería y Arquitectura_ Diseño Industrial), "Entonces yo creo que, es una cuestión que ya mencionasteis, que había una falta de coordinación entre el profesorado" (D 11:20 Grupo focal_ Responsable 2_ M_ Artes y Humanidades_ Filología).

En este sentido, el tiempo del que dispone el alumnado para la realización de los trabajos también estará condicionado por la cantidad de información que deba trabajar. A mayor información, menor tiempo para su ejecución: "Oye que tengo tal fecha de entrega para un trabajo en Moodle y tengo que hacerlo como sea" (D 14:17 Grupo focal_ Responsable 5_ H_ Ingeniería y Arquitectura_ Diseño Industrial, UDC), "Yo quiero pensar que por falta de tiempo para poder hacerlo por sí mismo, porque se ve desbordado y antes de no entregar nada pues tira para adelante" (D 8:10 Grupo focal_ Responsable 4_ H_ Ingeniería y Arquitectura_ Ingeniería Industrial, UVigo), "En cuanto a la falta de tiempo, sí es una queja constante año tras año en los distintos cursos la sobrecarga de trabajo, especialmente en determinados períodos" (D 6:39 Grupo focal_ Responsable 2_ H_ Ciencias Sociales y Jurídicas_ Psicología, USC).

En este sentido, la falta de tiempo también es considerada como una excusa, para no afrontar las tareas con esfuerzo: "Yo personalmente creo que poco. Es decir, lo que dicen los alumnos de exceso de trabajos a mi juicio no es cierto. Yo creo que falta mucha cultura del esfuerzo" (D 5:14 Grupo focal_ Responsable 1_ H_ Ciencias Sociales y Jurídicas_ Ciencias de la Educación y del Deporte, UVigo). Así mismo, la idea de esfuerzo también se muestra relacionada con la concepción de la elaboración de trabajos que el alumnado tenga: "A mí me da la impresión de que hay una inercia de que hacer un trabajo es ir a Wikipedia y con suerte a dos sitios más y está el trabajo hecho" (D 11:2 Grupo focal_ Responsable 2_ M_ Artes y Humanidades_ Filología, UDC).

O incluso, en algún caso, resulta necesario, para alcanzar mejores resultados académicos: "Hay otra parte que es la de que yo soy consciente de que lo estoy haciendo mal, pero me resulta más cómodo, con esto construyo un texto de mayor calidad" (D 5:11 Grupo focal_ Responsable 1_ M_ CeTA, USC).

4.3.3 La falta de motivación ante la elaboración de los trabajos teóricos

La falta del uso de fuentes bibliográficas en la elaboración de trabajos teóricos, por parte del alumnado, resulta un factor a tener en cuenta en la motivación del alumnado: "Son trabajos bastantes bibliográficos, con lo cual el alumno, lo que decía, busca cosas diferentes y al final va cortando, hace un corta y pega de un lado y otro y presenta dicho trabajo" (D 7:4 Grupo focal_ Responsable 3_ M_ Ingeniería y Arquitectura_ Ingeniería Forestal, UVigo).

Y, por otro lado, otro aspecto que se debe tener en cuenta es la repercusión que el plagio cometido tenga en el aprendizaje del alumnado: "Para mí lo más grave, lógicamente, y entiendo gravedad igual desconocer cómo se construye un texto escrito con cierta calidad, teniendo gravedad creo que tiene más solución, entre comillas" (D 5:12 Grupo focal_ Responsable 1_ M_ CeTA, USC).

4.3.4 La responsabilidad docente: la exigencia precedida de la explicación

Los/las responsables consideran que la exigencia de un buen trabajo debe venir precedida de una formación previa, no exigiendo conocimientos que no han sido trasmitidos con anterioridad: "Tantas veces hemos achacado a algunos de nuestros profesores: ¡es que ha puesto un examen de cosas que no había explicado!; bueno pues, cuidado de que no estemos haciendo nosotros lo mismo" (D 7:38 Grupo focal_ Responsable 3_ M_ Ciencias Sociales y Jurídicas_ Educación, USC)", "También depende lo que le expliquemos nosotros, sobre todo alumnos de Trabajo Fin de Grado que le expliquemos cómo citar ese tipo de fuentes, aunque sea solo una norma" (D 8:6 Grupo focal_ Responsable 4_ H_ Ingeniería y Arquitectura_ Ingeniería Industrial, UVigo), "No podemos pedir a nadie hacer algo bien si nosotros no le ayudamos a hacerlo" (D 7:36 Grupo focal_ Responsable 3_ M_ Ciencias Sociales y Jurídicas_ Educación, USC), "Una vez que tú indicas al alumnado el proceder, le dices cómo ha de mejorarlo e incluso le das algunas estrategias o algunas herramientas para la construcción de texto escrito, pues, habitualmente eso se subsana fácilmente" (D 7:16 Grupo focal_ Responsable 3_ M_ Ciencias Sociales y Jurídicas_ Educación, USC).

Para los/las responsables académicos/as, el plagio se podría abordar mediante la exigencia y la presión de la realización de trabajos con un proceso de citación correcto: "Y el problema, en todo caso, es cómo a lo largo del grado somos capaces, o no, de hacer presión sobre este aspecto. Es decir, que no quede lo que hacemos solo en una mera información de cómo evitar el plagio, sino que, en sus trabajos diarios, en sus trabajos académicos de las diferentes asignaturas que cursan, se exija y se considere como un elemento de evaluación relevante la evitación del plagio" (D 10:4 Grupo focal_ Responsable 1_ H_ Ciencias Sociales y Jurídicas_ Educación).

4.3.5 Plagio como cuestión sociocultural

Para los/las responsables académicos/as, el plagio está considerado como una cuestión sociocultural, aceptada por los miembros de la sociedad, donde este tipo de acciones entre los/las compañeros/as se asume como algo habitual y que cuenta con aceptación: "Está muy arraigado en la cultura, no está visto mal socialmente. Y eso es un problema" (D 5:16 Grupo focal_ Responsable 1_ H_ Ciencias Sociales y Jurídicas_ Ciencias de la Educación y del Deporte, UVigo): "Es un problema a mi juicio más de carácter sociocultural. Es decir, el ver a tu familia desde muy pequeño cómo valora como admisible cualquier comportamiento que pueda ser "antisocial", siempre que no te pillen. Es mi punto de vista sobre el tema" (D 10:23 Grupo focal_ Responsable 1_ H_ Ciencias Sociales y Jurídicas_ Educación, UDC), "Yo creo que esto tiene una raíz más profunda. Los políticos, los universitarios son un reflejo de la sociedad y nuestra sociedad no es el paradigma de la honestidad. Es decir, socialmente entre los alumnos si uno dice "eh copié y tal" los demás no lo rechazan del grupo en principio" (D 5:8 Grupo focal_ Responsable 1_ H_ Ciencias Sociales y Jurídicas_ Ciencias de la Educación y del Deporte, UVigo).

Este tipo de comportamientos están vinculados a acciones con pillería, con clara intención de engañar: "Hay otro grupo que es, bueno, el que obviamente carece de los valores que nos gustaría" (D 10:35 Grupo focal_ Responsable 1_ H_ Ciencias Sociales y Jurídicas_ Educación, UDC), "¿Es malo copiar? Si te cogen sí es muy malo, porque te pueden suspender. No porque sea tan malo en sí mismo te dirían ellos; mis colegas han copiado y no pasó nada porque no les detectaron, a mí me pillaron y pago un precio. Pero, esto no quiere decir que no se vuelva a repetir" (D 10:18 Grupo focal_ Responsable 1_ H_ Ciencias Sociales y Jurídicas_ Educación, UDC).

Por lo que la transmisión de la importancia sobre este tema resulta necesaria, no solo a nivel académico, sino a nivel de la sociedad: "Creo que por lo demás la prevención tiene que ver con la divulgación social sobre la necesidad de prevenir este tipo de comportamientos que son antisociales, que son faltas de ética que repercuten en la sociedad en su conjunto. Y divulgarlo para que en otros niveles educativos y en otros contextos informales o no formales de educación se haga también como nosotros hincapié en este tema. Cada uno a su nivel y cada uno en los temas que puedan ser de su competencia" (D 10:38 Grupo focal_ Responsable 1_ H_ Ciencias Sociales y Jurídicas_ Educación).

4.3.6 La falta de gravedad en las sanciones ante las acciones de plagio

Así mismo, la falta de gravedad en las sanciones es considerada como otra de las causas de las acciones de plagio, por parte de los/las responsables académicos/as: "Yo creo que realmente no hay sanciones graves y, al mismo tiempo, el alumno se cree incluso que lo está haciendo bien" (D 7:16 Grupo focal_ Responsable 3_ M_ Ingeniería y Arquitectura_ Ingeniería Forestal, UVigo).

Esta cuestión favorece en el alumnado un sentimiento de liberación ante sus propias acciones: "Las sanciones; el alumnado las interpreta como poco graves, porque la mayoría de las infracciones que ellos cometen en este sentido son también menos graves o los profesores le dan cobertura o una salida de otro tipo" (D 5:42 Grupo focal_ Responsable 1_ M_ CeTA, USC).

Así mismo, la falta de conocimiento de la existencia de sanciones ante comportamientos impropios en los trabajos académicos supone otro punto a tener en cuenta: "Para mí el rectorado debería poner más claro y más accesible el tema de la norma y la sanción y de las consecuencias que tiene un mal uso de determinadas prácticas, porque yo creo que no está ni bien recogido, ni está bien difundido ni se conoce" (D 7:63 Grupo focal_ Responsable 3_ M_ Ciencias Sociales y Jurídicas_ Educación, USC).

Resulta, por lo tanto, necesario aportar información al alumnado para que sea consciente de la existencia de las normas de conducta que la entidad tiene en la elaboración de los trabajos académicos y de las consecuencias que supone la realización de acciones fraudulentas: "Que haya información clara acerca de la gravedad que tiene el incumplir este aspecto. La falta de respeto de la propiedad intelectual de los demás. La falta de ética personal y profesional. Esa información creo que debe estar accesible en las webs de la Universidad, en cada uno de los centros" (D 10:39 Grupo focal_ Responsable 1_ H_ Ciencias Sociales y Jurídicas_ Educación, UDC).

Por lo tanto, resulta necesario contar con una normativa, pública, clara y concisa, "debería de estar ahí, ser clara y conocida, pública. La información pública es importante hoy en día, pues la normativa a este respecto debería de ser muy clarita" (D 6:18 Grupo focal_ Responsable 2_ M_ Ciencias de la Salud_ Enfermería, UVigo).

5 Conclusiones

A continuación, se presentan las principales conclusiones del estudio realizado durante los cursos académicos 2018/2019 y 2019/2020 sobre la opinión de los agentes que conforman el Sistema Universitario de Galicia (alumnado, profesorado y responsables académicos) en relación con el plagio académico.

Es necesario señalar, en primer lugar, que se aprecia una percepción común en el alumnado, tanto de grado como de máster, aludiendo principalmente a factores externos como son la sobrecarga de trabajo y la falta de tiempo, al igual que en los resultados obtenidos por Dias et al. (2013) y Dordoy (2002).

Con respecto al profesorado, los resultados han puesto de manifiesto, que las principales causas promotoras de plagio en los trabajos académicos hacen alusión a cuestiones tanto intrínsecas como extrínsecas al alumnado. El hecho de que la información se encuentre accesible en la red a todas las personas da lugar a una concepción y a un uso indiscriminado de esta. Así mismo, las actividades académicas solicitadas se muestran condicionadas por una simultaneidad de tareas y obligaciones encomendadas por el profesorado, suponiendo esto una merma en su calidad, situación que se puede subsanar con la organización tanto del profesorado en las cuestiones que se solicitan, como con una adecuada planificación del tiempo que el alumnado posee, ya que una distribución de tareas adecuada y realista a cada discente se vuelve un instrumento fundamental en su proceso de aprendizaje.

El alumnado necesita recibir una formación en la que se comprendan sus necesidades, en la que se promuevan actividades útiles para su desarrollo profesional y en la que, la detección e identificación de acciones impropias, tanto en los trabajos de cada uno/a como en los de los/las compañeros/as, sean interiorizadas y cuestionadas por los/las discentes. Para ello resulta clave que las sanciones para este tipo de comportamientos se endurezcan con el fin de evitar la reincidencia de estos comportamientos, así como trasmitir la importancia de conocer y respetar la normativa vigente de cada universidad.

Los/las responsables académicos/as, ponen de manifiesto cómo el plagio es considerado como una cuestión con un fondo sociocultural, en la que las acciones de carácter poco ético son una realidad no solo en la comunidad educativa, sino también en la sociedad. Resulta una gran responsabilidad por parte de la universidad, como cuna de futuros/as profesionales y de miembros de la sociedad, promover una formación fundamentada en transmitir integridad en los comportamientos del alumnado, así como la desaprobación de las acciones de la pillería. Desde las aulas de educación superior no se comprende la justificación de acciones impropias mediante la excusa de sobrecarga de actividades y de falta de tiempo, ya que estas excusas vienen condicionadas por una falta de esfuerzo por parte de los/las discentes. El proceso de aprendizaje requiere de esfuerzo por parte del alumnado, y de la comprensión de que no por el hecho de tener algo fácil y accesible, como es la información de la red, supone que sea una opción que haya que tener en cuenta en el desarrollo de las actividades sin llevar a cabo la correcta citación de la misma, y menos si cabe con la intención de alcanzar mejores resultados académicos. Así mismo, resulta necesario tener en cuenta que la solicitud de un trabajo a un/a discente, debe venir precedida de una explicación docente en cuanto a sus requerimientos; trabajos en los que las acciones de plagio sean comportamientos intolerables y sancionados a partir de la normativa vigente, que debe ser clara y accesible a toda la comunidad educativa.

Como conclusiones finales del estudio realizado, se presta una especial atención a las principales causas que el alumnado de las tres universidades establece para confrontarlas con las opiniones del profesorado y responsables académicos/as participantes en los diferentes grupos focales, así como con los numerosos estudios efectuados al respecto.

En primer lugar, nos detendremos en la causa más abordada por el estudiantado universitario, la sobrecarga de trabajo ligada a la falta de tiempo. En este sentido, el tiempo con el que cuenta el alumnado, va a ser un determinante a la hora de tomar decisiones correctas en el desempeño de las actividades. Ante la posible excusa de la falta de tiempo para poder cometer plagio, se señalan diferentes factores que condicionan la propia concepción de lo que el alumnado considera falta de tiempo, aspectos de la propia organización de las asignaturas, de su dificultad, de su exigencia y de la carga de trabajo que acarreen, pero también aspectos personales del propio alumnado que pueden afectar al desempeño de las actividades, como son las dificultades personales de cada alumno/a, el propio ritmo de aprendizaje, las capacidades, la formación previa en los contenidos a abordar, etc., cuestiones que hacen que se ponga en valor la individualización del aprendizaje, ya que no todos/as cuentan con las mismas condiciones para dar respuesta de una manera satisfactoria a las encomiendas académicas. Esta cuestión ha sido ampliamente abordada tanto por los/las responsables académicos/as como por el profesorado universitario en dos sentidos completamente diferentes. Por un lado, comprendiéndolo, asumiendo que efectivamente puede existir una sobrecarga en las actividades y exámenes a los que ha de responder el alumnado y que esta cuestión le lleve, efectivamente a copiar, pegar y/o modificar lo escrito para que no se note que se ha plagiado; de esta forma, el profesorado pone el acento en la necesaria organización del profesorado, en la coordinación docente en cuanto a las encomiendas de las tareas y los/las responsables académicos/as señalan la importancia de no establecer las diferentes asignaturas como compartimentos estancos y la necesidad de preocuparse por las cargas que el alumnado va teniendo en las diferentes asignaturas; se hace hincapié en controlar la carga de trabajo del alumnado en ciertos períodos. Sin embargo, por otro lado, también se centran en que esta explicación puede ser una excusa para justificar este tipo de comportamientos y superar así los trabajos académicos solicitados. El profesorado resalta que cada vez se exige menos con el objetivo de que el alumnado pueda organizar su tiempo; se entiende que, si no se es capaz de seguir el ritmo marcado, existen otras opciones como cursar los estudios a tiempo parcial, valorando que sí existe alumnado que se ajusta al nivel de sobrecarga establecido aun cuando se esté estudiando y trabajando al mismo tiempo. Además, ambos grupos señalan la necesidad del esfuerzo del alumnado en los estudios universitarios y no las prisas, la necesidad de obtener unos buenos resultados o el miedo a fracasar, que parece demandar la actual sociedad. El alumnado ha de ser el protagonista de su aprendizaje asumiendo su responsabilidad de formarse también para ser ciudadano íntegro en sus acciones personales y sociales, de tal forma que el fin de la universidad no ha de recaer en la mera obtención de un título académico sino también en ofrecer una formación ética y moral en su desarrollo profesional basada en la responsabilidad social (Esteban et al., 2014); Opazo, 2016; Zayas et al., 2019).

En segundo lugar, nos detendremos en otra de las causas destacadas por el alumnado, la facilidad y comodidad en el acceso a la información a través de Internet. Con respecto a ello, el alumnado, considera que una de las causas que favorecen los comportamientos de plagio es la propia comodidad con la que este tipo de acciones se pueden desarrollar. El hecho de tener a disposición una cantidad inmensa de información, al poderse obtener de Internet de una manera rápida, supone una gran tentación para una parte del alumnado. Esta es una de las cuestiones más abordadas en las investigaciones, aludiendo para ello a la disponibilidad de la información, la rapidez en su acceso y la facilidad de copiarla y pegarla (Cevallos et al., 2016; Fernando-Mejía y Lucía-Ordóñez, 2004; Guangwei & Xiaoya, 2016; Miranda, 2013; Morey et al., 2013). El profesorado y los/las responsables académicos/as señalan este aspecto como una de las posibles causas de que se produzcan comportamientos deshonestos, remarcando además la idea generalizada de la gratuidad y la libertad del apropiamiento de la información, tal y como indican Comas y Sureda (2010) y, también, McGowan y Lightbody (2008). Para evitar estas situaciones, el profesorado se centra en la información y la formación que se le ha de proporcionar al alumnado para que las búsquedas en Internet sean fructíferas y alejadas de dichas conductas inapropiadas.

En tercer lugar, nos detendremos en otra de las causas destacadas por el alumnado, la falta de instrucciones precisas sobre cómo hacer el trabajo. La implicación de los/las docentes en el proceso de enseñanza, según alumnado, se vuelve clave, resulta necesario, ante los trabajos encomendados, la necesidad de ofrecer una serie de pautas en las que el alumnado sea consciente de lo que se le demanda, una explicación de la importancia y de la propia ejecución del referenciado de fuentes, así como la exigencia por parte de toda la comunidad docente de que estas se realicen (Muñoz-Cantero et al., 2019b; Sarmiento-Campos et al., 2019). Por otra parte, resulta necesario que estas acciones de citación sean tomadas en cuenta en la evaluación, para que el alumnado ponga en valor el propio proceso y el esfuerzo que tiene que hacer en su trabajo (Espiñeira-Bellón et al., 2020). Al no percibir coordinación por parte del profesorado ante estas cuestiones, se promueve en el alumnado una sensación de permisividad ante los posibles comportamientos indebidos, por lo que se fomenta el uso de dichas iniciativas fraudulentas. Así mismo, también se ponen en valor los trabajos prácticos, en el sentido de que estos resultan más complicados de plagiar que las propuestas teóricas. El profesorado asume el grado de desconocimiento que presenta el alumnado sobre el proceso de citación, autoría, bases de búsqueda de información… y es uno de los aspectos que establece como una de las medidas a tomar permanentemente. Parece estar de acuerdo en que, aunque la información se ofrece al alumnado desde el acceso a los diferentes títulos universitarios, suele ser en el último curso, cuando ha de elaborar trabajos más completos como el Trabajo de Fin de Grado o Máster, cuando realmente le da la importancia que se merece. Sería necesario, por tanto, desarrollar las competencias informacionales del alumnado (Eaton et al., 2017; Egaña, 2012; Gallent y Tello, 2017; Jansen & Spink, 2005; Lafuente et al., 2019; Porto-Castro et al., 2021) de tal forma que perciba el valor académico de las fuentes que dan soporte a sus trabajos académicos.

Los/las responsables académicos/as, por su parte, se centran en la importancia de esta información previa que el profesorado ha de transmitir al alumnado, de tal forma que no se le ha de exigir al alumnado aquello que no se haya explicado previamente. Así, sería necesario centrarse en señalar los beneficios que se adquieren empleando una correcta citación en los trabajos académicos (Guangwei & Xiaoya, 2017; Ramírez-Barreto, 2017), así como el proceso que debe seguir el profesorado universitario para que esta situación pueda mejorar (Muñoz-Cantero et al., 2019a). Pero, por otra parte, se considera que el profesorado ha de ser exigente con aquello que se ha explicado con anterioridad, tomándolo en consideración en todos los procesos de evaluación que se pongan en marcha en las diferentes asignaturas; es decir, durante el proceso de evaluación se ha de hacer hincapié en no permitir el fraude (Cebrián, 2019; Guangwei & Xiaoya, 2016; Moreno, 1999; Sanvicén y Molina, 2015; Zenteno, 2019) y la correcta citación ha de ser un aspecto a tener en cuenta en las evaluaciones con el fin de que el alumnado tienda a cometer menos conductas de plagio en sus trabajos académicos (Fernando-Mejía y Lucía-Ordóñez, 2004; Guerrero et al., 2017).

En último lugar, nos detendremos en dos de las causas que básicamente no han sido consideradas por el alumnado, el desconocimiento de la existencia de normativa penalizadora y la escasa gravedad de las sanciones. El profesorado y los/las responsables académicos sí se han detenido en ello y concuerdan en que las sanciones atribuibles en la normativa universitaria no son graves y que ello es algo que percibe el alumnado, de tal forma que para el profesorado sí es una de las cuestiones que puede incitar a cometer acciones de plagio en el alumnado ya que, además, la falta de gravedad en las sanciones establecidas da lugar a que el alumnado goce de cierta impunidad cuando pone en marcha las conductas deshonestas, repitiéndolas de manera habitual a lo largo de sus estudios universitarios.

Entre las actuaciones de carácter sancionador, numerosos/as autores/as se han centrado en determinar cuáles son los aspectos sancionadores a los que se debe hacer referencia en las normativas universitarias, aludiendo a la incorporación del plagio en los reglamentos académicos con sus correspondientes castigos (Caldevilla, 2010). No obstante, otros/as se decantan por la concienciación preventiva del alumnado (Gallent y Tello, 2017).

En conclusión, los resultados obtenidos dan lugar a la adopción de medidas por parte de las instituciones universitarias quienes han de reforzar los aspectos recogidos en su política universitaria y en su normativa, en línea con lo indicado por Casado et al. (2018), Porto et al. (2019) y Ordóñez et al. (2016).

Otra cuestión que merece atención es la percepción del alumnado ante las posibles comisiones de plagio de los/las compañeros/as (Mosteiro-García et al., 2021). El hecho de admitir que el grupo de iguales plagia, pero uno mismo no lo hace, causa una sensación de desagrado entre los/las discentes, ya que resulta una situación de acusación a los/las compañeros/as de tales actos, pero en el que no se asume la posibilidad de que uno/a mismo/a también cometa dichos errores. Estas cuestiones también han de ser catalogadas como uno de los aspectos influyentes en la falta de honestidad.

Por lo que, resulta necesario poner en valor ante el alumnado la gravedad de la comisión de acciones de plagio, para lo cual se necesita hacer consciente al alumnado de las propias normas que regulan dichas acciones en la universidad y de la importancia de que sean respetadas, tanto para el desarrollo de trabajos académicos como para formar profesionales con principios éticos en sus acciones.

6 Referencias

Adam, L., Anderson, V., & Spronken-Smith, R. (2017). "It´s no fair": policy discurses and students´ understandings of plagiarism in a New Zealand university. *High Educ, 74,* 17–32. https://doi.org/10.1007/s10734-016-0025-9

Akbulut, Y., Sendag, S., Birinci, G., Kilicer, K., Sahin, M., & Odabasi, H. (2007). Exploring the types and reasons of Internet-triggered academic dishonesty among Turkish undergraduate students: Development of Internet-Triggered Academic Dishonesty Scale (ITARDS). *Computers & Education, 51,* 463-473. https://doi.org/10.1016/j.compedu.2007.06.003

Alemán, A., Castillo, R., Quezada, F., y Rueda, H. (2016). Plagio electrónico: la otra cara del APA. *Revista Humanismo y Cambio Social, 7*(3), 8-18. https://doi.org/10.5377/hcs.v0i7.3505

Amiri, F., & Razmjoo, S. A. (2016). On Iranian EFL Undergraduate Students' Perceptions of Plagiarism. *Journal of Academic Ethics, 14,* 115–131. https://doi.org/10.1007/s10805-015-9245-3

Caldevilla, D. (2010). Internet como fuente de información para el alumnado universitario. *Cuadernos de Documentación Multimedia, 21,* 141–157. http://revistas.ucm.es/index.php/CDMU/article/view/21655

Callejo J. (2001). *El Grupo de Discusión: introducción a una práctica de Investigación.* Editorial Ariel.

Casado, M., Martínez, M., y Patrão Neves, M. C. (2018). *Declaración sobre ética e integridad en la docencia universitaria*. Universitat de Barcelona. http://www.bioeticayderecho.ub.edu/sites/default/files/documents/doc_integridaddocencia.pdf

Cebrián, V. (2019). *Estudio sobre el plagio en las Facultades de Educación* (Tesis doctoral, Universidad de Vigo). https://dialnet.unirioja.es/servlet/dctes?codigo=262067

Cebrián-Robles, V., Raposo-Rivas, M., y Sarmiento-Campos, J.A. (2016). ¿Ética o prácticas deshonestas? El plagio en las titulaciones de Educación. *Revista de Educación, 374,* 161– 186. https://doi.org/10.4438/1988-592X-RE-2016-374-330

Cebrián-Robles, V., Raposo-Rivas, M., Cebrián-de-la-Serna, M., y Sarmiento-Campos, J. A. (2018). Percepción sobre el plagio académico de estudiantes universitarios españoles. *Educación XX1, 21*(2), 105–129. https://doi.org/10.5944/educXX1.20062

Cevallos, L., Guijarro, A., y López-Domínguez, L. (2016). Factores que inciden en el mal uso de la información en trabajos de investigación científica. *Didasc@lia, 7*(4), 57–74. http://revistas.ult.edu.cu/index.php/didascalia/article/view/515

Comas, R., & Sureda, J. (2010). Academic plagiarism: Explanatory factors from the student's perspective. *J Acad Ethics, 8,* 217–232. https://doi.org/10.1007/s10805-010-9121-0

Comas, R., Sureda, J., Casero, A., y Morey, M. (2011). La integridad académica entre el alumnado universitario español. *Estudios pedagógicos, 37*(1), 207– 225. https://doi.org/10.4067/S0718-07052011000100011

Dias, P.C., Bastos, A.S., Gandra, M., y Díaz-Pérez, J. (2013). Genius, ¿plagio o creatividad? Aportes para una discusión sobre las prácticas pedagógicas. *Bordón, 65*(3), 9–23. https://recyt.fecyt.es/index.php/BORDON/article/view/23154

Dordoy, A. (2002). *Cheating and Plagiarism: Student and Staff Perceptions at Northumbria,* Proceedings from the first Northumbria Conference 2002: Educating for the Future.

Duche, A.B., Arias, D., Ramos, T., y Gutiérrez, O.A. (2020). Representaciones sociales de estudiantes universitarios peruanos sobre el plagio en la escritura académica. *Revista Conrado, 16*(72), 155–162. https://conrado.ucf.edu.cu/index.php/conrado/article/view/1225

Eaton, S., Guglielmin, M., & Otoo, B. (2017). Plagiarism: Moving from punitive to proactive approaches. En AP. Preciado, L. Yeworiew & S. Sabbaghan (Eds.), *Selected proceedings of the IDEAS Conference 2017: Leading Educational*

Change (pp. 28–36). Calgary University. https://files.eric.ed.gov/fulltext/ED574580.pdf

Egaña, T. (2012). Uso de bibliografía y plagio académico entre los estudiantes universitarios. *Revista de Universidad y Sociedad del Conocimiento (RUSC)*, *9*(2), 18–30. https://doi.org/10.7238/rusc.v9i2.1209

Espiñeira-Bellón, E-M., Mosteiro-García, M. J., Muñoz-Cantero, J. M., y Porto-Castro, A. M. (2020). La honestidad académica como criterio de evaluación de los trabajos del alumnado universitario. *RELIEVE, 26*(1), art. 6. https://doi.org/10.7203/relieve.26.1.17097

Esteban, F., Mellen, T., y Buxarrais, M.R. (2014). Concepciones del profesorado universitario sobre la formación ética y ciudadana en el Espacio Europeo de Educación Superior: un estudio de caso. *RUSC. Universities and Knowledge Society Journal, 11*(3), 22–32. https://doi.org/10.7238/rusc.v11i3.1778

Fernando-Mejía, J., y Lucía-Ordóñez, C. (2004). El fraude académico en la Universidad de los Andes ¿qué, qué tanto y por qué? *Revista de Estudios Sociales, 18*, 13–25. https://doi.org/10.7440/res18.2004.01

Flick, U. (2012). *Introducción a la investigación cualitativa*. Ediciones Morata.

Flick, U. (2014). *La gestión de la calidad en investigación cualitativa*. Ediciones Morata.

Gallent, C., y Tello, I. (2017). Percepción del alumnado de traducción de la Universidad Internacional de Valencia (VIU) sobre el ciberplagio académico. *Revista Digital de Investigación en Docencia Universitaria, 11*(2), 90–117. https://doi.org/10.19083/ridu.11.563

Guangwei, N., y Xiaoya, X. (2016). Conocimientos y actitudes hacia el plagio del profesorado de lengua inglesa en universidades chinas. [Chinese university EFL teachers' knowledge of and stance on plagiarism]. *Comunicar, 48*, 29–37. https://doi.org/10.3916/C48-2016-03

Guangwei, N., & Xiaoya, X. (2017). Institutional policies on plagiarism: The case of eight Chinese universities of foreign languages/international studies. *System, 66*, 56–68. https://doi.org/10.1016/j.system.2017.03.015

Guerrero, P., Mercado, J., e Ibarra, L. M. (2017). La deshonestidad, elemento que altera la integridad en las prácticas académicas en las Instituciones de Educación Superior. Estudios de caso comparados. *Investigación y formación pedagógica, Revista del CIEGC, 5*(3), 6–25. http://revistas.upel.edu.ve/index.php/revinvformpedag/article/view/5183/2683

Hamui-Sutton, A., y Varela-Ruiz, M. (2013). La técnica de grupos focales. *Investigación en Educación Médica, 2*(1), 55–60. https://doi.org/10.1016/S2007-5057(13)72683-8

Jansen, B., & Spink, A. (2005). An analysis of web searching by European AlltheWeb.com Users. *Information Processing and Management: An international Journal, 41*(2), 361–381. https://doi.org/10.1016/S0306-4573(03)00067-0

Lafuente, M., Faura, U., Puigcerver, M. C., Bote, M., y Martín, P. J. (2019). El trabajo de fin de grado en las Facultades de Economía y Empresa españolas desde la perspectiva de los docentes. *Journal of Management and Business Education, 2*(3), 215–230. https://redaedem.org/JMBE2/2019/2019_Vol_02_N03_2_Lafuente.pdf

López-Puga, J. (2014). Analyzing and reducing plagiarism at university. *European Journal of Education and Psychology, 7*(2), 131–140. https://doi.org/10.1989/ejep.v7i2.186

McCabe, D.L., Treviño, L.K., & Butterfield, K.D. (2001). Cheating in academic institutions: a decade of research. *Ethics & behavior, 11*(30), 219–232. https://doi.org/10.1207/S15327019EB1103_2

McGowan, S., & Lightbody, M. (2008). Enhancing students´ understanding of plagiarism within a discipline context. *Accounting Education: An International Journal, 17*(3), 273–290. https://doi.org/10.1080/09639280701612168

Miranda, A. (2013). Plagio y ética de la investigación científica. *Revista Chilena de Derecho, 40*(2), 711–726. http://www.redalyc.org/articulo.oa?id=177029687016

Moreno, J. M. (1999). Con trampa y con cartón. El fraude en la educación, o cómo la corrupción también se aprende. *Cuadernos de Pedagogía, 285,* 71–77. https://dialnet.unirioja.es/servlet/articulo?codigo=36592

Morey, M., Sureda, J., Oliver, M.F., y Comas, R.L. (2013). Plagio y rendimiento académico entre el alumnado de Educación Secundaria Obligatoria. *Estudios sobre Educación, 24,* 225–244. https://dadun.unav.edu/bitstream/10171/29571/2/MOREY.pdf

Mosteiro-García, M. J., Espiñeira-Bellón, E. M., Porto-Castro, A. M., y Muñoz-Cantero, J. M. (2021). El alumnado universitario ante la comisión de plagio por parte de sus compañeros. *RIE, 39*(2), 391–409. https://doi.org/10.6018/rie.424381

Muñoz-Cantero, J. M., Espiñeira-Bellón, E. M., y Pérez-Crego, M. C. (2021). Medidas para combatir el plagio en los procesos de aprendizaje. *Educación XXI, 24*(2), 97–120. https://doi.org/10.5944/educXX1.28341

Muñoz-Cantero, J. M., Espiñeira-Bellón, E. M., Losada-Puente, L, y Rebollo-Quintela, N. (2019b). La actividad docente como atribución causal del plagio académico universitario. En J. Murillo, y C. Martínez-Garrido (Coords.), *Actas del XIX Congreso Internacional de Investigación Educativa. Investigación comprometida para la transformación social. Volumen III. Diagnóstico y eva-luación educativa* (pp. 162–169). AIDIPE.

Muñoz-Cantero, J. M., Rebollo-Quintela, N., Mosteiro-García, M. J., y Ocampo-Gómez, C. I. (2019a). Validación del cuestionario de atribuciones para la detección de coincidencias en trabajos académicos. *RELIEVE, 25*(1), art. 4. https://doi.org/10.7203/relieve.25.1.13599

Opazo, H. (2016). Ética en investigación: desde los códigos de conducta hacia la formación del sentido ético. *REICE, 9*(2), https://revistas.uam.es/reice/article/view/4707

Ordóñez, C. L., Mejía, J. F., y Castellanos, S. (2016). Percepciones estudianti-les sobre el fraude académico: hallazgos y reflexiones pedagógicas. *Revista de Estudios Sociales, 23*, 37–44. http://www.scielo.org.co/pdf/res/n23/n23a04.pdf

Porto-Castro, A. M., Espiñeira-Bellón, E. M., Losada-Puente, L., y Gerpe-Pérez, E. M. (2019). El alumnado universitario ante políticas institucionales y de aula sobre el plagio. *Bordón, 7*(2), 139–153. https://doi.org/10.13042/Bordon.2019.69104

Porto-Castro, A. M., Pérez-Crego, M. C., Mosteiro-García, M. J., y Lorenzo-Rey, A. (2021). El proceso formativo de citación y las necesidades del alumnado universitario. *REIFOP, 24*(2), 17–33. https://doi.org/10.6018/reifop.453701

Prieto, M. A., y March, J. C. (2002). Paso a paso en el diseño de un estudio mediante grupos focales. *Atención Primaria, 29*(6), 366–373. https://doi.org/10.1016/S0212-6567(02)70585-4

Ramírez-Barreto, A. C. (2017). El plagio académico. Experiencias y algunas ideas para desalentarlo de manera más efectiva. *Ciencia Nicolaita, 70*, 7–22. https://www.cic.cn.umich.mx/index.php/cn/article/view/355

Ruiz-Bejarano, A. M. (2017). Fuentes digitales y fuentes impresas. Prácticas letradas y plagio en el marco universitario. *Revista Chilena de Literatura, 94*, 215-230. https://revistaliteratura.uchile.cl/index.php/RCL/article/view/44985/47067

Sanvicén, P., y Molina, F. (2015). Efectos del uso de Internet como fuente princi-pal de información. Evidencias en estudiantes de primer curso universitario. *Revista de Investigación Social, 15*, 352–386. https://www.redalyc.org/articulo.oa?id=353744533010

Sarmiento-Campos, J. A., Ocampo-Gómez, C. I., Barreira-Arias, A., y Castro-Pais, M. D. (2019). El plagio en la Educación Superior: estudio estadís-tico textual de las opiniones del estudiantado. En M. Peralbo, A. Risso, A. Barca, B. Duarte, L. Almeida, y J. C. Brenlla, *XV Congreso Internacional*

Gallego-Portugués de Psicopedagogía. Actas (pp. 3569–3584). Asociación Científica Internacional de Psicopedagogía.

Sureda, J., Comas, R., y Morey, M. (2009). Las causas del plagio académico entre el alumnado universitario según el profesorado. *Revista Iberoamericana de Educación, 50*, 197–220. https://dialnet.unirioja.es/servlet/articulo?codigo= 3037646

Sureda, J., Comas, R., y Urbina, S. (2006). *Internet como fuente de documentación académica entre estudiantes universitarios. Una aproximación a partir del alumnado de Educación Social de la Universitat de les Illes Balears (UIB).* Xarxa Segura IB. http://xarxasegura.net/descarga/Cerques%20a%20Internet-1.pdf

Sureda-Negre, J., Comas-Forgas, R. L., y Oliver-Trobat, M.F. (2015). Plagio académico entre alumnado de secundaria y bachillerato. Diferencias en cuanto al género y la procrastinación. *Comunicar, 22*(44), 103–111. https://doi.org/10.3916/C44-2015-11

Sureda-Negre, J., Cerdà-Navarro, A., Calvo-Sastre, A., y Comas-Forgas, R. (2020). Las conductas fraudulentas del alumnado universitario español en las evaluaciones: valoración de su gravedad y propuestas de sanciones a partir de un panel de expertos. *Revista de Investigación Educativa, 38*(1), 201–209. https://doi.org/10.6018/rie.358781

Toller, F. M. (2011). Propiedad intelectual y plagio en trabajos académicos y profesionales. *Revista la Propiedad Inmaterial, 15*, 85–97. https://dialnet.unirioja. es/servlet/articulo?codigo=3785208

Zarfsaz, E., & Ahmadi, R. (2017). Investigating some main causes and reasons of writing plagiarism in a EFL context. *International Journal of Applied Linguistics & English Literature, 6*(5), 214–223. https://doi.org/10.7575/aiac. ijalel.v.6n.5p.214

Zayas, B., Gozálvez, V., y Gracia, J. (2019). La dimensión ética y ciudadana del aprendizaje servicio: una apuesta por su institucionalización en la Educación Superior. *Revista Complutense de Educación, 30*(1), 1–15. https://doi.org/ 10.5209/RCED.55443

Zenteno, A. (2019). *Propuesta de un manual sobre prácticas académicas deshonestas.* Universidad de las Américas Puebla.

Printed in Great Britain
by Amazon

67bd4347-6724-452d-ad00-9574d2f27c31R01